臺灣風險公共性考察

周桂田◎主編

國立臺灣大學社會科學院
RSPRC 風險社會與政策研究中心
Risk Society and Policy Research Center | 遠流

目錄

作者簡介

王瑞庚，國立臺灣大學國家發展研究所博士候選人，研究領域
包括新興科技風險治理（空污 PM2.5、電磁波）、都會社區與
鄉村社會學、國家發展與風險治理。

何明修，國立臺灣大學社會學系教授，研究領域包括政治社會
學、社會運動、勞動社會學、社會學理論。

杜文苓，國立政治大學公共行政學系副教授，研究領域包括環
境政策、永續發展、科技與社會、公民參與、環境資訊。

周桂田，德國慕尼黑大學社會學研究所博士，任職於國立臺灣
大學國家發展研究所，並擔任國立臺灣大學社會科學院風險社
會與政策研究中心主任。

林子倫，國立臺灣大學政治學系副教授，研究領域包括環境政
治與政策、都市政治、審議式民主及後實證政策分析。

范玫芳，國立陽明大學科技與社會研究所教授，研究領域包括
環境政治與政策、風險與災難研究、審議民主與治理。

張國暉，國立臺灣大學國家發展研究所助理教授，研究領域包括科技與社會、工程文化研究、科技治理。

陳亮宇，荷蘭萊登大學區域研究所／國立臺灣大學政治學系博士候選人，研究興趣包括中國氣候治理、後實證政策分析、詮釋與批判的政策分析。

歐陽瑜，國立臺灣大學資訊管理所博士、UC Berkeley 資訊學博士，任職於銘傳大學國際學院新聞與大眾傳播學程助理教授，國立臺灣大學社會科學院風險社會與政策研究中心兼任研究員。

蔡宏政，國立中山大學社會學系教授，研究領域包括全球化理論、東亞區域發展、中國發展、人口與社會政策、全球化與知識結構變遷、審議民主。

導讀

　　近幾年來，臺灣社會出現許多風險爭議事件與環境正義的難題。在環境保護與經濟發展、高科技發展與社會衝擊、全球化與全球風險在地化的影響下，臺灣在東亞的經濟發展脈絡，具有獨特的在地情境。除了延續過去糾結數十年的經濟與環保衝突之外，綿延至今日面臨的高科技發展伴隨而來的社會爭議及許多環境及科技風險，皆在高度科技不確定性的特質下，顯得政府治理典範缺乏創新。除了造成社會「信任」在科技發展過程逐步崩解之外，如何修補與調整今日的治理模式，亦造就了今日社會各界的熱烈討論。

　　在本書中，集結多名學者的文章，除了以生動的案例介紹臺灣持續操作、調整的審議式民主；並從風險理論的角度，探討風險知識的價值、組織內部在進行的知識管理；同時，如何將風險知識轉化為創新及組織再造的資源及動力；或從臺灣實際發生的幾項重大污染及環境保護事件、高科技安全爭議事件的脈絡談審議式民主、資訊公開、或談社會運動脈絡、公民在地知識如何實際發揮影響力，並與政府官僚意見進行折衝及溝通的方式。本書從社會科學脈絡出發，指出我國的治理典範應進行持續修正調整及改造的必要性，並提出風險溝通、民主決策在後常態科學時代，應重新在新科技和社會的基礎上面進行治理典範的轉移。

　　〈以知識創造治理跨界風險：辨識未知的知識資產〉這篇文章中，從知識作為資產的角度出發，探討風險知識對於組織的價值。在知識經濟的時代，各國領袖不論是政治或商業領域，對於跨界風險的管理，都是一項必須共同面對的難題。傳統的風險管理多採取量化、

化約主義分析模式，將風險視為一種客體，試圖以控制、沖抵、忽視等不同方式管理風險，組織面對風險多採取一種負面的觀點。而在組織的知識管理架構中，多關注的是研發、產品與流程發展、策略環境等與創新相關議題，從未將風險知識視作為一種組織的知識資產。過去這種客觀的風險本體論觀點，在全球風險社會已不足以協助國家與組織馴服無孔不入的跨界風險。本文採取社會建構論的觀點，試圖協調風險與組織的對立性，著眼於風險知識對組織的正面意義。作者提出新的風險本體論主張：認為風險管理就是一種不確定風險的知識管理。在文章之中，並以臺灣的一個金融機構學習管理作業風險的制度化過程為例，除了指出組織應正視風險作為一種知識資產，知與未知（不確定性）其實是一體兩面的，可以透過內隱知識動態性的社會建構，不斷集體學習、累積與擴大。本文在理論上的貢獻，除了將風險管理理論與知識管理方法加以結合，拓展了既有風險管理與知識管理理論，化解風險與創新對立的兩極化發展；在實務上這種風險知識作為知識資產的觀點，有助於組織更有意願且負責地正視不確定風險，主動發掘組織人為的忽略或不知造成的系統性風險與盲點，透過動態、參與式地集體建構在地風險，擴大組織風險知識資產的基礎，以落實更有效的風險治理。

〈重返民主的政策科學——審議式政策分析概念意涵與途徑之探討〉這篇文章中，從近年來十分熱門的審議式民主概念出發，提到當代西方公共行政與政策研究的發展趨勢，有一項特別值得國內學界重視——審議民主與後實證政策分析之結合與應用。公民參與和審議民主的概念，近幾年已成為國內政治學與公共行政學界的新興議題。對於審議民主的理論基礎和操作過程、審議民主在各地區的實

踐情況，相關文獻皆有諸多探討。然而，對於將審議和政策研究結合的審議式政策分析（deliberative policy analysis）途徑，相關文獻則較少提及。在文章中，本文梳理審議式政策分析源起的理論脈絡，並探討其分析途徑的內涵。本文指出，審議式政策分析強調語言溝通和說理的重要性，認為經由提供公民參與的平台，檢驗各方提出的政策論述，能協助了解當前社會系絡的價值觀，符合「政策科學民主化」的精神。而政策研究者的任務，則是要破除權力不對稱關係的現象，與克服各種不利公民參與政策過程的障礙，以呼應民主治理與民主行政之實踐。

〈公共政策中的專家政治與民主參與：以高雄「跨港纜車」公民共識會議為例〉這篇文章中，持續對於審議式民主進行討論。審議民主的支持者認為，審議民主一方面可以通過公民們集思廣益地辯難來避免專家政治的知識獨斷（民主原則），另一方面又能夠經由公民們追求「共善」的理性論證來提升民主決策的品質（知識原則），審議民主因此是通過「多元」與「審議」來兼顧公共決策中的民主參與與專業理性。本文首先從審議民主的文獻爭論中指出，知識原則與民主原則其實存在著矛盾，主要是因為審議民主的理論爭議中，對何謂「理性審議」欠缺一個知識論的說明。在文章第二部分論證，專業知識之所以被認為比常識優越，是因為傳統上認為它是邏輯有效與經驗客觀的，但是「客觀的」經驗事實其實是滿載理論意義的（theory-laden），而理論的邏輯有效性是跟其他配套理論形成一種網絡式的互相解釋。因此知識真值的成立存在著一種內在的不確定性。這種不確定性使得各種可能的理性觀點平等地浮現。因此，一個共識或公共決策得以做成，必須依靠某種超越這些同等理性的觀點之決斷，這個

決斷本質上就是一種權力的支配。因此，審議民主一方面雖然可以解釋為決策權力的民主化，但是同時也是一種倚賴知識為工具來進行的權力支配活動。在第三部分中，則以高雄跨港纜車公民共識會議為例，說明它的舉辦、爭議過程與最後的共識是如何在各種知識與權力的歷史條件中互動產生的。

〈高科技污染的風險論辯——環境倡議的挑戰〉這篇文章中，說明高科技製程中使用的多種新興化學物質，所引起的環境風險問題，常超越現行法令規範，在毒物資訊不清、健康風險未明的狀況下，相關環境爭議往往在不同利害關係人各執一詞中越演越烈。其污染事實舉證的科學門檻，數據的取得、分析與解讀，成為廠商、相關行政機關、受災者與環保團體相互競爭與角力的重要場域。本文檢視中科后里基地排放水問題與桃竹地區霄裡溪污染爭議，探討環保運動者、相關行政機關，以及廠商對於攸關高科技製造業環境影響的科學論證與污染管制詮釋。透過相關會議文件的資料蒐集、深度訪談與參與觀察，本文指出環境科學爭議深受科學論證與風險論述操作的影響。環境運動者在科技風險論述的角力中，應持續挑戰科學知識建構的制度失衡問題，強調攸關民眾風險的資訊知情權、科學證據未明時的預警原則，以及科學檢測獨立性之制度設計，以促進環境風險管理思維的根本性革新。

〈從污染受害者到環境巡守者：大寮空污事件之後的社區參與〉這篇文章中，作者以高雄縣大寮鄉的空污事件為案例，詳細說明了社會運動的地方脈絡。從八〇年代中期以降的反污染抗爭，臺灣政府迅速地制訂了一系列管制措施，以因應各種環境危機與社會不滿。然而，在各種制度設計中，社區的參與向來是明顯地不足。由於官

方與業者的不信任，工業區鄰近居民被充分告知的權利往往被限制。在平時，居民無法了解他們日常面對的各種污染威脅與風險；一旦污染事件產生之後，他們只能用體制外的抗爭，來尋求救濟與賠償。在2008年12月爆發的大寮空污事件中，既有環境監督制度顯然無法因應這一類的危機。無論是地方環境稽查員、公害陳情專線，抑或是中央政府所特別設置的臨時監測系統，都無法明確指認出污染排放的廠商，使得居民權益一再受損。特別值得注意的是，在大寮抗爭之後，原先民間自發組織的社區巡守隊開始獲得政府的承認、訓練與補助，他們能夠直接進入廠區採樣污染事證。本文將以田野研究的方式，來理解大寮環境巡守隊的實際運用狀況，並且評估其民主務實主義作為一種環境治理典範之可能性。

〈科技、民主與公民身份：安坑灰渣掩埋場設置爭議之個案研究〉文章中，提到公民身份的概念在晚近的科技與環境爭論中逐漸受到重視。本文旨在介紹科技公民身份的理論，並探討台北縣新店安坑一般事業廢棄物與灰渣掩埋場設置爭議個案，藉以對照呈現我國具科技爭議的環境決策運作問題。個案凸顯現有專家政治與科學理性的霸權，以及公民身份的實踐受到壓抑的問題；環境影響評估與決策過程缺乏對總污染量的全面考量，以及對在地知識與經驗的肯認（recognition）；地方行動者挑戰了既有權力結構與決策的正當性，並捍衛科技公民的權利與其所追求的美好生活。本文主張應授能（empower）公民去檢視和質疑技術官僚與專家所主導的決策過程與框架，公民在地知識和經驗亦應受到肯認，以及利害關係人之間真實的對話機制，將有助於改善風險治理並促進公民身份的實踐。

〈當核能系統轉化為科技政體：冷戰下的國際政治與核能發

展〉的文章中，透過科學史、科技史、科學與技術研究的發展趨勢
評述近年來科技史對研究冷戰（Cold War）的一個新概念：科技政
治（technopolitics）；並藉此對東亞的核能發展進行初步分析。基本
上，透過科技的權力展現即是科技政治，指涉一種利用科技的設計或
使用，進而建構、執行及具體化某些政治目的的策略性操作。亦即，
特定政治目標的達成必須實質性地仰賴這些物質性及人造性的產物。
科技政治承襲及進一步發展了若干科技史重要概念，但在概念層次上
與技術的社會建構論卻出現若干扞格，並恐欠缺技術內生政治性的考
量。不過，科技政治當中關於「文化及政治脈絡」上的洞見，應可做
為一個檢視福島核災的重要途徑。雖然目前東亞各國社會已因福島核
災而對核能發展有更進一步的檢討，但除了技術性議題外，仍恐難帶
給東亞各國政府與人民在文化及政治脈絡上的根本改變，亦即東亞各
國的科學發展早已不只是手段，更是深化為國家目的。本文建議東亞
的核能發展可跳脫東亞各國國內的架構，而從跨國角度檢討，進而發
展更具歷史縱深及區域整合的觀點，並可藉科技政治的看法，檢視國
際政經及歷史文化結構下的東亞核能「科技」及「科技家」是可能如
何地扮演政治行動者。

　　〈臺灣 4G 通訊科技潛在健康風險治理〉的文章中，引用
Stirling 不同知識狀態的風險治理概念，處理臺灣 4G 通訊健康風險
的治理爭議與衝突。十多年來臺灣投資在 4G 相關研發的經費超過
16.6 億美元，為臺灣創造了 299.59 億美元的 GDP，但臺灣民眾卻對
發展 4G 通訊科技有諸多公民運動、抗爭。近年來一些國際上之射頻
輻射健康影響研究，除了已知知識的部分提到：無法證明射頻輻射有
健康危害，尚有一些研究具有知識上的不確定性以及隨之而來的科學

解釋與價值判斷的爭議，因此也不能完全排除其潛在健康風險之可能。在不同知識狀態中包含：風險（risk）、不確定性（uncertainty）、模稜兩可（ambiguity）與未知（ignorance）四個範疇，不同範疇的科技與風險治理需要採取不同的態度、方法與實踐。因此臺灣在科技決策時應納入多元專業評估、強化風險溝通、增進國家通訊傳播委員會審查與監督的功能，同時設立有關健康、社會、倫理等委員會來監督與審查 4G 通訊發展政策。

　　總而言之，臺灣在面對經濟全球化與全球風險在地化的衝擊之下，經濟發展與環境保護之間，延伸至科技發展與社會信任的衝突。從第一個層次觀察經濟與環境的衝突，發現近年來政府推動的大型建設與開發案，常因為與在地民意無法進行溝通與協調，導致民眾的激烈抗爭。對此，我們需要探討更細緻的民眾意見溝通模式，例如北歐行之有年的民主模式，或荷蘭為治水等重大議題所進行過高達四千個小時、長達兩年的民意溝通，是我們往後能夠持續推進與發展的方向。其次，面對高科技風險及社會信任降低的問題，我們如何在科學知識仍然具有高度不確定性的情況下，還能夠持續建構組織內外、民意與政策之間的共識；達到在科技不確定、風險證據仍有模糊空間之際，還能夠持續性凝聚社會共識，維持社會的發展與進步。上述種種問題皆已是我們未來努力的目標。

以知識創造治理跨界風險：
辨識未知的知識資產

歐陽瑜、周桂田

摘要

　　在全球知識經濟的時代，管理跨界風險成為全世界國家與企業領袖共同面對的難題。傳統的風險管理多採取量化、化約主義分析模式，將風險視為一種客體，試圖以控制、沖抵、忽視等不同方式管理風險，組織面對風險多採取一種負面的觀點。而在組織的知識管理架構中，多關注的是研發、產品與流程發展、策略環境等與創新相關議題，從未將風險知識視作為一種組織的知識資產。過去這種客觀的風險本體論觀點，在全球風險社會已不足以協助國家與組織馴服無孔不入的跨界風險。本文採取社會建構論的觀點，試圖協調風險與組織的對立性，著眼於風險知識對組織的正面意義。作者提出新的風險本體論主張：認為風險管理就是一種不確定風險的知識管理。以臺灣的一個金融機構學習管理作業風險的制度化過程為例，本文指出組織應正視風險作為一種知識資產，知與未知（不確定性）其實是一體兩面的，可以透過內隱知識動態性的社會建構，不斷集體學習、累積與擴大。本文在理論上的貢獻，除了將風險管理理論與知識管理方法加以結合，拓展了既有風險管理與知識管理理論，化解風險與創新對立的兩極化發展；在實務上這種風險知識作為知識資產的觀點，有助於組織更有意願且負責地正視不確定風險，主動發掘組織人為的忽略或不知造成的系統性風險與盲點，透過動態、參與式地集體建構在地風險，擴大組織風險知識資產的基礎，以落實更有效的風險治理。

關鍵詞：風險治理、跨界風險、風險知識、知識資產

＊　本研究獲得國科會專題研究計畫的經費支持（102-2420-H-002-004-MY2），作者感謝兩位匿名審查人的評論與修改建議。

一、導論

在全球知識經濟的時代，跨界風險（transboundary risk）已經成了伴隨技術與經濟進步而來合理化的「潛在副作用」。主流的新自由主義典範、市場自由主義政權與全球資訊通信網路基礎架構，形成了網網相連全球化的新制度化環境（Castree, 2008; Castells, 2011），在這個全球化網路脈絡下，科技的演進已經鑲嵌於全球經濟的競爭之上，而形塑當代風險社會新的挑戰。各國政府與企業一方面透過網路共同分享知識創新帶來的知識、創造力、金融力、勞動力乃至權力；另一方面則需要承擔伴隨著網路效應而來的非預期後果：各種人為的不確定風險也穿透既有的政治疆界，在全球跨國界、跨地域的四處流竄。

跨界風險是指從某一個國家起源的風險，卻超越民族國家的限制，具體化地對其他國家產生影響，是一個民族國家公權力責任與義務執法範圍付之闕如的領域（Linnerooth-Bayer et al., 2001）。嵌合於全球經濟、科技、社會之劇烈變遷與轉型，風險的衝擊不但跨越單一領域，也同時變成跨尺度、跨空間、跨疆界（Bulkeley, 2005）。早期的車諾比核災、狂牛症的問題在歐洲造成恐慌，跨界風險逐漸引起歐盟各國與人民的關切。如今，無論是美國 911 恐怖攻擊重創紐約金融交易中心、雷曼兄弟事件引發全球金融海嘯、日本福島核災核污水處理引發太平洋海域的嚴重污染，都顯示跨界風險所影響的幅員越來越廣、嚴重性越來越劇烈、而風險的種類也越來越多樣性。這些接踵而至的風險事件，都說明資訊網路所實現的「地球村」願景，卻也同時成為一個「全球化風險社會」（Beck, 1999）。跨洲際的複合性風

險在一個全球貿易經濟的時代，已經成為常態（normal risk）。

　　管理跨界風險因此牽涉世界各國與組織治理的典範與模式之改變，以及對各種爭議性議題的判斷與認知，包括：對健康的影響、長期的後果、制度性的信任、不同的文化價值信念、以及因為跨界風險帶來的經濟損失等（Klinke & Renn, 2002）。各國政府在發達工業與知識經濟社會、新興科技帶來的經濟效益、前瞻競爭思維的主流框架下，對於工業跨境污染、及其帶來的全球氣候變遷威脅、與新興科技衍生各類科技風險與不確定性，所造成的人類健康、生態、倫理與社會分配問題，仍多徘徊在舊的治理與管制觀點。而跨國公司所製造的跨界風險，也很難透過特定民族國家責任政治的民主程序，可以追究責任歸屬與分攤費用（Ericson, 2007）。在不同國界的每一個相關單位都可以聲稱自己是風險製造的次要參與者，難以追究其責任；肇事者也可輕易開脫以離職擺脫責任。製造風險的組織與個人在全球追求成長與獲利，卻讓遠方地方化的組織與個人被迫承擔嚴重的後果，肇事者與參與者越多、範圍越廣，釐清責任歸屬的責任難度也就越大。Beck 與 Willms（2004）稱這樣的狀況為「有組織的不負責任」，也是當代治理跨界風險最大的難題。

　　跨界風險的議題也可以從永續發展的角度來看，包含有政治、經濟、科技、文化、法律與環境等不同層面。管理跨界風險因此無法單一面向，必須將議題發生的時空脈絡、政策與溝通架構、以及現象背後更深層或隱藏的議題這些不同的問題面向都統整性地（holistic view）納入考量，以導入預警原則為解決治理之道。在過去各國常用的風險治理與管理的途徑中，傳統的風險管理通常是採取「科學基礎」（science based）觀點，從組織角度採取量化、化約主義分析模

式，依照經濟效率來排列風險問題。這樣的風險治理途徑下，組織面對風險多採取一種負面的觀點，將風險視為一種客體，試圖以控制、沖抵、忽視等不同方式管理風險，並強調風險知識的工具性使用；另外，在組織知識管理文獻中，所關注的多為研發、產品與流程發展、策略環境等與創新相關議題，幾乎很少將風險知識視作為一種組織的知識資產。

過去這種客觀的風險本體論觀點，在全球風險社會已不足以協助國家與組織馴服無孔不入的跨界風險。本文指出組織應正視風險作為一種知識資產的特性，知與未知（不確定性）其實是一體兩面的，不應只偏重帶來經濟利潤的創新知識，卻忽略預防損失的風險知識。本研究採取社會建構論的觀點，試圖協調風險與組織的對立性，著眼於風險知識對組織的正面意義。作者提出新的風險本體論主張：認為風險管理就是一種不確定風險脈絡知識的管理。本研究的目的有二：（1）探討如何使用風險知識作為一種知識資產來管理跨界風險；（2）檢視組織如何學習與形成治理跨界風險的知的能力。我們採取 Nonaka et al.（2000, 2006）知識創造理論為視角，在一間臺灣的金融機構進行了一項詮釋性的行動研究，由實務從業人員與研究者共同合作，在組織內實踐內隱脈絡知識動態性的社會建構過程，並在組織內繼續集體學習、累積與擴大。

本文在理論上的貢獻，除了將風險管理理論與知識管理方法加以結合，拓展了既有風險管理與知識管理理論，化解風險與創新對立的兩極化發展；在實務上這種風險知識作為知識資產的觀點，有助於政府與組織發展新典範來正視跨界風險，主動發掘組織人為的忽略或不知造成的系統性風險與盲點，透過動態、參與式地集體建構在地風

險，擴大組織風險知識資產的基礎，以落實更有效的風險治理。

二、文獻探討

（一）風險管理理論

　　風險研究分散在各個學域，例如：經濟學、金融保險、資訊管理、環境、工程、社會學、心理學與文化研究等等（Renn, 1992）。這些不同學域對風險的定義與預設差異性極大，因此對於風險問題的處理也有不同解決途徑。Renn（1992）將這些不同學域的風險觀點大致分作實證取向的風險觀點（the positive view of risk）以及社會建構取向的風險觀點（social constructive view of risk）。前者對風險本體論的預設是「風險作為一種物理的性質」（risk as a physical attribute），基於客觀機率的測量與損害幅度的估計；後者的風險本體論則將「風險視為一種社會建構」（risk as a social construct），風險是較主觀性的認知與社會想像，風險管理活動必要反應出社會價值與生活型態偏好。

　　傳統風險管理的主流是以「科學基礎」為觀點的理性系統途徑。這種「科學基礎」的觀點將風險視為是一種外在的客觀的對象，可以透過機率的概念，計算風險出現的頻率與嚴重性。在過去五十年理性系統途徑也是組織管理領域的主力，主張組織成員可以透過科技理性／功能理性等方法，來追求效率與利潤的極大化等明確目標（Scott & Davis, 2007）。透過理性系統途徑來看風險，主要是採取系統性風險評估的分析方法，基於機率觀念嘗試將特定個別的風險機率個別化與量化，作為風險決策的輔助指標。這種「科學基礎」觀點的風險管理，通常將風險評估流程區分成三個階段：（1）風險辨識；（2）風

險分析；（3）風險評估。其目的主要是透過對部分風險的了解，將失誤事件量，配合電腦模組化技術、測試，計算出各類型損失事件發生的可能性，這樣的客觀的理解可用於成本效益分析，並有助於決策者採取行動（接受、處理、轉移、停止），對於組織資源配置加以管理（White, 1995; Frosdick, 2006）。常用的方法包括錯誤樹分析（fault tree analysis）和事件樹分析（event tree analysis）、成本效益分析、Herz-type 模擬與 Monte Carto 模擬等。

實證取向的風險觀點最為人所詬病的問題是其由上而下化約主義的問題解決方式，經常將問題拆解簡化成不同的小部分，難以掌握日益複雜的跨領域、跨疆界、跨尺度風險問題的核心。特別是跨領域風險本質上是不確定的，往往出現頻率低、影響性大，很難找到足夠可靠的歷史資料作數學預測。跨領域風險在資料的質與量使風險預測與推估的準確性令人質疑（Ericson, 2007; Stewart, 2004），對於權衡風險的多重複雜因素、主觀的或是情境的因素完全沒有著墨。

社會建構取向的風險觀點，對於風險的本體論觀點是將風險視為一種認知性的想像或是社會想像，而非具體事實。認為風險是一種社會人造物（social artifacts），由不同的社會團體或制度所構成，因此注意個體與其所鑲嵌脈絡的相互關係。Rayner（1992）指出，自九〇年代以來，風險分析已從傳統只有單一來源的風險類型（例如：化學工廠排放污染），造成地方性後果，不斷擴大到多重風險來源，造成區域性或全球性的後果（例如溫室效應），跨學科科技整合的分析有越來越高的重要性。Beck（1999）的風險社會理論指出，當代社會最主要的風險是來自於科學技術的應用，這是現代化與現代性本身的結果。風險社會的風險例如金融風暴、核能事故、溫室效應、化學

的、生物的風險等都是現代化的產物，是人為的風險。這些人為風險與過去自然風險明顯不同，有全球化與結構化的現象，在全球網路化的情況下，風險的擴散速度加快，不再侷限於產生風險的地方，會讓原本毫不相干的人深受痛苦。Beck 指出，人為的風險是在一個設計巧妙的控制社會中衍生的，風險是由「知」與「不知」合成的，而無知卻是風險最大的動能（Beck, 1999；周桂田，2001）。科學系統、專家管理系統與知識系統高度發達，斷言工業化所造成的副作用具有可控性，正因為人們接觸到更多知識以為自己可以活得很好，導致思維停滯，忽略了科學的不確定性與可否證性，使得對於風險的感官失靈，失去了本能的判斷力。

因此，從風險社會的角度看這種人為不確定性風險，就直接指涉到人們的「未知」（non-knowing）。當一個社會越現代化，有越多的知識與防止措施使人們越不害怕，就有越多的未知，可能製造更多的非預期後果。這種越多「知」卻引發更多「未知」的風險二元性（Ciborra, 2006），顯示風險社會的中介媒介就是「未知」，當人們覺察與辨識出更多「未知」時，便會對現代科技的基礎產生質疑。這些「未知」包括：（1）對風險知識有選擇性的接受或傳遞；（2）知識的不確定性本質；（3）誤解或誤判；（4）無能去知；（5）無意欲去知；（6）真正的無知，不知的無知等六種類型（Beck, 1999；周桂田，2005）。而對這種不確定性風險的管理更務實的作法（pragmatism），就是由下而上地將這個在個人層次上片斷、不連續但無從捕捉的風險感知相互建構出來。由於傳統風險的觀念在人為不確定與全球化因素下蔓延擴大，逐漸轉型成跨領域風險，風險研究對於風險本體論的預設也從「風險作為一種物理的性質」逐漸擴大成

「風險視為一種社會建構」，從管理客觀風險，轉向管理主觀的風險感知與問題生成的脈絡，見表1。儘管過去風險理論的演變對風險本體論的認知已經有了明顯的擴大與轉變，但是大多數研究者與風險管理實務人員，仍因循該領域已制度化多年的風險本體論與認識論框架和預設處理風險議題，對於越趨複雜的跨領域風險處於 Beck 所指出的「未知」，或是無法覺察組織辨識「風險知識」的預警能力，而非具體已知的風險，才是管理跨領域風險的核心議題。

表1　客觀風險觀與社會建構風險觀

	風險作為一種物理的性質（risk as a physical attribute）	風險視為一種社會建構（risk as a social construct）
風險本體論	實在論	建構論
預設	風險是客觀的實在	風險是主觀集體的想像
知識論取向	以實證主義途徑為主	共同創造或多重方法途徑
風險評估	化約主義思維：將問題簡化成許多小部分	整全觀點思維：觀照問題發生的脈絡與環境
問題解決方式	由上而下	由下而上
相關學域	經濟學、金融保險、工程、毒物等	社會學、文化理論、環境科學
例子	市場風險、信用風險	作業風險、商譽風險

（二）知識基礎理論

在過去的組織研究中，知識管理（knowledge management）經常被視為一種獲得競爭優勢的關鍵途徑。這些理論背景主要源自於資源基礎觀點（resource-based view）。資源基礎觀點由 Wernerfelt

（1984）提出，後續作為解釋何以持續的開放競爭會有不同的表現差異（Barney, 1991; Reed & DeFillippi, 1990）。資源基礎觀點認為，組織所擁有的資源與能力具有策略性重要性，而其表現取決於組織管理這些資源的能力（Wade & Hulland, 2004）。所謂的資源包括：組織所擁有或是可以接觸到的實體的、組織的、人力資本等資源。

因為知識是有價值的、稀有的、不易模仿的且不易替代的，建基於資源基礎觀點上的知識基礎理論（Knowledge-based Theory），也認為知識是一種維持競爭力優勢的來源。特別是鑲嵌於特定脈絡的內隱知識，因為具有不易分享、難以模仿等特性，成為組織差異化的策略資源，帶來競爭優勢（Zack, 2001）。採取知識基礎觀點的組織會清楚地承認在組織運作中「知識」的關鍵性角色，同時將組織視作一種知識整合的機構。在知識基礎觀點的組織中，人們會從事知識的創造、獲取、儲存、與運用等活動，來生產產品與服務（Grant, 1996）。而在組織中進行知識管理四種主要活動：創造、獲取、分享、應用的能力，就被視作組織的知識管理能力（Pee & Kankanhalli, 2009）。影響組織知識管理能力發展的資源，在知識管理文獻中可以區分作三種類型：實體的、組織的與人力資本的面相。實體的知識管理資源包括知識管理的技術支持（Kulkami et al., 2006/7）與非資訊科技的知識管理誘因的投資（Kankanhalli et al., 2005）；組織的知識管理資源包括知識管理與組織策略的一致性（Lles & Salk, 2007）、組織的集中化與正規化（Gold et al., 2001）、與高層主管的支持（King & Marks, 2008）；而人力資本的知識管理資源則包括：工作的專業性（Kankanhalli et al., 2005）、社會資本（Ravishankar & Pan, 2008）與跨組織間的連結性（Fosfuri & Tribo, 2008）等。

　　Malhotra（2003）進一步將知識基礎理論從組織的分析單元應用於國家的分析單元。他指出聯合國會員國在持續全面進行知識基礎經濟的典範轉移：從傳統生產要素以能源為基礎的經濟，轉向以知識資產與知識資本為主的知識經濟。而發展國家成為知識社會，在經濟成長外，必須包含社會、文化與人員的同步發展（UN Millennium Declaration, 2003）。Malhotra（2003）建議聯合國會員國在進行社會經濟發展時，應採取整全的（holistic）角度測量並管理國家的知識資產（national knowledge assets）。「知識資產」是一個國家無形的資產，對該國未來的成長與不同的利害關係人未來的生活有重要的暗示。這種無形的資產包含資訊、知識、觀念、創新與創造力及相關的衍生物。知識資產並非能用傳統會計的標準、以市場價值來看待。國家知識資產包括個人的、企業的、機構的、社群的與政府的知識資本，以及創造財富與改善生活品質目前與潛在的來源。他指出，許多已開發與開發中國家的所謂的經濟成長很難單從有形的資產來解釋。在許多國家發現到的高成長率，往往由於國家將知識或資訊投資於基礎建設、產品與服務上。雖然知識資產是無形的，但卻能增加某種價值。

　　由於知識資產是無形的，評估知識資產有許多不同的方法與建議模式，例如世界銀行知識評估方法與計分法分別從績效指標（GDP、人力發展指標）、經濟誘因與社會制度（關稅壁壘、財產權等）、創新系統（投入研究發展的研究人員、製造業貿易佔GDP的比例、每百萬人發表的科技期刊論文比例）、資訊基礎建設（電話、電腦與網際網路鋪設比例）。有別於過去常以硬體建置來評估知識資產，Malhotra（2003）則提出一個以整全觀點（holistic view）

將國家的人力資本、社會資本與生活福祉一併納入無形資產評估的架構，見圖1。在 Malhotra 的架構中，國家知識資產（knowledge assets 或 intellectual capital）包含人力資本（human capital）與結構化資本（structural capital）兩部分。人力資本是一種個人的資產，指一國足以達成任務的個人知識、技術、創新與能力，也包含個人能夠創造工作與目標之知識、智慧、專業、直覺與能力。這種知識包括事實、法律、準則以及專業化的知識、團隊工作和溝通的技巧，既包括儲存在個人身上的知識質與量，也包括在小團體與群體的集體知識（OECD, 2001）；而結構化資本則代表非人力資本的資產，包括組織資本（organizational capital）與市場資本（market capital）兩種。所謂市場資本指的是鑲嵌在公司與其顧客關係中的價值，也就是說一個國家在全球市場中所擁有的市場與貿易關係，透過這些跨國關係可以強化將知識轉化成創造與使用價值的能力；而組織資本則包括流

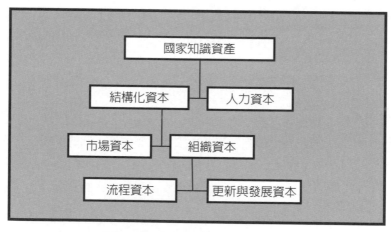

圖1　國家知識資產的組成成分

程資本（process capital）與更新和發展資本（renewal & development capital），前者包括流程、活動與相關帶來知識分享、創造與傳散的基礎建設，而後者則反應對未來成長能力與實質的投資。

國家無形的知識資產已經越來越受到國際組織的正視（World Bank, OECD），在 OECD 的報告指出，「快速經濟成長可以減少絕對的貧窮，但是生活的福祉的意義要較經濟的福祉更廣，已開發國家的資料顯示其人民生活的福祉遠落在 GDP 之後。」OECD（2001）報告也將過去未納入在發展模式的一些非經濟指標，福祉（well-being），加入無形資產的考量，其中人力資本與社會資本是兩項重要因素。然而這些建立在知識基礎理論上對釐清知識資產概念所做的努力，多關注的是研發、產品與流程發展、策略環境等與創新發展相關議題，幾乎很少有學者將提升組織預警、減少損失的風險知識納入國家知識資產的蒐集與管理。

（三）「知」與「不知」相生相長──風險知識作為一種國家知識資產

從前述討論中我們了解，過去主流的客觀風險本體論觀點，在全球風險社會已不足以協助國家與組織馴服無孔不入的跨界風險；而在知識基礎理論的觀點上也很少有將風險知識納入組織知識資產的觀點。Ciborra（2005）指出，風險概念是緊緊與認知本身連結在一起的。Hutter 與 Power（2005）認為組織對於風險的注意力其實是組織的問題化（problemtization）工作，也就是對於組織現有的風險注意力提出質疑、辨識、認可與定義。「人為的不確定性」是一種風險的混合體，科技快速發展造成人機互動的複雜性，當人們以為知道

的越多時，甚至以為風險管理系統什麼事都管到了（risk management of everything）時，就有越多的未知，使得新型態的跨界系統性風險應運而生（Beck, 1999; Perrow, 1984）。

因此本文指出，組織應調整過去「發展與風險」對立的風險本體觀點，正視風險作為一種組織的知識資產。知與未知（不確定性）其實是一體兩面的，不應只偏重帶來經濟利潤的創新知識，卻忽略預防損失的風險知識。本文主張，風險管理就是一種不確定風險的知識管理，因此採取社會建構論的觀點，試圖協調風險與組織的對立性，著眼於風險知識對組織的正面意義，強調未知（ignorance）與知識（knowledge）是相生相長的（Weick, 1988）。Weick（1993）指出，組織成員對於客觀的風險類型的注意力，與主觀的脈絡式的風險情境的注意力，像是一個蹺蹺板，對客觀風險注意的多，情境脈絡風險就少，反之亦然。這顯示在組織面對風險的過程中，我們的風險感知是隨著客觀外顯化的風險知識與主觀情境脈絡內隱的風險知識相生相長而改變，是一種動態性的知識，而非一成不變的，見圖2。風險管理隨時更新組織內成員最新的風險感知，才能達到「培養」風險意識的預警效果，避免被常態化注意力框架僵固化。這樣建構論的風險本體論觀點是與 Ericson（2007）、Beck（1999）指出的風險是一種非中立性的爭論語言具有一致性，需要重視某些高損失、忽略某些次要問題的政治選擇過程。跨界風險的議題需透過對組織的利害關係人（stakeholder）多元理性的集體協商，將埋藏在工作實務脈絡中的風險知識汲取出來。

Hutter and Power（2003）也從跨越組織的層次來看「問題化」（problematizaiton）風險的過程，他們認為問題化風險並非只是個人

認知層次的問題，風險辨識是透過社會不同的組織機構，包括保險公司、信用評等機構、安全與智慧服務和管制稽核等，有系統的投資在資料蒐集的建制、早期預警系統與補償機制，才能共同治理我們對未來的注意力。過去知識基礎理論雖然強調組織的知識資產可以為組織帶來持續的競爭力，然而在過去測量國家知識資產的文獻（Malhotra, 2004, 2003, 2000; Bontis, 2002）或是無形資產（intangible assets）文獻（Sanchez et al., 2009; McCutcheon, 2008; Milost, 2007）中，幾乎沒有將風險知識納入為一種可能的知識資產。

Emblemsvåg（2010）指出，跨界風險本質上是無法管理的，必須是在組織預期風險的開放性中自我管理。也就是透過個別組織深化其鑲嵌在情境脈絡的風險知識，讓組織成員不斷地揭露對跨界風險的「未知」，將特定情境的內隱風險知識辨識與外顯化。Emblemsvåg

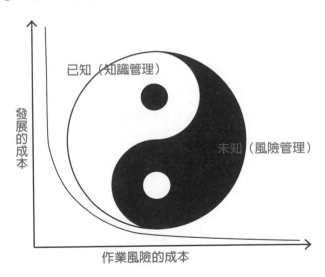

圖2　「知」與「不知」相生相長

建議未來的研究應結合知識管理流程來管理不確定風險，將組織脈絡學習的可能性導入風險管理，以增加風險管理的效能。本文即是回應這樣的呼籲，進一步地指出，個別組織的風險本體論轉變，有助於協助深化對組織內的跨界風險的探索，國家也應更正面地將個別組織從情境脈絡汲取出的風險知識，整合在國家知識資產的架構下，成為減少跨界風險損失的預警知識庫。

三、研究方法

　　本研究是一項詮釋取向的行動研究。本研究以詮釋取向為立場，因為作者認同對真相的了解需要透過社會建構，並且以透過研究者賦予意義活動的結果，可以經由言說表達出來（Walsham, 1993）。這一類型的質性研究預設當人們與世界互動時，會創造並連結自己的主觀性與周遭世界的交互主觀性意義中。本類型的研究之目的在於了解現象背後更深層的結構，不斷增加對社會文化情境脈絡現象之理解（Orlikowski, 1991）。詮釋主義取向的觀點與本研究試圖以建構論的風險本體論來探討跨領域風險，是較為吻合與合適的途徑。

　　行動研究則指透過研究者與委託研究對象合作，一方面解決組織場域中的實務問題（real-life problem）、另一方面也產生新的知識（generating new knowledge）。Hult 和 Lennung（1980）對行動研究的定義指出：

> 行動研究同時協助解決實務上的問題、拓展科學知識的領域、並且強化行動者各自的能力。研究者與具實務考量的行動者在一個立即性的情境下協同合作用資料作為回饋互動循環的過程，

其目的在增進對既有的社會情境之了解，從而將對變遷過程的了解應用在社會系統。這樣的研究是建立在一個互相認可接受的倫理架構下進行的。

而行動研究方法則在本質上具高度臨床性（clinical），必須要有學術研究者與實務從業人員兩者協同合作的過程。內部成員（insider）與外部成員（outsider）須攜手形成探索的社群，共同致力於產生行動中的知識，並達到實務從業人員與學術社群的不同的角度需求（Coghlan, 2011）。因此可以產生非常具有實務相關性的研究發現，對於管理研究具有重要的意義（Avison et al., 2001; Avison et al., 1999; Baskerville & Myers, 2004）。本文所探討的是在金融市場國際化的背景下，臺灣金管會自民國91年起著手將國際清算銀行（Bank for International, BIS）制訂推動巴塞爾委員會成員國（G11）的「新巴塞爾資本協定」（The New Basel Capital Accord, Basel II）導入臺灣，促進臺灣金融業對風險管理的注意能與國際接軌，增加國內銀行業在全球金融市場的競爭力。本研究報告在一間國內銀行進行行動研究，由研究者與實務人員以協同合作方式學習將新巴塞爾協定制度化在該銀行的歷程。新巴塞爾協定提出了「作業風險」（operational risk）新風險管理類別，由過去市場風險（market risk）與信用風險（credit risk）的殘餘中區分出來。由於作業風險所管理的是因內部作業、人員、與系統的失誤或外部事件所造成的風險，包括內外部詐欺、員工、客戶、專案、業務等實務常規與工作場所安全、營運中斷與系統失敗、執行、傳遞與流程管理等包羅萬象的風險問題，其性質上就是因應新型態、複合性、跨領域風險應運而生的新制度設計。本

文報告行動研究個案的結果。

（一）研究場域

　　本研究的研究場域 X 銀行是臺灣率先導入 Basel II 國際標準的本國銀行之一，該銀行的作業風險小組自民國 93 年起，就積極投入銀行公會所舉辦的作業風險研究小組，並於民國 96 年到 100 年間完成了組織制度面的作業風險管理政策建制、風險資料庫系統，風險文化面上也對全行各部門進行作業風險教育訓練，同時也開始遵行金管會的要求進行了五次全行依單位別的風險自評（Risk & Control Self Assessment, RCSA）。

　　X 銀行的作業風險專案在組織內導入與學習經過五年時間，仍沒有實質地鑲嵌在整個組織的日常運作中，無論高階主管與一般員工對於作業風險管理僅止於模糊的概念，多數員工將風險自評（RCSA）看作是應付主管機關多一道的公文形式，這些管理工具並沒有真正發揮到管理效果，風險文化也沒有真正落實，雖然總行與各事業單位都訂定了若干風險政策，但是徒法不足以自行。風險自評似乎只有徒具形式，無法蒐集到能說服主管的風險資料、各部門的員工則認為風險自評似乎是與其他稽核制度重工，增加他們的工作負荷，看不出成效。

　　由於 X 銀行人員對於風險管理的認知多數為實在論的風險本體論架構下，認為風險是可以計算、以統計表達的客觀對象，在面對新型態、跨領域的作業風險管理時，舊有的框架成為組織成員的預存立場，難以改變。作業風險管理所面對最大的問題是，在導入 Basel II 的標準後，組織應如何變革、如何建立管理機制讓風險概念與業務實

務結合成管理的槓桿、如何改變組織成員的風險本體論框架與對風險「知的能力」（knowledgbility），從風險發生的情境脈絡由下而上的找出真實鑲嵌在組織內的特定風險知識，才能使風險管理在整體組織發揮真正的效用。

（二）資料蒐集

本研究的資料蒐集主要透過深度訪談、進入場域參與會議觀察記錄、並大量蒐集 X 銀行的內部文件。行動研究專案自 2010 年 10 月到 2011 年 12 月進入 X 銀行進行田野工作時。專案蒐集的資料包括各種不同形式，從在這十五個月間與專案小組成員的電話、email、手機簡訊往返、非正式地互動分享，隨時更新動態、討論，從外部與內部个同的立場分享各種想法、疑惑與意見，到 X 銀行內部機密文件，包括歷年作業風險會議報告與記錄、作業風險管理政策、不同事業單位作業風險管理內規、歷年作業風險季報、X 銀行年報、作業風險管理教育訓練素材、風險自評早期試作表單、風險自評試作結果彙整報告等等。蒐集的專案資料中同時也包括研究者參與觀察作業風險部門邀請之各項內部會議的十餘場田野調查記錄，例如：專案會議、作業風險協調會、處會、作業風險情境分析工作坊、風險自評試驗性工作坊與部門內部檢討會等。

此外，本研究進行了兩個週期診斷、介入，並在週期開始前、兩週期間、與週期後共進行三階段半開放式的深度訪談，由研究者與作業風險專案團隊和 X 銀行跨階層、跨部門作業風險相關人員，總計進行了 34 個半結構式面對面深度訪談，每一場訪談時間約 60 ～ 90 分鐘不等，和一個電話追蹤訪問，見表 2，除追蹤電話訪問外，每

一場正式訪談都經訪談者同意進行錄音，並整理成逐字稿，每場訪談記錄重點摘要。

在訪談前，先根據理論架構草擬訪談題綱。在訪談後會再與 X 銀行作業風險實務人員交流討論，作進一步的釐清。第一階段訪談對象，多數由 X 銀行專案負責人建議名單，協助蒐尋該銀行負責作業風險業務各階層與各部門相關人士，包括有：作業風險部門成員、高階主管、各業務單位相關人員、與初期建制團隊成員等。為進一步了解作業風險在臺灣銀行界制度化發展歷史，研究單位成員也訪問當時推動巴塞爾協定在臺灣採行的政府管制單位官員；至於第二階段的訪問名單則為研究單位提出，為了解第二階段行動介入之改變，訪問對象則包括有：作業風險部門成員、高階主管、參與第二次行動介入之各業務單位相關人員。此外，在 2012 年 3 月，作者與第二階段專案負責人再進行了一次為時 30 分鐘電話訪談，追蹤專案後續發展。

表 2　本行動研究的訪問資料蒐集

訪談對象背景	週期一診斷	週期一、二評估	總計
作業風險部門	3	8	11
高階主管	9	1	10
各業務單位相關人員	5	3+1	8+1
初期建制團隊成員	4		4
政府管制單位推動者	1		1
共計	22	12+1	34+1

註：+1 為電話追蹤訪問，未列入正式訪問

四、研究結果

研究者在與 X 銀行進行的兩階段行動介入中，第一階段（2010年 10 月到 2011 年 4 月）我們檢討了原有作業風險在 X 銀行進行的主要瓶頸，並以常規性風險架構（Basel II model）為理論引導，協助 X 銀行修正原有作業風險政策中對於風險範圍（risk universe）的界定，建立了 X 銀行作業風險範疇（risk categories），建立八大風險類型包括，人員風險、客戶風險、產品風險、系統風險、內部流程風險、外部事件風險、營運中斷風險與其他類，共 20 種風險項目，每一類都有完整說明與列舉細部解釋，見表 3。這個風險範疇的建立為各部門在進行風險溝通時建立了共同語言，以風險為導向替代過去流程導向的作業風險管理模式，協調部門根據不同流程自行設計格式、作法各自為政、難以統整的問題。最早期規劃風險自評的元老 O2，第一階段行動介入後，指出聚焦在風險議題上確實有助於打破舊的框架。

> 我覺得最大的改變是 risk angle，確實有幫助。因為以前我們是走流程，常常就被流程的步驟綁住了，所以會走得太細了。我們這次其實是打破了這個框框。（O2）

參與過舊有風險自評的員工則表示，

> 過去發問卷下來寫，常對其中的問題不是很清楚，有些要我們寫頻率、金額三億、三千萬、嚴重性，在不同的單位，認知差異、影響差別都很大，很難填，只在敷衍。但這次從風險角度列出的

表 3　X 銀行的風險範疇（risk category）示意圖

第一層（類別）	第二層（項目）	說明	
5. Process	5.1 Process control risk	因內部流程設計／規範／控管不當導致之風險（流程規劃面）	1. 流程分工未妥適，導致經辦擁有主管密碼或前台擁有後台密碼 2. 流程管控不妥適或妥適導致風險 3. 作業規範不妥適之風險 4. 不適當交易授權 ex 經辦私代主管撥款 5. 不適當作業管控流程之風險 ex 撥款流程未覆核
	5.2 Operation error risk	因人員非故意於交易過程中對客戶或本行產生之風險	1. 因人員非故意但導致重要實體資料或交易文件未作未徵提、用印、鑑價、保存 2. 因人員疏失導致作業輸出入或帳務交易處理錯誤之風險 3. 因人員疏失導致資料失真，導致本行損失 4. 人員疏失遭違反法令，導致主管機關懲處 5. 人員疏漏應執行之業務或作業，導致本行權益受損 6. 人員執行業務時產生失誤或錯誤，導致工作之風險 7. 人員未及時完成工作導致工作完成時導致之風險

臺灣風險公共性性考察

第一層（類別）	第二層（項目）	說明	
	6.1 External theft & Fraud risk	因外部人員（含駭客，恐怖份子）破壞／竊取本行／客戶資料或資產之風險	1. 外部人員直接或間接詐欺本行 2. 外部人員竊盜／破壞本行資料或資產 3. 外部人員竊盜／破壞客戶資料或資產 4. 外部人員破壞本行商譽
6. External risk	6.2 Third party risk	因外部供應商或委外廠商提供之服務不當或違反法令導致之風險	1. 本行供應商或委外公司作業疏失導致風險 ex 資料輸出入、郵寄錯誤風險 2. 引用外部錯誤資訊，導致本行產出錯誤資料之風險 3. 外包供應商或供應商經營困難或倒閉，導致影響本行業務運作 4. 委外公司不遵守本行合約，導致影響本行商譽或客戶流失 5. 委託外包公司處理，導致資料外洩 6. 代銷公司代銷本行產品，然產生不當售銷行為 7. 本行代銷其他公司產品，然該公司惡意欺詐產品，導致疏失

題目，讓我們知道問題重點到底是什麼，甚至有一些 wording、有疑問處都可以修正，比較能 touch 到問題的重心。

第二階段（2011 年 5 月到 10 月）我們從「風險視為一種社會建構」觀點為基礎，再進一步引入 Nonaka et al.（2000, 2006）動態知識創造理論，以風險自評作為風險知識管理的人造物（artifact），透過共同創造（co-create）的知識論取向，以動態知識創造角度在組織內形成風險知識螺旋。藉由創造風險知識對話與分享的特定情境——針對跨部門的第一線基層主管與相關高層主管舉辦工作坊——經由大量、多元角度的風險語言與論述的互動交流，協助原本習慣孤島思維（silo thinking）的銀行員工進行知識共同創造的工作坊設計與主持人訓練，從風險分析師轉變成知識創造工程師的角色，誘導出組織成員的內隱風險知識外顯化、外顯風險知識再組合，並由專家會議將風險知識轉換過程，逐步在組織內協助作業風險從業人員，以知識管理的概念（Nonaka et al., 2000, 2006; Baskerville, 1991）來管理跨領域的作業風險。

也就是說，在原本組織的科層部門業務系統的風險管理、與專案系統的風險管理之外，再透過風險自評機制產生出鑲嵌在組織脈絡中的內隱風險知識，形成一個具有「知識存取交換功能」後設知識系統，作為風險知識貯存庫。Nonaka（1995）稱這樣的組織架構為「超聯結組織」，見圖 3。有助於將組織的業務系統層與專案系統層所產生的不同類型知識，重新分類整理成為對組織整體較具意義的形式，並有效地將科層業務和專案系統所產生的知識，轉換成帶動不同層級管理者與從業人員間更完整與有深度的對話，大幅縮減傳統組織高

層、中層主管與基層人員間溝通的時間與距離。

　　從我們跟行動介入二與會者訪談資料中，也看見動態性知識創造架構，將內隱的、不確定風險知識外顯化的許多例證，挑戰了許多組織成員對跨界風險的「知的能力」與「未知」。許多與會者都提到很多跨部門的風險議題，原本站在單一部門角度看不見的，卻可以從動態知識創造模式，多元理性的溝通，建構出一個更整全的圖像。像是許多全球化網路社會所衍生的相關問題，例如：原本集中式處理系統架構，無法因應全球化網路連結的社會需求、同一客戶在全球不同分行的 ID 無法串連，難以查到洗錢問題、時差、加班時間調整與配套、跨部門整合性變動無法配合等等。

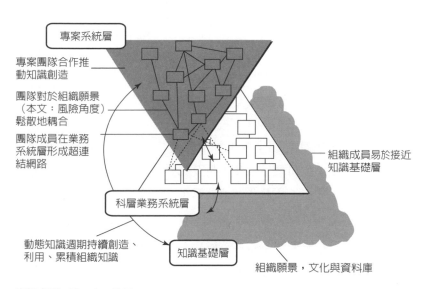

資料來源：Nonaka, 1995

圖 3　動態知識創造系統整合專案與業務系統示意圖

這次從 risk category 出發，有很多 end-to-end 的人參加，找到的構面是比較完整的。RCSA 很棒的地方就是把前台、中台、後台都串在一起，有了一個比較寬的構面，這是舊的方法論做不到的。找到這些風險對組織是很有幫助的！（O4）

這次我們找出了許多跨風險的議題，大家前後手都可以串在一起，議題的強度和深度就凸顯出來了，看見了全面性、而不只是一個 process，就覺得十分嚴重了……以前像這種 people risk 我們是不曾談過的，如果請一位資深的 credit officer 進來聽的話，可能可以看見幾個洞串連起來，就會發現哪裡有系統性的風險了。（O3）

高層主管透過第二階段由下而上的動態風險知識創造，也意外地發現到自己對組織內風險問題的盲點，可能會成為組織的一項重要風險來源。一位受訪者說道：

上個星期我們跟 CIO 報告時，他有一點 shock，他說這些高風險跟他想像的問題不一樣！他發現到許多問題他以為已經制訂了政策，可是真正執行的業務單位，卻會因為成本考量，時間到了還是可以不汰換。他們（業務單位）會認為，又沒有加新的東西，幹嘛要換？就是不給錢，說那我風險自負。這對 CIO 來說還蠻訝異的，他本來以為沒有政策會產生風險，沒有想到有政策，竟然還有風險！（P2）

其實這些風險原本就存在，大家心裡也知道。只是透過 open-minded 討論，才讓我們看見大家原來 suffer 那麼久、原來風險那麼高。有些已經存在的風險，像是 policy 大家都不落實，大家都覺得好痛苦，但是都沒有發覺，這些風險原來都在我們周遭。（P2）

另一位高層主管在參加作業風險工作坊後也說：

很多風險我心裡面知道，但要去 prioritize 很難，同仁表達出來一方面可以讓我印證自己的判斷是對的，另一方面也替我 prioritize。這是我很不容易去排的，因為我們部門有一百項要做的事。這個方式也讓同仁達到一個共識。（S3）

在現場看時，我可以感受到同仁的焦慮、對事情的無力感、不知怎麼解決。……從紙本的報告上體會不出同仁的焦慮與嚴重度。（S3）

至於在第二階段介入後，由第一線基層主管所溝通出的多元論述的風險內隱知識，充實了第一階段介入規範出來的作業風險範疇的實質內涵，也將規範式的風險範疇注入了更特定於 X 銀行組織脈絡與更具意義、有生命力的風險知識。Nonaka 等學者（2000）指出，知識創造過程的核心是知識資產。所謂知識資產指的是專屬於公司、為公司創造重要價值的資源。由於隱性知識的屬性難以量化，現有的會計系統很難去計算知識資產的價值，但是這樣的風險知識資產的累

積，一方面有助於建構 X 銀行從上到下成員對其組織特定的曝險狀況的認知，脫離未知的狀態；另一方面這樣的風險知識匯整也可能會讓該銀行省下原本在不同部門重複投資、疊床架屋的風險管理投資。

> 這次 RCSA 談出了許多跨單位的風險，甚至已經延伸到整個構面了。像是在做變更，原本只是 focus 在換手的機制，但這次大家談得更擴散，廣度更廣了，甚至也談廠商管理，不只變更，還看到了整個 end-to-end 流程。A 單位會看見 B 單位的一些對稱的風險，也會談到有些風險是他沒有注意到的，大家對於風險的共識會越來越高。透過討論讓大家發現風險在每個環節都有重要性，否則會覺得風險沒有那麼嚴重吧？（S3）

X 銀行的作業風險部門從知識資產的角度來累積組織特定的風險知識後，使原本片斷、零碎、不易捕捉、散在個別員工的工作實務經驗中的風險知識變成組織的無形資產，使得原本被以績效導向的組織視為「烏鴉」的作業風險部門，獲得了高層主管難得的肯定。一位同仁轉述，

> 由於這些跨單位問題的揭露，你們這個單位可能為銀行一年省下上百萬的風險管理的成本！（O4）

五、研究討論

本研究的目的在探討：（1）如何使用風險知識作為一種知識資

產來管理跨界風險；（2）檢視組織如何學習與形成治理跨界風險的知的能力。本節即針對這兩項研究目的在 X 銀行的行動研究資料與理論對話，找尋本行動研究脈絡中浮現出的意義。

（一）如何使用風險知識作為一種知識資產來管理跨界風險

　　Hutter 與 Power（2005）認為組織遇到風險會高度挑戰既有制度化的注意力（attention）與想像（imagination）。傳統的風險管理，預設「風險作為一種物理的性質」，例如：市場風險與信用風險，以一種常規化、專家式的、以電腦技術為主的方式呈現，與組織脈絡幾乎沒有太多的相關性。正因為這樣，既存的風險本體論觀點形成 X 銀行多數組織成員對風險的框架，即使是該組織導入作業風險管理超過五年以上，是國內最領先作業風險管理業務的銀行之一，仍然無法真正落實管理跨領域的作業風險。這樣的情形與 Hutter 與 Power（2005）所說，既有對風險的注意力會阻礙組織遇見風險是相一致的。

　　本研究嘗試以社會建構論的觀點，改變組織過去注意力偏重在客觀風險，透過組織和其參與者一同從事於意義賦予的活動（風險溝通與風險知識創造），逐漸發現主觀脈絡式的風險情境，是幫助組織成員對「風險本體論」重新賦予意義（sense making）的過程。在本行動研究中，無論是作業風險管理部門或是參與風險自評的各部門從業人員，都透過動態知識創造過程參與風險知識與論述形成，正如 Weick（1993）所說的，組織對風險的感知是一種動態性的知識，並非一成不變的。當有更多的情境脈絡的風險知識被挖掘與串連起來，客觀風險的注意力就會像是蹺蹺板一般帶來改變。

組織成員既有的實在論風險本體論框架，透過風險工作坊的交流互動後，產生對跨界風險新的感知與鑲嵌在組織脈絡中的理解。而這些新風險感的擴大會挑戰原有的風險認知，例如：一場風險工作坊中許多不為高層主管所知的內隱風險知識被揭露出來，

> B 業務單位某甲：我們會為了成本問題，機器老舊能撐就撐，為了要 cost down，軟體硬體都是如此，維護費不簽，連 patch 都不上，使公司不斷曝險，大家就用賭的！
>
> A 業務單位某乙：我們也沒有測試環境，連 server 都沒有，就使用 user 直接測試，也是用賭的！同時我們備份的資料常常一放好多年，已經沒有機器可以讀了。
>
> IT 某丙：在重大變更時系統常需要重開機，可是我們有些非營業用的老舊機器用太久，為了省錢沒有定期更換機器，電池老舊了也不換，造成這些老舊的機器沒法定期 restart。

這些相依於情境脈絡的風險內隱知識揭露後，中階主管為了成本考量，「大家就用賭的！」這樣的風險論述在溝通出來後，衝擊高層主管原本對於組織每件事情都做好風險管理（risk management of everything）的想像和信心，他們無法覺察到在組織已經有明確風險政策規範的地方，「竟然還有風險！」組織行動者參與在意義賦予的工作上，會將新的對風險的感知轉化成為可以接受的管理實務，並建立新的制度作為新管理實務的基礎（Hutter & Power, 2005）。因此，透過風險知識來賦予意義可以說是組織製造新的管理風險新制度的核心。風險管理須隨時更新組織內成員有爭議性風險感知的多元呈

現，才能達到「培養」風險意識的預警效果，避免被常態化注意力框架僵固化。

這樣的觀點可與本文「知」與「不知」相生相長的觀點相互呼應。過去知識資本理論偏重為國家與企業帶來經濟利潤的創新知識，卻忽略風險知識也是一種無形資產（intangible asset），具有其正面的功能。即使是潛在的非預期後果，也不代表一點知識都沒有，而是一種具有爭議性主張的知識（Beck, 1999）。面對全球流竄、多變的跨界風險，有越來越多的學者呼籲必須採取更務實（pragmatism）的途徑，來發掘自己的「未知」。組織對於學習以開放態度面對爭議性的風險感知相互碰撞是具有正面功能的，代表一種不同知識代理人、製造者與利益團體間更深更廣的知識領域，協助治理者能擺脫各種既有的框架對人們注意力與判斷力的限制，才能更負責任地面對高度不確定性的跨界風險。

X 銀行雖然導入作業風險管理多年，但是組織主管與成員對風險預設僵固於「風險作為一種物理的性質」，面對跨界風險的高度複雜性，需要調整其對風險本體論的框架與風險注意力的意義賦予，改變新的知識論途徑才能因應處理。Beck（1999）所說的多元理性、Jasanoff（2005）所談的公民知識論（civic epistemology）與本研究所指出共同創造（co-creation）知識論取向其實是不謀而合的，都是採取一種由下而上的問題解決方式，以擴大風險知識資產的基礎，突破框架的限制，才能試圖駕馭跨界風險。

（二）檢視組織如何學習與形成治理跨界風險的知的能力

組織面對風險是一種進行問題化（problematizaiton）的工作，

也是對組織現有的風險注意力提出質疑、辨識、認可與重新定義（Hutter & Power, 2005）。在本研究中風險知識螺旋在組織內形成一種意義建構的計畫，催逼著組織不斷去面對：什麼是可想像的、可賦予意義的、以及保險機構所懼怕的。從這樣的面對中，對新風險的注意力就會浮現出來。

在本研究第二週期風險自評工作坊中，新的共同知識創造的風險自評方法，較原本個人分別填寫問卷的舊方法論明顯辨識出更多且更重要的風險知識。圖 4 顯示在變更流程的工作坊中用舊的風險自評方法只辨識出 5 項風險議題，且沒有高風險議題，使用動態知識創造的方式，在互動與共創中卻辨識出 115 項風險議題，以及 12 項高風險議題；而在機房流程的工作坊中，建構論的風險溝通使得風險議題從 16 項增加到 96 項，從原本沒有高風險到發現 7 項高風險議題。這樣的結果可以解釋出何以風險資料的品質、缺乏可靠的歷史資料來建立數學模型與有效的推估未來風險事件的發生，一直是客觀的風險管理最大的挑戰。顯示當風險被視作為「一種物理的性質」由組織成員分別填寫時，個人孤島思維使得組織成員陷入偏狹視野（tunnel vision），傾向大事化小、小事化無，出現一種規避自我揭露的傾向，一位作業風險主管人員在提到舊風險評估的瓶頸時就指出，

> 每個單位做久了其實也慢慢會規避到一些風險。會不會願意那麼開誠布公去曝險？maybe 有些真的是營業上的致命的關鍵或是一些不好講的地方，那就是每個單位祕密的部分，因為你曝險以後你就要去做改善。……所以我就不會把這個 Priority 填得這麼高，我可能我先衝業務了，改善那個部分我慢慢弄……（I2）

欸，我不曉得這個是中國人的宿命，還是所有管理單位的宿命，就是你曝險越多表示你越弱。……所以啊！我就是把報告交出去，我能淡化就淡化，能不曝露就不曝露。（I2）

本研究發現與 Ericson（2007）、Hopkin（2010）所說的風險管理在組織與管理工具上挑戰相呼應。他們指出，組織內的行動者會理所當然的選擇與排除一些資訊，將許多重要的風險資訊隔離起來，變得未知。基層員工選擇「上有政策、下有對策」地處理組織內真實的風險問題，使得組織與政府對於重要的風險與風險來源警戒萎縮，這種偏狹視野正是可能導致人為大災難的來源。

在本行動研究週期二的介入後建構論的風險溝通，讓基層工作者有機會從風險的角度，而非從原本工作責任角度來揭露風險知識，協助原本內隱在個人專業實務中的風險知識外顯化，成為組織的共同風險知識資產後，形成為新的框架在組織內推動著一種更能落實預警

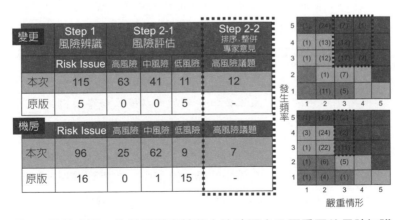

圖4　風險自評工作坊辨識出較舊方法論更多且更重要的風險知識

原則的制度化結構重新安排。

> 我很滿意啦！這次研討會從風險角度切入，再談對策、才談權責，重點是在從不同角度把風險揭露出來，再去辨識與排序，我覺得用風險去看是蠻有效的，比較會跳脫以前一開始就想是誰的責任，很滿意在現場看到大家非常熱烈回應這些問題。（S3）

> 我覺得最大的幫助在於組織對話。像機房的同仁某甲在workshop上一直講，我跟他說，你說的這些將來都是你的工作野！但是，他說沒有關係。我覺得底層人不是不願意做，常常是他做不到，或是一直在take別人的風險，或是擔心他接不了，也想要讓老闆知道。（O4）

> 這個workshop我感受最深的就是一定要跟一線的同仁一起co-work。這個工具把我們跟大家tie together，讓他們覺得總行真的有發揮一點價值，不再只是教唆工。co-work就是要手挽起來，一起幹下去，不管中間有什麼衝突、誤解，最後覺得一起打了一場還不錯的仗，大家感情是好的，以後推動事情時，溝通互動就會差很多。（O1）

在組織成員共同創造風險知識的過程中，在對話過程，對新風險的注意力就會浮現出來，內隱的、片斷的風險知識外顯化成為組織知識資產是一個累積的過程，Hutter 與 Power（2005）指出，在既有

的制度思維下，可能要在一段時間中才會逐漸顯現，有可能會累積到一個臨界點，讓主流思想改變過來，但也可能並不會發生。

我們在 X 銀行的行動研究中，第二週期的行動介入後，X 銀行作業風險單位使用組織基層成員建構的新風險知識清單，繼續進行「跨層次的知識擴展」行動，與中高階主管再進行風險溝通，透過這樣的協商過程，帶動 X 銀行內更廣與更深的知識螺旋，將基層的風險感知與高層主管的風險胃納、沖抵和投入資源意願加以整合，使得風險自評所創造出的風險知識可以實際與業務單位的管理機制連結起來，風險知識資產成為組織無形的後設知識基礎層，將鑲嵌在專案層與科層業務層中的「未知」超連結起來。這樣風險知識的擴大牽動組織風險治理策略的調整，帶動了 X 銀行作業風險治理結構的組織變革。委託單位在民國 101 年 1 月正式改組成內控管理部，形成第一線管理、第二道內控與第三道稽核三道防線中的第二道防線，有更多權責與資源可以去協調業務部門內的風險管理資源配置。而其中作業風險小組的成員則負責訓練第一線管理人員以由下而上共創風險知識的方式繼續進行風險自評，挖掘與更新鑲嵌在組織實務中的風險知識。

X 銀行以知識創造角度來管理跨界風險，最後帶來組織變革，就像 Hutter 與 Power（2005）所說的，當組織遇見風險時，往往會根據集體意義賦予的形式與制度化的力量來進行改革。在內部會創造出新的組織結構、角色與科技；而在外部會產生壓力去創造或改革管制制度和新的計畫來預防、因應與迴避風險。他們強調，組織再造的過程包括強化或創造「組織中的組織」（organizing organization），協助組織變得更聰明，能夠透過創造風險知識來增加組織的創新能

力（Hunt, 2003），形成一個不斷揭露與持續性的過程。而組織面對跨領域風險「知的能力」，也就向組織內部多元行動者不斷開放的過程，風險管理工具，例如：風險自評、風險地圖就成為組織在持續面對新風險時，不斷地組織再造過程的一種社會記錄。這個組織「知的能力」的本身，也就成為一種對不確定性管理的能力（manage-ability）。

Renn 和 Klinke（2013） 修正國際風險治理協會（International Risk Governance Council, IRGC）所提出的一個以風險溝通為中心的風險治理流程架構，是與本研究「風險管理就是一種不確定風險的知識管理」的主張是一致的觀點，而本研究的行動研究也透過組織場域印證了這樣的觀點的可行性。在 Renn 和 Klinke 的架構中，將風險溝通與利害關係人的參與置於四項風險治理週期階段（事前評估、跨學域的風險評估、風險辨識、風險衡量與風險管理）的中心位置。這四個階段都與組織在面對複雜性、不確定性與模糊性高的跨界風險的治理能力與能耐有關。也就是說，當政府或組織在治理跨界風險議題時，已經很難完全仰賴內部既有的外顯知識，而需要有專家、不同利害攸關人以及公眾在風險治理的過程中充分參與，成為組織製造並傳遞協調與整合能力關鍵的面向。由於跨界風險所處理的風險議題是高複雜性、不確定性與模糊性的，風險治理有能力回應這樣的風險特性至關重要。而在回應這樣的新風險本體論的策略上，也需要更有彈性且在風險管理途徑上能夠相互作用與具有包納性（Renn & Klinke, 2013）。因此，以知識管理的角度，將高不確定性的風險知識當作為一種知識資產，有助於政府與組織對於不確定性與跨界風險「知的能力」與「管理的能力」的提升。

六、結論

　　跨界風險是二十一世紀全世界政府與組織所共同面臨嚴峻的治理與管理課題，也因為全球化網路效應產生相乘的非預期後果，更是原本有清楚邊界的民族國家與組織必須要快速學習、調整與處理的議題。本文企圖協調過去經濟發展與風險的對立性，嘗試提出新的風險本體論主張：認為風險管理就是一種不確定風險脈絡知識的管理。對於高複雜性、不確定性與模糊性的新型態跨界風險，政府與組織都需要擴大既有的風險治理架構，朝向更有彈性、調適能力與制度化能

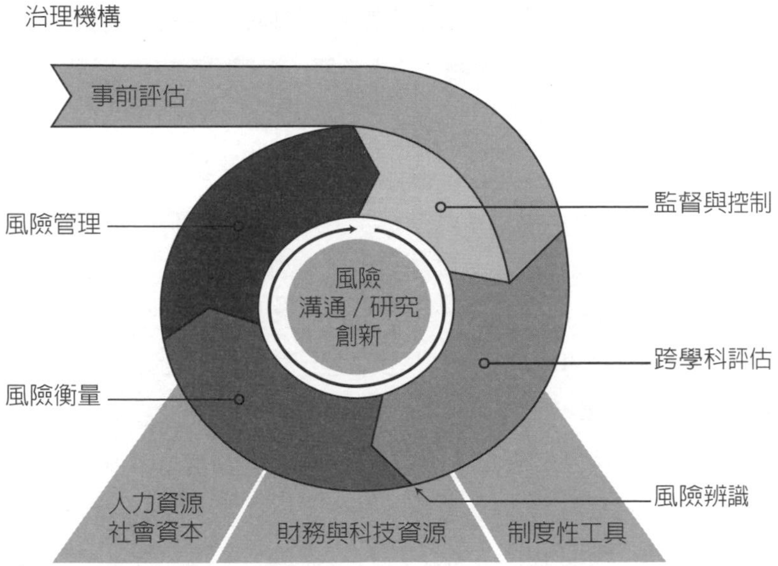

治理機構

資料來源：Renn and Klinke, 2013

圖 5　協調與整合的風險治理架構

力，包納多元行動者與知識陣營的風險知識，透過知識共創的動態性社會建構，以不斷集體學習、意義賦予、調整注意力、組織再造的開放性過程、朝向知與未知（不確定性）的累積與擴大。因此，「以風險知識作為一種知識資產」的觀點，不但可以協助民族國家與組織擴大其知識資源的想像，而這樣的想像也能進一步協助政府與組織強化其對未知的恐懼、主客對立性與調適管理能力。因為跨界風險，讓大家都坐在一條船上，必須一起務實與負責任地面對風險治理的問題。

本文在理論上的貢獻，除了將風險管理理論與知識管理方法加以結合，拓展了既有風險管理與知識管理理論，化解風險與創新對立的兩極化發展；在實務上這種風險知識作為知識資產的觀點，有助於政府與組織發展新典範來正視跨界風險，主動發掘組織人為的忽略或不知造成的系統性風險與盲點，透過動態、參與式地集體建構在地風險，擴大組織風險知識資產的基礎，以落實更有效的風險治理。

本文的限制性是，由於風險管理是高度文化情境相依，單一組織的行動研究較難以概化在其他社會與組織的風險治理。然而本文所提出動態性知識創造作為協助組織風險溝通的工具，以建立國家或組織風險知識資產的途徑，卻可以為許多風險治理架構（例如：IRGC）提供一個可以落實的作法與例證。由於跨界風險的複雜性，過去文獻提出各種不同的治理架構，但是對於如何全球在地化地將建構論、共同創造與公民參與落實在組織內的實證研究並不多見，本文為建構論預警為基礎觀點的風險治理模式提供了一個臺灣的行動研究案例。未來在不同地域、國家、社會與組織，以及不同分析單元層次的適用性上與差異性上，還可再作進一步的研究與比較。

本研究的場域雖然發生在組織內，但是由於跨界風險的全球化

流竄，已打破既有疆界，並不會限制在單一組織、機構與政府。因此在此單一組織中為了落實 Basel II 落實作業風險管理制度化要求所做的先趨性產學合作的努力，反而顯得彌足珍貴，為臺灣不同場域的機構在面對管理跨界風險、或管理其他型的跨界風險時，一個以知識為中心，協同合作、共創的方向。

在政策與管理意涵上本文指出，風險知識資產是國家與組織在平衡發展與跨界風險時亟待注意的無形資產。首先，以開放且包納的觀點，看待由下而上的風險知識創造的開放性，有助於擴大決策者與管理者過度倚賴專家知識或科學知識所帶來的「未知」，增加對鑲嵌於情境脈絡意義的了解，協助政策決策者與管理者提升對不確定性環境的感知與調適力。其次，風險知識作為一種國家或組織的知識資產，也有助於為國家和組織建立對跨領域風險一套共同的語言，逐漸形成利害攸關者不同風險感知的共識基礎，化解無法因為不同的本體論、知識論與語言帶來的對立性。此外，以知識為基礎的風險管理，雖然在短期內看似與國家發展或組織獲利沒有直接的關係，然而，這種無形資產卻有助於形成有別於既有功能性組織的科層業務層和專案系統層之外，政府與組織的另一個後設性超連結知識系統層，為政府與組織的不斷再造與調整注入新的動能。最後，風險知識資產的建立，可以協助政府、組織與其成員更加明確的了解屬於該國或該組織更真實的風險地圖為何，且透過溝通論述形成組織成員與常民的風險感知與文化，增加政府與組織跨界風險的預警能力與實力。跨界風險並不是單屬於決策者或是管理者、也不只屬於員工或是受災者，跨界風險是包納所有的人，因此管理的責任也在每一個人。

參考文獻

周桂田，2001，〈風險，不確定性與第二現代〉，中研院歐美研究所現代與後現代研討會。

周桂田，2005，〈知識，科學與不確定性——專家與科技系統的「無知」如何建構風險〉，《政治與社會評論》，13: 131-180。

Beck, U. & Willms, J. 著，路國林譯，2004，《自由與資本主義》。台北：先覺。

Avison, D., and R. Baskerville, et al., 2001, "Controlling Action Research Projects." *Information Technology & People*, 14 (1): 28-45.

Avison, D. E., and F. Lau, et al., 1999, "Action Research." *Communications of the ACM*, 42 (1): 94-97.

Baskerville, R., and M. D. Myers, 2004, "Special Issue on Action Research in Information Systems: Making IS Research Relevant to Practice." *MIS Quarterly*, 28 (3): 329-335.

Barney, J. B., 1991, "Firm Resources and Sustained Competitive Advantage." *Journal of Management*, 17 (1): 99-120.

Beck, U., 1999, *World Risk Society*. Cambridge: Polity.

Bontis, N., 2002, *World Congress on Intellectual Capital Readings.* Weburn, MA: Butterworth-Heinemann.

Bulkeley, H., 2005, "Reconfiguring Environmental Governance: Towards a Politics of Scales and Networks." *Political Geography*, 24 (8): 875-902.

Castells, M., 2011, *The Rise of the Network Society: The Information Age: Economy, Society, and Culture*. MA: Wiley-Blackwell.

Castree, N., 2008, "Neoliberalising Nature: the Logics of Deregulation and Reregulation." *Environment and Planning A*, 40 (1): 131-152.

Ciborra, C., 2006, "Imbrication of Representations: Risk and Digital

Technologies." *Journal of Management Studies*, 43 (6): 1339-1356.

Coghlan, D., 2011, "Action Research: Exploring Perspectives on a Philosophy of Practical Knowing." *The Academy of Management Annals*, 5 (1): 53-87.

Emblemsvåg, J., 2010, "The Augmented Subjective Risk Management Process." *Management Decision*, 48 (2): 248-259.

Ericson, R. V., 2007, *Crime in an Insecure World*. MA: Polity Press.

Fosfuri and Tribó, 2008, "Exploring the antecedents of potential absorptive capacity and its impact on innovation performance." *Omega*, 36 (2): 173-187.

Frosdick, S., 2006, *Risk and Cultural Theory: A Management Consultancy Approach*. London: Paragon Publishing.

Gold, A. H., A. Malhotra, and A. H. Segars, 2001, "Knowledge Management: An Organizational Capabilities Perspective." *Journal of Management Information Systems*, 18 (1): 185-214.

Grant, R. M., 1996, "Toward a Knowledge-based Theory of the Firm." *Strategic Management Journal*, 17: 109-122, Special Issue: Knowledge and the Firm.

Hopkin, P., 2010, *Fundamentals of Risk Management: Understanding, Evaluating and Implementing Effective Risk Management*. PA: Kogan.

Hult, M., and S. Å. Lennung, 1980, "Towards a definition of action research: a note and bibliography." *Journal of Management Studies*, 17 (2): 241-250.

Hutter, B. M., and M. Power, 2005, *Organizational Encounters with Risk*. NY: Cambridge University Press.

Jasanoff, S., 2005, "Restoring Reason: Causal Narratives and Political Culture." In B. Hutter and M. Power (eds.), *Organizational Encounters With Risk*. NY: Cambridge University Press, pp. 209-232.

Kankanhalli, A., T. Bernard, and K-K. Wei, 2005, "Contributing Knowledge to Electronic Knowledge Repositories: An Empirical Investigation." *MIS*

Quarterly, 29 (1): 113-143, Special Issue on Information Technologies and Knowledge Management.

King, W., and P. Marks, Jr., 2008, "Motivating Knowledge Sharing Through a Knowledge Management System." *Omega*, 36 (1): 131-146.

Klinke, A., and O. Renn, 2001, "A New Approach to Risk Evaluation and Management: Risk-Based, Precaution-Based, and Discourse-Based Strategies." *Risk Analysis*, 22 (6): 1071-1094.

Kulkarni, U., S. Ravindran, and R. Freeze, 2006/2007, "Reviewed A Knowledge Management Success Model: Theoretical Development and Empirical Validation." *Journal of Management Information Systems*, 23 (3): 309-347.

Linnerooth-Bayer, J., R. Löfstedt, and G. Sjostedt, 2001, *Transboundary Risk Management*. London: Earthscan.

Lyles, M. A., and J. E. Salk, 2007, "Knowledge Acquisition from Foreign Parents in International Joint Ventures: an Empirical Examination in the Hungarian Context." *Journal of International Business Studies*, 38 (1): 3-18.

Malhotra, Y., 2000, "From Information Management to Knowledge Management: Beyond the 'Hi-Tech Hidebound' Systems." In K. Srikantaiah and M. E. D. Koenig (eds.), *Knowledge Management for the Information Professional*. Medford, NJ: Information Today, pp. 37-61.

Malhotra, Y., 2003, "Human Capital and Knowledge Assets: Enabling Social Capital and Intellectual Capital." Working Paper, Syracuse University.

Malhotra, Y., 2004, "Integrating Knowledge Management Technologies in Organizational Business Processes: Getting Real Time Enterprises to Deliver Real Business Performance." *Journal of Knowledge Management*, 9 (1): 7-28.

McCutcheon, G., 2008, "A Valuation Model for Intellectual Asset-rich Businesses." *Measuring Business Excellence*, 12 (2): 79-96.

Milost F., 2007, "A Dynamic Monetary Model for Evaluating Employees." *Journal of Intellectual Capital*, 8 (1): 124-138.

Nonaka, I., and H. Takeuchi, 1995, *The Knowledge-creating Company: How Japanese Companies Create the Dynamics of Innovation*. NY: Oxford University Press.

Nonaka, I., R. Toyama, and N. Konno, 2000, "SECI, Ba and Leadership: a Unified Model of Dynamic Knowledge Creation." *Long Range Planning*, 33 (1): 5-34.

Nonaka, I., G. von Krogh, and S. Voelpel, 2006, "Organizational Knowledge Creation Theory: Evolutionary Paths and Future Advances." *Organization Studies*, 27 (8): 1179-1208.

OECD, 2001, *The Well-Being of Nations: The Role of Human and Social Capital*. Paris: OECD.

Orlikowski, W. J., and J. J. Baroudi, "Studying information technology in organizations: Research approaches and assumptions." *Information Systems Research*, 2 (1): 1-28.

Pee, L. G., and A. Kankanhalli, 2009, "A Model of Organizational Knowledge Management Maturity based on People, Process, and Technology." *Journal of Information and Knowledge Management*, 8 (2): 1-21.

Perrow, C., 1984, *Normal Accidents: Living with High-Risk Technologies*. NJ: Princeton University Press.

Ravishankar, M., and S. Pan, 2008, "The Influence of Organizational Identification on Organizational Knowledge Management (KM)." *OMEGA International Journal of Management Science*, 36 (2): 221-234.

Rayner, S., 1992, "Cultural Theory and Risk Analysis." In S. Krimsky and D. Golding (eds.), *Social Theories of Risk*. CT: Greenwood Publishing, pp. 83-87.

Reed, R., and R. J. DeFillippi, 1990, "Cause Ambiguity, Barriers to Imitation, and Sustainable Competitive Advantage." *Academy of Management Review*, 15 (1):

88-102.

Renn, O., 1992, "Concepts of Risk." In S. Krimsky and D. Golding (eds.), *Social Theories of Risk*. CT: Greenwood Publishing, pp. 53-82.

Renn, O., and A. Klinke, 2013, "A Framework of Adaptive Risk Governance for Urban Planning." *Sustainability*, 5: 2036-2059.

Sanchez, P., S. Elena, and R. Castrillo, 2009, "Intellectual capital dynamics in universities: a reporting model." *Journal of Intellectual Capital*, 10 (2): 307-324.

Scott, W. R., and R. D. Davis, 2007, *Organizations and Organizing*. New Jersey: Pearson Education International.

Stewart, A., 2004, "On Risk: Perception and Direction." *Computers & Security*, 23 (5): 362-370.

United Nations Economic and Social Council Committee of Experts on Public Administration, 2003, *Status of and Trends in the Development of E-Government* [Enhancing the Capacity of Public Administration to Implement the United Nations Millennium Declaration], New York.

Wade, M., and J. Hulland, 2004, "Review: The Resource-Based View and Information System Research: Review, Extension, and Suggestions for Future Research." *MIS Quarterly*, 28 (1): 107-142.

Walsham, G., 1993, *Interpreting Information Systems in Organizations*. Chichester: Wiley.

Weick, K. E., 1988, "Enacted Sensemaking in Crisis Situations." *Journal of Management Studies*, 25 (4): 305-317.

Weick, K. E., 1993, "The Collapse of Sensemaking in Organizations: The Mann Gulch Disaster." *Administrative Science Quarterly*, 38 (4): 628-652.

Wernerfelt, B., 1984, "A Resource-Based View of the Firm." *Strategic Management Journal*, 5 (2): 171-180.

White, D., 1995, "Application of systems thinking to risk management: a review of the literature." *Management Decision*, 33 (10): 35-45.

Zack, M. H., 2001, "If Managing Knowledge is the Solution, Then What's the Problem." In Y. Malhotra (ed.), *Knowledge Management and Business Model Innovation*. London: Idea Group Publishing, pp. 16-36.

重返民主的政策科學
——審議式政策分析概念意涵與途徑之探討

林子倫、陳亮宇

摘要

當代西方公共行政與政策研究的發展趨勢,有一項特別值得國內學界重視——審議民主與後實證政策分析之結合與應用。公民參與和審議民主的概念,近幾年已成為國內政治學與公共行政學界的新興議題。對於審議民主的理論基礎和操作過程、審議民主在各地區的實踐情況,相關文獻皆有諸多探討。然而,對於將審議和政策研究結合的審議式政策分析(deliberative policy analysis)途徑,相關文獻則較少提及。本文將梳理審議式政策分析源起的理論脈絡,並探討其分析途徑的內涵。

本文指出,審議式政策分析強調語言溝通和說理的重要性,認為經由提供公民參與的平台,檢驗各方提出的政策論述,能協助了解當前社會系絡的價值觀,符合「政策科學民主化」的精神。而政策研究者的任務,則是要破除權力不對稱關係的現象,與克服各種不利公民參與政策過程的障礙,以呼應民主治理與民主行政之實踐。

關鍵詞:審議式政策分析、審議民主、後實證政策分析、公民參與、民主的政策科學

* 本研究獲得國科會專題研究計畫的經費支持(NSC 97-2410-H-002-088),作者感謝兩位匿名審查人的評論與修改建議。
本文全文轉刊自《臺灣民主季刊》第 6 卷第 4 期(2009 年),頁 1-47。

一、前言

當代西方公共行政與公共政策研究的發展趨勢，有一項特別值得國內重視的焦點──審議民主（deliberative democracy）[1]與後實證政策分析（postpositivist policy analysis）之結合與應用──即本文所稱的「審議式政策分析」（deliberative policy analysis）。筆者檢索歐美學界公共行政與公共政策的各類期刊，發現二十一世紀以來，不少著名期刊紛紛以專輯形式，刊載與審議民主相關的主題論文，例如 2000 年，《行政理論與實踐》（*Administrative Theory & Praxis*）第 22 卷第 1 期，登出一系列以論述（discourse）和對話（dialogue）為主軸的文章；2006 年，《政策與社會》（*Policy and Society*）第 25 卷第 2 期，是以「政策分析中的批判觀點：論述、審議與敘事」（Critical Perspectives in Policy Analysis: Discourse, Deliberation and Narration）為主題的特輯；2009 年，該期刊第 28 卷第 3 期，又以「權力系絡下的審議治理」（Deliberative Governance in the Context of Power）[2]為

---

1 著眼於英文的 deliberate 與 deliberation，皆具有審慎思辯、深思熟慮與研究之義，本文將 deliberative 翻譯為「審議」。臺灣學界有不少學者認為，「審議」一詞帶有參與者間不對等的權威意涵，頗有站在較高階層地位的立場，由上而下審查的意味。至於「商議」則代表充分討論、說服的過程，因此譯作「商議」更為貼切（例如：在謝宗學、鄭惠文譯，Gutmann and Thompson 原著〔2005〕一書中，由施能傑寫的審訂序；以及林水波與邱靖鈜〔2006〕的討論）。本文同意上述觀點，但本文的寫作要旨，是自公共政策研究之角度出發，期待能突破過往將政策分析視為一門專業學科，只有「政策分析師」（policy analyst）或知識菁英才能對政策提出見解的想法，全面將理解政策議題和承載知識的工作與權力賦予一般公眾，讓每一位公民皆能透過審慎思辯的對話過程，對政策議題詳加審視。意即，每一位公民皆具有政策分析師的身份，而不受來自權力或知識的壓迫。於是，在這樣的理路脈絡下，本文選擇使用「審議」。

2 在現今民主化與全球化的時代裡，無論在全球、國家與地方等不同層次上，皆有來自包括政府單位、企業團體、非營利（政府）組織或其他的相關行動者，企圖將他們的理念和政策目標，推動並整合至當前的制度安排當中。至於審議治理的基本概念，即在於呈現出行動者和制度之間形成的互動關係與對話結構，並理解在民主參與的機制運作下，各方行動者如何努力融入和議題相關的討論過程，從中發掘微妙體現的權力互動情形。有興趣的讀者可參閱 Hendriks（2009）。

主標題，探討包括審議民主與環境正義的關係，以及公民審議在荷蘭、埃及與巴西等國的實踐個案研究等等。[3]

在 2006 年 12 月，美國公共行政學界的指標性期刊：《公共行政評論》（*Public Administration Review*），也發行以「協力式公共管理」（Collaborative Public Management）為名的特別號，最後更附上一份由「協力民主網絡」（Collaborative Democracy Network）工作坊成員，約 50 位學者共同簽署的聲明。他們的結論包含兩項重點：第一，審議和參與過程是治理概念下的重要新興方法，這個過程也可以稱為協力民主（collaborative democracy）和協力治理（collaborative governance）；第二，未來需要加強對審議式和參與式治理（deliberative and participatory governance）的研究與教學工作。

此外，自 2006 年開始，一群提倡後實證政策分析的學者，陸續在英國伯明罕、荷蘭阿姆斯特丹（2007 年）、英國艾薩克斯（2008 年）和德國卡賽爾（2009 年）舉行年度的「詮釋性政策分析國際研討會」（International Conference in Interpretive Policy Analysis），由來自世界各地的學者分享各國的研究經驗與成果。2009 年的研討會主題為「政策批判研究中的論述與權力」（Discourse and Power in Critical Policy Studies），亦顯示出歐美學界逐漸重視後實證政策研究的發展。

回到臺灣的脈絡，隨著學者的引介和推廣，公民參與和審議民主的概念，已在近年成為國內政治學與公共行政學界的新興議題。對於審議民主的理論基礎和操作過程（陳俊宏，1998；許國賢，2000；郭秋永，1999, 2007；黃東益，2000, 2003；陳東升，2006）、審議民主在各地區的實踐情況（林國明、黃東益、林子倫，2007；林子倫，2008b）、公民態度和知能的轉變（黃東益、李翰林、施佳良，

2007），乃至從行政部門的觀點探討對審議民主與政策的連結（黃東益，2008），相關文獻皆有諸多探討。而在國科會政治學門「熱門及前瞻研究議題調查」完成的結案報告裡，「參與式治理研究」及其相關的若干子題，亦列入報告總結四大熱門及前瞻議題中，[4] 第三項議題「治理－民主課責、政府角色、與政策設計」列舉的焦點領域，顯見該主題受到學界重視的程度。

然而，綜觀國內公共政策學界的研究成果，筆者發現：對於「公民審議」的概念，從政策研究的實證、後實證爭辯中產生之緣由、政策研究取向與焦點之轉變，以及後現代政策研究所具有之意涵，相關文獻則較少提及。[5] 換言之，相較於眾所矚目、蓬勃發展中的審議民主操作實務，審議式政策分析對國內政策學界而言，可說為一個缺乏學理論述的領域，尚待研究者補足相關的討論。爰此，本文之目的在於考察政策研究之知識建構的發展歷程，梳理審議式政策分析源起的理路脈絡及其內涵。本文將指出，西方學界在各類人文社會學研究的領域，特別是在民主政治的理論討論與政策分析的理論討論上，皆出現強調公民參與、公民審議精神之合流匯聚的情況。而本文期望透過

---

3 例如在荷蘭的個案中，審議治理應用在如何重建一個老舊的工業用地，以重振經濟的議題，屬於社區實務的分析（Metze, 2009）；在埃及的個案中，分析一個小村莊之發展策略該如何規劃，以及探索七個大城市對於發展的優先順序考量為何（Connelly, 2009）；至於巴西的個案中，則討論「漢生（痲瘋病）人墾殖村」的相關議題（Mendonça, 2009）。在上述三個例子當中，作者皆檢視各方權力的運作如何影響、滲透進公眾參與的討論過程，以及如何影響政策議程的設定等等。且值得注意的是，在討論埃及的個案中提到，西方所謂的「參與」，在埃及還只是個陌生的概念，而「治理」也不過是形式上的民主而已（Connelly, 2009），顯見在歐美等國風行一時的民主與審議概念，未必符合某些地區的政治社會現況。

4 四大熱門及前瞻議題分別為：（一）憲政體制、選制變革之政治與政策效應；（二）主權、認同、衝突與合作；（三）治理－民主課責、政府角色、與政策設計；以及（四）質與量整合的方法論與研究方法。請參見黃紀等（2007）。

5 有關這方面的討論，以及後實證、後現代政策分析的概念與應用，可參考林鍾沂（1991）、丘昌泰（1995）、廖坤榮（2001）、王漢國（2005）、彭渰雯（2006, 2008）、林子倫（2008a）等若干國內文獻。

這些理論的引介，為國內提倡審議的政策研究者提供另一項重要的學理基礎。

　　以下，本文將分為五個部分。自第二節起，探討政策研究之實證主義與後實證主義對於知識建構的見解，且將重心放在後實證主義對實證主義提出的批評。延續後實證主義的觀點，第三節將回顧學界於 1980 年代開始，掀起一波強調「政策科學民主化」，重返「民主的政策科學」之浪潮，並列舉該時期學者為公共行政與公共政策學門標示的焦點轉折。在梳理學理論述的發展脈絡後，於第四節探討審議式政策分析之研究途徑與意涵。在第五節，本文同時並陳審議民主和審議式政策分析的實踐操作，在當前時空環境可能面臨的難題與挑戰。第六節為結語，本文強調應將學界提倡的審議和公民參與精神，進一步落實在當代社會，以呼應民主治理與民主行政之實踐。

二、社會科學研究的三種類型與兩種取向的政策分析

　　在回顧公共政策研究的發展理路之前，本文首先概略陳述一般社會科學研究的目標與類型，並以此作為後續討論「實證政策分析」與「後實證政策分析」之研究取向內涵的基礎。

（一）社會科學研究的三種類型

　　若以從事研究之定位與目標而言，我們常可以將科學研究的性質，大致分為：描述（description）、探索（exploratory）、解釋（explanatory）、預測（prediction），乃至控制（control），期待能以簡馭繁，掌握世間現象的運作（Babbie, 2007）。而在社會科學研究方面，我們亦可初步將其分為：解釋性的、詮釋性的、以及批判

性的等三種類型（Habermas, 1971a; White, 1991; King, Keohane and Verba, 1994; White and Adams, 1994）。三者內涵分別如下所述：

1. 解釋性研究

解釋性研究之目的，在於尋求能夠解釋甚至控制社會現象的通則理論；其邏輯係依循演繹（deduction）—法則模式（用於解釋）與歸納（induction）—機率模式（用於預測）。首先，以演繹的大前提、小前提與結論之三段論模式，處理變項（variables）與變項之間的因果關係（causality）；而後，再以歸納的機率原則，說明在符合一定情況下，某結果將以特定的比率發生。

2. 詮釋性研究

詮釋性研究期望能理解社會現象與人為事件的意義。它以現象學（phenomenology）、詮釋學（hermeneutics）、語言分析哲學（analytic and linguistic philosophy）為根基，試圖了解行動者賦予其社會情境的意義、賦予自身的意義，以及賦予他人的意義。與解釋性研究不同的地方在於，詮釋性研究的邏輯是循環的，而非線性的。主體與客體，主體與其所在的整體之間的相互參照過程，亦是持續不間斷的。

3. 批判性研究

批判性研究的出發點，在於尋求揭露那些限制人們自由與發展的結構和秩序，讓人們得以思考與反省，原先對事物和情境的理解是否有誤、以及過去是否以錯誤的理解或信念，追求錯誤的價值。於

是，批判性研究時常針對一般人視為理所當然的社會現象，提出許多涉及後設理論（meta-theory）的問題，例如：何謂平等、何謂客觀、何謂公益等等，並強調應徹底的重新檢視這些議題的本質，且唯有透過自我反思和批判以後，人們才得以進一步擺脫束縛、追逐真正的自由，以及所需的利益和價值。

（二）實證主義的政策分析

在社會科學領域中，所謂的實證主義（positivism）與邏輯實證主義（logical-positivism）認為，世界上一切事物，都可藉由科學的經驗方法加以論證、組織或理解。且使用科學方法進行調查的整個過程，必須是客觀、價值中立（value-neutral）的，以求發現存在世上的真實（reality）、客體和現象，以及事實現象背後那套規律和因果法則，藉以解釋和預測各種現象。其中，實證主義強調以經驗資料對事物加以檢證的過程與形式邏輯，是與經驗主義（empiricism）相通的。

除了實證主義和經驗主義，當代社會科學的研究，亦受到二十世紀初期，美國學者杜威（John Dewey）提倡實用主義（pragmatism）的影響。實用主義的基本邏輯是：在最初遭遇困難或發現一項問題，於是進行情境分析，確認問題關鍵之所在；其次，假設可能的解決方法，並依照假設推理蒐集資料；最後則觀察假設驗證的結果，是否回應到核心的問題意識（Kaplan, 1986: 765）。

一般而言，學界普遍將美國學者 Harold D. Lasswell 於 1950 年代提倡的「政策科學」（policy science），作為公共政策學科起始的里程碑。Lasswell（1948: 120）提倡政策分析的發展，期待在面對社會

問題時，能由科學化的研究提供資料，對政策問題提供較為理智的判斷。

那麼，若綜合實證主義、經驗主義與實用主義三者來看政策分析之內涵，美國學者 Thomas R. Dye（1975: 5-6, 20）認為，政策分析主要在描述、解釋各種政策的前因及後果，而政策模型便是以簡化某些真實世界面向的展現，試圖達到目標的概念架構。它們必須能經過現實世界資料的測試，不僅只是描述公共政策，而是要至少提出一些可能的解釋，目的在於建立起公共政策的一般性理論。William Dunn（1994: 62）則將政策分析界定為一門應用的社會學科，主張利用各種研究方法與論證，產生並轉化政策的相關資訊，以謀求政策問題解決的方法。

由於此類政策研究之重點，是以專業的知識協助解決社會問題，以及建立具解釋力的因果法則，經驗資料與證據（evidence）無疑成為當中的關鍵要素。也因此，便有學者從工具／技術觀點（a craft perspective）出發，強調政策分析師必須著重在經驗研究的設計、運用抽樣技術和匯集資料的程序，[6] 對預期的政策產出加以量化衡量，藉此推介政策方案（Weimer and Vining, 1992; Weimer, 1992, 1998）。

（三）後實證主義的政策分析

後實證主義（postpositivism 或 postempiricism）的興起，則是針對以科學和技術理性為主流之實證取向的反思。論者強調社會現象因

---

6 這些技術可能來自於各學科領域的方法，例如：準實驗研究設計、複迴歸分析、調查研究、投入─產出研究、成本效益分析、操作研究、數學模擬模型、預視，以及系統分析等等。

不確定性（uncertainty/indeterminacy）和分歧（diversity）的觀點所產生的價值差異。包括英國的語言哲學（linguistic philosophy）、法國的後建構主義（poststructuralism），以及德國的批判理論（critical theory）等在內的學派，幾乎同時驅動了後實證的運作（Fischer and Forester, 1993）。他們否認社會客觀性的存在，重視觀念（idea）、意識型態（ideology）和論述（discourse）的作用，強調權力關係、結構與行為主體的相互建構。他們批判傳統實證政策分析信奉「價值中立」的迷思，主張透過語言（language）、溝通（communication）、論證（argument）與文字（text）材料，經由系統性的分析與理論建構，重新理解與探究公共政策的過程和本質為何（Fischer and Forester, 1993; White, 1994; Stone, 2002）。[7]

此外，學者 Charles Tilly（2006）[8] 則補充「系絡」的重要性。他指出，即便將理性抉擇理論（rational choice theory）比喻成醫術高超的外科醫生，但醫生在診治評斷時，仍得尋求系絡分析（contextual analysis）作為建構理論的支持輔助。一個地區的語言、風俗民情與共享的信念價值，皆蘊含在實存的歷史脈絡中，因此我們絕不能因宣稱著重於現況的分析，便輕易拋棄過去的歷史脈絡。唯有在了解宏觀的結構與情境，以及個體行動者與團體所處的位置後，研究者才能理解，在什麼樣的機制（mechanisms）與過程下，人們分別會從事或表現出哪些特定行為（Tilly, 2006: 418-422）。

於是我們可以發現，在三種社會科學研究的類型當中，後實證政策分析學者試圖努力和推動的，即為詮釋性的與批判性的途徑（White, 1991; Fischer and Forester, 1993; Kelly and Maynard-Moody, 1993; White and Adams, 1994; Orosz, 1998）。自 1980 年代以降，後

實證政策分析學派逐漸茁壯。論者大多主張，我們無法將人們的行動單純化約為一種行為，亦無法用一般性的因果法則套用至人們身上，甚至期望達成控制的目的。因此，研究者應深入理解人們行動背後隱藏的多重目標與驅使動機為何，才能從中推敲可行的政策方案（Paris and Reynolds, 1983: 8）。換言之，後實證主義關切的政策分析，是全面理解政治人物、行政官僚、各方政策行動者與利害關係人（stakeholders），以及一般公眾對政策提案與政策執行的內容，有哪些不同的解讀與想法，而非從過於科學主義式（scientistic）的、決策主義式（decisionistic）的，或以功利主義式（utilitarianistic）的數量化計算、評估方式，推薦出所謂的最佳方案。

（四）後實證主義對實證政策分析的批評[9]

對於實證主義者描繪的政策研究流程與圖像，例如經由中立客觀的調查程序取得資料、通過科學的標準檢證、與了解公共政策的因

---

7 一般而言，相較於對傳統政策分析的討論，許多國內外學者和教科書提及「後實證政策分析」時，往往以介紹其精神意涵為主，未給予明確的、教條式的定義。因此，筆者在此也暫時不試圖提出一個「後實證政策分析」的精確定義，僅陳述其基本概念。不過，在本文各節的行文脈絡中，將會使用相當多的篇幅，更深入探討「後實證政策分析」的理論與實務。

8 Charles Tilly（1929-2008）並非是政策學者，而是政治學或歷史社會學者。然而，其指出歷史和系絡分析的重要性，與後實證主義研究者的精神相符，且該篇文獻係收錄在《系絡的政治分析》（*Contextual Political Analysis*）一書中，本文認為亦可援引來說明後實證政策分析的意涵，因此將其納入正文中。

9 本段落雖然列舉後實證主義對於實證主義的批評，但必須補充說明的是：有不少學者宣稱，所謂後實證主義提出的攻擊與批評，不過是個虛假的稻草人論述（straw-man argument）罷了。意即，實證主義並不存在那些遭致批評的問題，而後實證主義之攻擊箭矢指向的靶心，僅是他們一廂情願的主張而已（Weimer, 1998; Lynn, Heinrich, and Hill, 2008）。且由於大多數的政策分析實務，往往同時摻容實證與後實證的元素，並非完全是實證取向的，難以清楚地區隔哪些層面為實證的／哪些層面為後實證的政策分析。所以若執意爭辯實證 vs. 後實證的議題，似乎不甚恰當（Lynn, 1999; Weimer, 1999）。當然，本文乃從學術研究的角度出發，目的在梳理「審議式政策分析」自實證

果關係（Dye, 1975: 6），後實證主義者顯然有許多不滿與批評。

　　早在 1970 年代，Duncan MacRae（1976）便對實證主義提出反省，認為除了包括蒐集資料與分析的方法外，亦應更全面、廣泛地檢視其方法的選擇策略、原理闡述與所持立場，不可受限於調查使用的技術方法，同時亦須多加考察，該研究選擇的方法是否符合、適用於特定的政策目標。

　　此外，有些學者質疑實證政策分析挑選的評量指標過於草率，往往與當下社會上普遍分享的價值觀不符，也時常無法說明，為何某些特定標準受到青睞，另一些則沒有（Kaplan, 1986: 764-765）。換言之，實證政策分析顯然有些「不切實際」（unrealistic），而與實存的社會脈絡脫節（Fischer, 1982; Torgerson, 1986a; deLeon, 1990; Wagle, 2000）。因此，學者們再三強調──事實與價值不應有所區隔，經驗的和涉及倫理（ethics）規範的政治理論，必須同時發揮作用才行（Bernstein, 1976; Rein, 1976; Goodin, 1982; Amy, 1984）。當然，若以平衡的角度而論，實證政策分析強調所謂的中立客觀，除了指嚴謹的科學調查程序外，並不意味著研究者不能表現出對政策的態度與想法。不過，從前的學界存在不少傳統觀點認為，研究者應將以社會科學為基礎的政策倡議（policy advocacy）或政策推介（policy recommendations），與政治上的情緒性訴求（emotional appeals）、意識型態的宣示（ideological pronouncement）或發起的運動（campaign）等區隔開來。[10] 對於實證政策分析不滿的後實證論者，或許即是針對此種想法而來。

　　本文初步將實證主義與後實證主義的差異整理如表 1。由於實證主義與後實證主義對是否存在真實的本體論（ontology）[11] 想像上，

有各自的假定前提與見解，使得兩者的認識論（epistemology）[12] 思維與方法論（methodology）[13] 的指導原則各異其趣，因此也就偏好不同的研究途徑與方法。

表 1　實證主義與後實證主義之比較

實證主義	後實證主義
絕對、終極的真實	多重真實（multiple realities）
客觀主義（objectivism）	相對主義（relativism）
邏輯實證主義、經驗主義	社會建構主義（social constructivism）
客觀調查、主客二元	主觀認知、主客一元
事實—價值分立	事實—價值合一
建構模型用以解釋、控制、預測	理解意義重於解釋因果關係
量化的研究方法為主	質化的研究方法為主
工具理性（instrumental rationality）	價值理性（value rationality）、實質理性（substantive rationality）

資料來源：作者自行整理

與後實證政策分析之爭辯中源起的脈絡。若有以實證主義研究自居的讀者，認為本文對實證政策分析的批判存在偏頗且失去公允，原因可能是本文引述的文獻，多半來自後實證學者的觀點所致。最後，筆者想借用學者黃紀（2000）之觀點，以持平的立場，暫時為這場可能永無止境的爭辯畫下休止符。深耕於政治學方法論領域的黃紀，曾在〈實用方法論芻議〉一文中提到，除了抽象層次的科學哲學討論，研究者更重要的工作，應是探討落實至經驗層次的問題。那麼回到本文討論的主題，綜觀各種政策研究取向和方法的發展，在社會科學領域爭得一席之地的過程中，他們是否有助於釐清公共議題、改善現實的社會生活，或許才是我們該正視的焦點。

10 可參閱 Dunn（1994: 61-64）的相關討論。

11 所謂的本體論，乃在探討什麼是真實、真相（what is），以及存在於世間的真理是什麼（what exists）。若就公共政策研究而言，本體論關心的問題就是：究竟我們所要探討、研究的議題本質為何、其問題成因與應對方式為何。

12 所謂的認識論（或翻譯作知識論），指的是如何形成、建立知識的理論（Fischer, 2003: 121）。它指引我們如何看待與了解「真實」、建立知識的方法，以及知識可及的範圍和程度為何。若就公共政策研究而言，認識論關注的核心，便是在某一公共議題上，我們應如何思維（how to think）、採取何種觀點，才能淬煉出有效知識，探究現實社會的議題本質。

13 所謂的方法論，則是具有某種本體論想像和認識論思維後，指引我們進行實質調查和分析的基礎原則。若就公共政策研究而言，方法論著重在以具體的資料蒐集和研究方法，逐步協助研究者進行解謎的過程。

後實證學者提出的批判，也許是嚴厲的，認為實證主義完全偏離了社會現實；亦可能是溫和的，認為主流的政策分析亦有其貢獻，在引入詮釋、批判、對談等方式後，便可補充實證主義的不足。換言之，政策分析的角色應包括對於事實的描述並提供道德對話（moral dialogue）的管道，而不單是提供科學技術上的解決方案而已（Dryzek, 1982）。

若要總結後實證主義對實證主義的批評，便是對純科學（pure science）的盲目追求。自後實證關懷現實社會的眼光看來，實證主義的研究者將政策分析限制在經驗條件的探究上，以科學、學術之專業化發展作為其學科的目的。過於迷戀科學的結果，終究導致脫離價值和理念的互動，服膺在窄化的技術和工具理性之下，成為供政治菁英、機關組織與經濟利益差遣的僕人。且隨著社會日趨多元化以及越來越多結構不良的（ill-structured）政策問題形成，強調專家知識與科學理性的分析模式，已很難充分回應社會層面的需求與關切，亦無法針對涉及倫理與價值衝突的重大議題，提出完善的方案建議（Fischer, 1982, 2003；范玫芳，2008）。

為延續後實證主義的見解，本文第三節將檢視他們提倡公共政策研究應有的方向與內涵，並引入後現代的觀點，了解他們對於當代政治社會的想像，以及他們為公共政策研究途徑標示的焦點轉向。

三、政策科學民主化與公共政策研究途徑的焦點轉向

（一）落實政策科學民主化，重返「民主的政策科學」

半世紀以前，Lasswell（1951）率先拋出政策取向（policy orientation）的政策科學，期盼政策研究能橫跨專業學科，達到科際整合的

目標。有感於當時美國社會風氣著重的，是個人的尊嚴（the dignity of man），而非一群人的優越（the superiority of one set of men），Lasswell 試圖澄清與強調，公共政策追求的基本目標與價值，應是充分實現整體人類的尊嚴（fuller realization of human dignity）。稍後，他更提出對「民主的政策科學」（the policy sciences of democracy）的期待。他認為民主政策科學家所追求的目標，固然是「為達成有效率的決策制訂過程（科學化），和提供一種可以提升民主實踐的知識（民主化）」；但更重要的是，應將它「置於政治發展的系絡中加以觀察，以提供實現人類尊嚴和價值的知識」。因此，「民主的政策科學不但應以知識為主體，發揮其科學與專業化的特色，而且應在以追求民主政治為核心之『公共秩序』（civic order）的系絡中，以適當的技術操作具有啟蒙性的決策」（Lasswell, 1971: 13）。

公共政策學門經過數十年的發展，政策研究人員大多將主流科學方法呈現的面貌視為客觀事實，並將當前問題放入由政治學的行為主義（behavioralism）與經濟學途徑等建構出的模型進行分析，以達到將政策焦點集中之目的（Paris and Reynolds, 1983）。然而，如同後實證主義所批評的，實證政策分析普遍缺乏對政策目標與價值界定的思考，反而是致力於探求解決的手段模式。針對這種強調「手段—目的」、只問手段不問價值的工具理性思維，Theodore Lowi（1970）警告，無論在價值、分析和結果的影響方面，政策分析將會變成是工具性的「科技統治」（technocracy）。他認為只有透過批判的理性與反省，才能拯救學術界免於向政治低頭、卑屈奉承。MacRae（1976）亦談到，如果僅以科學知識服務的機關組織來界定價值，無異鼓勵了菁英統治和反民主（antidemocratic）的傾向。不少學者將該現象

稱為「政策科學的專制」（the policy sciences of tyranny），並擔憂此種偏頗的趨勢（deLeon, 1990; Dryzek, 1990; Durning, 1993; Wagle, 2000）。他們大聲疾呼，認為該階段的政策研究，已與從前 Lasswell 對政策科學的期許和目標漸行漸遠，而當務之急，是經由「政策科學民主化」（democratization of the policy sciences）之過程，重返當年 Lasswell 為「民主的政策科學」畫下的航道圖。期盼一方面讓政策分析免於傳統典範的支配，淪為純技術導向思考的工具；另一方面則吸納當代政策科學典範的觀點，使政策分析真正成為民眾與政府之間的橋樑，發展出有利公眾的政策主張。

就在推動政策科學民主化的進程中，「參與式民主」（participatory democracy）與「參與式政策分析」（participatory policy analysis）儼然形成一股重要的力量（Dryzek, 1989; deLeon, 1992, 1994, 1995, 1997; Anderson, 1993; Durning, 1993; Fischer and Forester, 1993）。身處於邁向自由和民主的時代裡，任何的政策議題，都有與其直接相關之利害關係人和標的人口（target population），以及間接受到影響、或因有興趣而關注議題的民眾和團體。然而，在政策分析步上科學化軌道的同時，不少原先擁有參與和決策權的群眾，卻形同遭到冷落並遺棄在一旁。爰此，政策學者提倡的參與式政策分析，旨在改變原先僅依靠政策分析人員和專家的方式，全面將諮詢對象擴大至整體公民的範圍。希冀在制訂與執行政策的過程中，所有得以影響政策與受到政策影響的公民，皆可在公開對談與審議模式的機制下進行討論。透過提供充足的資訊與意見，政治決策者／政策分析人員才能廣泛了解政策利害關係人和標的人口之需求和想法，也才能提出更完善的政策建議（deLeon, 1990: 30-31, 35），並提升現代國家政府治

理的正當性（legitimacy）基礎（Hanberger, 2003）。

此外，掀起政策科學民主化之浪潮與波瀾的動力來源，除了所謂的後實證論者，我們尚可以從一群為數眾多、在社會科學各領域逐漸形成的「後現代主義」（postmodernism）中，找尋到強調公民精神的支系。本文也將在下一段落指出，公共行政與公共政策學門，在整體社會科學領域的轉型過程中，究竟出現何種研究途徑的焦點轉向。

（二）公共政策研究途徑的焦點轉向──語意的轉型

本文先前提到，後實證主義批判實證主義過於強調科學、技術取向的特質，並提倡「參與」的重要性，要求廣泛讓公民進入政治與決策過程，向「民主的政策科學」邁進。而事實上，早在1970、1980年代開始，整體社會科學領域，已萌發出一股嚴重衝擊「現代社會」（modern society）的力量──後現代主義。後現代主義的思潮，彷彿一把燎原之火，在不同領域迅速蔓延開來，激起熱烈的回響。在公共行政與公共政策學門幾項次領域（例如政策分析、政策規劃、政策評估等）內的學者，亦對過往學界的信念和研究取向提出深刻的反省，並呼籲未來應朝向某些目標發展，才能協助社會擺脫面臨的困境。

綜觀學界為公共行政與公共政策研究途徑標示的焦點轉向，在強調公民參與的同時，最重要的主張，就是重視「語言」的功能。我們可以找到相當豐富的文獻，記錄這波歷時十餘年的倡議與討論。即便學者使用的術語不盡相同，但細細咀嚼這些術語的意涵，可以發現其欲表達的概念均大致相同。本文在此列舉幾個例子：詮釋的轉向

（interpretive turn）（Dryzek, 1982; Yanow, 1987, 2000; White, 1991; Durning, 1993）、論證的轉向（argumentative turn）（Fischer and Forester, 1993; Healey, 1996）、論述的轉向（toward discourse）（Guba and Lincoln, 1989; Schram, 1993; White, 1994; Fox and Miller, 1995）、審議的轉向（deliberative turn）（Fischer, 1995; Forester, 1999）、對談的轉向（discursive turn）（Dryzek, 1987, 1990; Jennings, 1988），以及溝通的轉向（communicative turn）（Healey, 1993, 2003）等等。這些術語標示的焦點轉向具有共同的特徵——皆強調「語言溝通」在政治和政策過程扮演的重要角色。若要再進行白話解析，可以參考學者 Giandomenico Majone（1989: 1）的看法：「公共政策是由語言塑造的，無論以書寫或口語的形式表達，論證都是政策過程所有階段的核心」。以研究都市體制政治（regime politics）著稱的學者 Clarence N. Stone（2005），也在長期觀察許多大城市的政治運作後指出：一個政策的制訂與執行，需要用言語（speech）說服、取得政治的配合；且在同一時間，界定「究竟什麼才是政策需求」的問題本身，無疑就是一個政治過程。也因此，當我們檢驗政策與政治的連結關係時，應該同時考慮兩者之間存在雙向的互動，而非單純的一方影響另一方。

另一位學者 Deborah Stone（1988, 2002），在其著作《政策弔詭》（*Policy Paradox*）中亦試圖說明：過去學界設想完美而理性的自由市場（market）模型，幾乎不曾存在於現實社會裡。她進一步指出，政策分析無法完全從政治中抽離，因為「理念」與「權力」之爭，才是政治社群的本質，而「分析」不過是種基於策略目標所精心製作的論點，以求最終結果符合特定方向的政治產物罷了。例如，在

討論公平、效率、安全、自由等價值目標時，人人舉雙手贊成，問題是一旦要清楚定義這些概念的意涵、畫出政策區隔的界線時，卻往往解讀出不同的內容。於是，人們各自運用不同的分析語言（如符號、數字）作為工具，對問題現況提出相互矛盾的辯論和解釋。各方說法在政治競技場中較勁。[14] 且無論最後採行何種方案，都會有人抱怨受到不公平的對待。換言之，政策過程與複雜的政治社會現象，早已難以精確、清晰地描繪出來；且對於公共價值的界定、公共問題的處理方式與方案指標的建構，也就不再能由所謂的專家自科學分析中輕易地提取、挖掘出來。Stone（2002）將她眼中的社會結構稱為城邦（polis）模型，以與傳統學界的理性／市場分析模型相互呼應。過去被理性／市場分析模型視為異常、非理性，甚至斥之為愚蠢的政治活動／運作，在城邦模型眼中的政治社群裡，卻是相當普遍的現象。此種對於現實社會的描述，已相當接近「後現代社會」（post-modern society）的樣貌。

以上的段落陳述社會科學領域的焦點轉向，以及後現代社會的特質。那麼，究竟何謂後現代主義呢？簡言之，「後現代」的基本思維，就是不相信世界上存有唯一且不變的真實。他們認為事物充滿歧異與不確定性，人們不可能客觀的衡量事實，知識必須視當代社會建構的產物而定，即人們只能以主觀的感知加以討論，因此拒絕科學成為知識的基礎。於是，現代的實證調查方法、經驗主義與演繹邏輯，遂由後現代的詮釋學、系絡情境觀點與歸納邏輯所取代（Bogason, 2005:

---

14 即便將分析層次提升至國際場域的政策協調，亦符合 Stone（2002）描繪的樣貌。例如，關注國際環境議題的學者 Karen T. Litfin（1994）便發現，在保護臭氧層議題的國際談判裡，由於各方利益和立場的不同，複雜的科學知識便在討論中被各方加以形塑、詮釋，而呈現出不同的面貌。她因此指出，我們必須多加注意：知識具有論述建構（discursive construction）的特性，而非中立客觀或永恆不變的。

238-245）。後現代強調所有的社會現象與情境系絡，皆和行動者的主觀認知有所關聯。所以，他們主張運用後結構分析（poststructuralist analysis）的方法，確認彼此在「對話」時所處的「位置」（position），與作為溝通媒介所使用的「語言」，以了解各方由於所處的場域和使用的語言不同，因而產生的差異（Gottweis, 2003: 253）。[15]

那麼，後現代觀點的公共行政與公共政策又該具有哪些特徵呢？學者 Sanford F. Schram（1993）認為，後現代政策分析關注的一項重點，是民主社會下的「論述」如何形塑與建構公眾的「認同」（identity）；Camilla Stivers（1999）和 Richard C. Box（1998）等人，分別提出「新公民精神」（new citizenship）與「社群／公民治理」（community/citizen governance）等概念；Stivers（1993）另以女性主義（feminism）的觀點出發，指陳公共行政機關忽視的女權，期望彌補過去公共行政系絡忽略的面向。綜言之，後現代之公共行政學者所要強調的，是人文的自主性價值，而環繞在公民治理之核心建制外的，則是對話、溝通和追求公共利益的行動（Bogason, 2005: 248；丘昌泰，2000: 27）。[16]

回顧以上討論，除了在政治上強調公民參與以外，觀察後實證與後現代學者為公共行政與公共政策標示「詮釋的」、「論證的」、「論述的」、「審議的」、「對談的」與「溝通的」等焦點轉向，借用後現代的觀點和術語來說，即是在推動公共行政與公共政策領域進行「語意的轉型」（linguistic turn）。[17] 這樣的轉折意味著，我們必須體認公共政策在本質上就是種政治過程，且並非是理性的、依照線性軌道分成若干階段前進的模式。更符合現實的情況是：政治與政策過程包含許多對這個社會現象的論述，這些論述提出他們設想的事實

面貌，彼此持續的互動和競爭。在鋪陳自實證政策分析以來的政策研究進展歷路後，我們於下一節銜接至本文的論述主軸：審議式政策分析之意涵與研究途徑。

四、審議式政策分析之意涵與研究途徑

經過前兩節的脈絡梳理，我們曉得現今政策研究者最主要的訴求──政策分析必須符合並融入當下的社會環境系絡，並將決策的權力與權利重新賦予、回歸至公民身上。那麼，我們該如何認清政策議題所處的系絡環境？如何了解不同政策利害關係人與標的人口的想法？依照學者 Douglas Torgerson（1986a: 42-43）的見解，無論在

---

15 這裡附帶說明：著重情境場域對話［所處位置之差異］的想法，在美國較為盛行；至於關注在語言學上之概念差異的想法，則為歐陸學界較常使用的分析模式。此外，本文僅初步引述 Gottweis（2003）和 Bogason（2005）的觀點，列舉兩項後現代的主張。但值得一提的是，「後現代主義」為一個龐大且複雜的集團，該領域對於人文社會研究的論述，絕不僅止於本文介紹的兩種模式，且即便同一陣營之內，亦可能出現「和而不同」的情況。然而本文寫作之目的，並非在探究這些後現代學派的爭辯，因此便不花篇幅繼續討論。

16 熟悉後現代主義的讀者，可能會對本文的行文脈絡提出質疑：若將各類人文社會研究的學派標示在座標圖或光譜中，後實證主義雖然對實證主義提出許多批判，但大體而言，後實證主義仍相信經由修正部分的認識論假定，以及方法論的指導原則（從原先的驗證〔proof〕朝向論述與對話）後，便能透過社會建構的生產過程，萃取出符合社會系絡的知識與智慧。然而，相對於實證與後實證主義處於較鄰近的位置，後現代主義可說為徹底的反對派，打著「反理性」（irrational）、「解放」（release）、「解構」（destruction/deconstruction）等旗號，強調個體的分殊化（fragmentation）、變異性（variation）與差異性（difference）等特質，幾乎消極地拒斥世間可能形成的理序。換言之，在人文社會研究的座標圖或光譜中，後現代主義與實證、後實證主義所處的位置之間，似乎有段不小的距離。那麼，為何本文將後現代主義的內容，提出來與後實證主義並呈？對此問題，筆者的回應是，如同本文在第一節前言和第三節第一部分的末段所述，本文最大的任務，是試圖從各類社會科學領域的討論中，找尋強調民主參與及對話精神的元素，梳理出「審議式政策分析」的脈絡，以與本文主標題「重返民主的政策科學」相互連結、扣合。因此，也才會引述可能位於不同陣營，但卻具有某些相同概念的後現代主義支系，作為補充本文奠基的論述內容。

17 本文使用該詞彙的參考來源是哲學家 Richard Rorty（1967）於語言哲學上揭櫫之「語言的轉折」。Rorty 認為「語言的轉折」反映出當代哲學的性格。其用意在表示，當代哲學的問題或方向不管如何，都必須考慮到，所有哲學活動以及實際人生皆是在語言的脈絡中進行的（蔣年豐，1995）。

政策分析的方法論討論上，或是在民主政治的理論討論上，上述問題的答案都正朝著「參與」的方向逐漸聚合。換言之，學界為當代公共行政與公共政策開出的藥方，不約而同地指向公民參與和公民審議。

在描繪出後實證與後現代勾勒的社會圖像後，本節首先闡述審議之意涵、審議式政策分析的學理論述與定位，而後則以「敘事性政策分析」為例子，說明如何將具備審議式政策分析精神的研究途徑與操作方式，落實至當代的政治社會中。

（一）審議之意涵

學者 Marc Landy（1993: 21-22）將審議描述為集結「反思的批判主義」（reflective criticism）的過程。當人們在審議時，如同進行將各自的倫理思維，應用至特殊情境與系絡的程序。在討論和對話的階段中，人們會反思：究竟何種觀點該套用至何種決策中呢？由於每位公民對於社會議題的定義和認知不同，心中的答案也就有所不同。提倡審議的目的，便是希望可從倫理上的洞見出發，經由深思熟慮的過程，朝向真正落實到經驗實踐的層次。此時，就需要政策分析人員提供更多可及的資訊、增加政策選案的內容，以求公民能廣泛、深入的理解議題。

政治上的審議，目的並非在探求抽象的真理，而是去追求可代表公共利益集合的整體狀態。在對話過程中，懷抱不同目標的人們，需要相互討論、傾聽、相互影響，如此才能更深刻地了解議題的價值，且其理解的程度，可能是一般實務政治運動無法達到的。Robert Reich（1990: 144）將公共審議形容為「探詢公民」（civic discovery）的過程，透過民主審議，能讓政府和政黨團體知道該討

論、推動什麼議題，和立什麼法案。學者 Helen Ingram 與 Steven R. Smith（1993: 10-12）遂認為，好的民主制度與運作，應該要具備提供廣泛的公共討論與對話的能力，人們可以自由且公開地討論政治議題，如此也是對公民教育和賦權培力（empowerment）的過程。雖然，我們無法保證審議過程必能達到特定的政治、政策目標，但至少可讓人們展開真實的對話，不斷激發出新的理念想法，最終亦可能轉換彼此的意見。政治學者 Bruce Jennings（1988: 17-18）指出，這種對話過程，用政治理論的術語來說，便是公民在政治生活的對談實踐（discursive practice）過程。

然而，在傳統民主政治的代議制度下，政治與政策過程是以政黨體系、多元社會的利益團體集結和動員為主。人民若希望能影響、遊說立法者與政府官員，所能透過的管道與其中的溝通過程，主要仍得仰賴各種組織團體才行（Ingram and Smith, 1993）。那麼，如果民眾未具有一定的政治知識、沒有累積足夠的政治或社會資本，也位於社會網絡的邊陲地帶，則他們對於公共事務的心聲和政策意見，往往無法在代議民主的體制下反映出來。亦即，傳統代議民主的運作模式，雖然包含一定程度的公民政治／政策參與，卻未能充分提供公民直接參與和公民審議的機制和機會，也就尚未達到倡議審議之學者設想的境界。

因此，學界掀起所謂論證的、審議的、論述的轉向，目的便是期望能以「實踐理性」（practical reasoning）之名，尋求在一個適合溝通的場域裡，讓人們參與政策制訂過程，為自己主張的價值和利益提出論述，聆聽其他行動者如何詮釋他們的理念，獲得官方或學者專家提供的科學、專業意見，並在經過深思熟慮之後，對政策問題的界

定和解決方案有更深層的理解、甚至與其他行動者達成共識。

（二）審議式政策分析的基本論述與定位

在2003年，荷蘭學者Maarten Hajer與Hendrick Wagenaar（2003）合編一本名為《審議式政策分析——理解網絡社會下的治理》（*Deliberative Policy Analysis: Understanding Governance in the Network Society*）的論文集，收錄數篇來自歐陸和美國幾位重量級後實證學者的文章，可說為首次以「審議式政策分析」作為主標題的專書著作。在為該書撰寫的前言與導論中，Hajer 與 Wagenaar 點出，他們認為將過去學界熟悉的「後實證」（政策分析）陣營，更名為所謂的「詮釋性」（interpretative）或「審議性」（政策分析）學派，似乎更符合社會科學研究的發展，也更接近當前政治社會的面貌。[18]

本文在此所謂的「審議式政策分析」，代表的不是一項創新的方法或技術，而是泛指結合公民參與精神並具有後實證思維的研究途徑。以下，本文分別就其本體論、認識論與方法論，其目標與任務，以及其分析對象，陳述「審議式政策分析」的基本意涵。

1. 審議式政策分析的本體論、認識論與方法論

在本體論的想像上，審議式政策分析追求的並非是客觀的終極答案（所謂的最佳方案），而是要廣泛徵集政策議題之專家、利害關係人和公民的參與；提供良好的討論空間，讓參與者站在各自詮釋框架底下詳細地權衡、審視議題，以及檢驗現實世界的價值、信念與行動方案。最後，從交互主觀的視野中探詢社會系絡的真實意見（Dryzek, 1990; Fischer, 2003; Lynn, Heinrich, and Hill, 2008）。因此，

與實證主義強調科學技術和經驗證據的差別在於，審議式政策分析採取後實證思維的社會建構主義作為認識論基礎，將知識的建構視為人們基於各自的信念、價值，對事物進行主觀詮釋的過程；方法論的指導原則，則以包括詮釋的、敘事的、批判的等研究途徑為主。

2. 審議式政策分析的目標與任務

為了與後現代社會的想像扣合，審議式政策分析專注於政策制訂與政治的互動過程，和政策在政治競技場域裡呈現出來的形式。它的任務是去理解行動者和制度之間形成的對話結構，如何影響和形塑政策的樣貌（Fischer, 2003: 76）。換言之，它不是停留在對制度、結構作一般性描述。它的核心目標，是試圖了解政策行動者究竟如何設想政治、如何參與及看待有效的政治行動、如何形塑和處理衝突的「動態治理」過程（Hajer and Wagenaar, 2003: 5-6）。

我們在此也可舉例子附加說明：歐洲的丹麥，為現階段相當著重將審議民主結合政策過程的國家。丹麥已在政府部門中成立相關的組織：丹麥科技委員會（Danish Board of Technology），同時由國會

---

18 Hajer 和 Wagenaar（2003: xiii-30）指出，包括實證主義、科學技術、經濟效率、代議民主體制與官僚系統等各層面的概念或結構，連結起來便代表著傳統政治社會的主要特徵。近代興起的後實證陣營，揭露出前述那些特徵的種種結構性偏差（structural bias），例如嚴厲地批判實證主義的認識論假定，以及由政治菁英主導、政府層級統治導致的問題等等。然而，後實證主義也難以產生鉅變、動搖現行的體制結構。而即便跳脫這些早已鑲嵌、制度化的社會結構特徵，邁向結構更開放、治理層次更豐富、行動者更多元、決策權力更分散、資源流動更迅速、問題現象更複雜的網絡社會時代，後實證陣營似乎也將面臨制度失效（institutional void）的問題，而缺乏依附和共生的實存空間。有興趣的讀者可另行參閱 Hajer（2003）的討論。那麼，再回到先前討論的實證 vs. 後實證議題，Hajer 和 Wagenaar 認為，「實證」追求知識的精神，依舊是當代政治社會脈絡下的主角，有其穩固的基礎。且當代的政策分析，已不完全是純粹的實證主義，因此，我們不妨朝向以審議的政策分析、詮釋的政策分析等概念，一方面以實證精神掌握科學知識，另一方面則貼近政治的本質，以對話和論述的形式，跟隨當代網絡社會的動態變遷。筆者在此也感謝匿名審查人，在本文初審時提醒 Hajer 與 Wagenaar 有討論從「後實證」正名為「審議」的緣由。

科技委員會和政府科技發展部的相關成員參與在內，形同已將審議具體制度化在政府體制和政策決策過程中。科技委員會將審議的政策分析分為三大層面：提高知識的「認知面」、形成態度的「規範面」，以及引發行動的「實用面」。在三大層面中，無論是科技／科學政策領域中的評估、制訂議程和辯論架構，或是社會領域的規劃、調解和引進新的決策程序，最後引領民眾接受政策，皆是在實踐操作過程中，審議式政策分析重要的目標與任務（Klüver, 2007）。

3. 審議式政策分析的研究對象

於是，審議式政策分析關注的焦點，一是出現在現實社會上的政策論述（policy discourse）內容，或稱所謂的故事情節（storylines），另一則是提出這些論述內容的主體（subject），可能為個人或是集結眾人的團體。對政策研究者而言，論述內容（故事情節）與提出論述的主體（論述聯盟）是同等關鍵的分析單位。[19] 在動態政策過程中，各方行動者的連結互動、權力的競逐、支配關係，以及由誰掌控、發動權力的運作，皆是有待研究者檢驗的重點（Fischer and Forester, 1993; Hajer, 1995; Fischer, 2003; Mathur, 2006）。白話的說，在實際政策過程裡，一個論述主體的論證策略是什麼、它如何建構與保護其核心與外環的信念、如何與其他論述主體競爭、如何應付抱持反對意見的對手，以及如何透過公共審議的政治運作過程，讓對手的論述內容邊緣化等等，皆是值得探究的課題。

（三）審議式政策分析對研究者的期許

在陳述審議式政策分析的基本論述與定位後，本文整理過往提

倡該途徑的學者，對政策研究者提出哪些目標和期許。相較於傳統以中立客觀作為研究者角色定位的想法，審議式政策分析更期待研究者能努力排除官僚或知識菁英的宰制、克服任何會造成參與不平等的結構性問題、協助實踐行動以促進和深化民主，並且進一步成為：（1）公共政策的協力合作者（collaborator）、（2）民主的促進者（facilitator），以及（3）推動公民理性對話的審議實踐者（deliberative practitioner）。

1. 破除官僚與知識菁英的權力宰制

首先，後實證政策研究的健將 Frank Fischer（2003: 14）提到，與傳統政策分析不同的是，審議式政策分析的研究者，絕不「有意或無意地增加官僚的控制力量」，也拒絕「為特定政治菁英之意識型態和官僚利益粉飾太平」；而政策規劃人員的任務則是「藉由建立理性的溝通和互動過程，調和原先各方因權力造成的溝通能力差別」（Fischer, 2003: 224）。此外他也一再強調，例如在某些科技、環境或高度風險的議題上，各方皆可能利用知識的力量建構、提出利於己方的政策論述。在各方皆主張自己的論述才是客觀、正確的同時，政

---

19 學者 Hajer（1995）曾提出「論述聯盟」（discourse coalition）的分析途徑，並應用於環境議題（例如英國及荷蘭的酸雨問題）的研究上。他將論述定義為「一組結合理想、概念與類別的特定綜合體，它在一個特殊的社會實踐過程中被生產、再生產以及轉型。透過此過程，其意義並被賦予在自然與社會的實體上」（Hajer, 1995: 44）。他認為語言並非一個中立的媒介，而是社會建構所形塑的產物，因此論述不可能獨自漂浮在形塑與建構它的系絡之外。在 Hajer（1995）的概念架構下，政策過程如同一場論述霸權（discursive hegemony）的競爭。他使用論述聯盟和故事情節兩個概念，觀察政策行動者如何提出各自對環境問題的詮釋和見解，並試圖為自己的故事情節爭取支持，依此解釋和分析，為何某些行動者（論述聯盟）和故事情節得以透過論述的競爭取得優勢地位，進一步達成論述制度化（discourse institutionalization）的目標，而其他行動者和他們的主張則不被採納。有關論述聯盟的理論探討，與將該分析架構應用在臺灣氣候變遷政策的研究，可參考林子倫（2008a）。

策研究者有責任協助公民看清鑲嵌在一定政治、利益或社會結構下的情境，以此詮釋那些由科學／知識專家提出的所謂「客觀論述」；並協助公民成為另一批「反對的專家」（counter-expertise），讓他們勇於從對話和辯論中挑戰原先專家的知識權威，使公共政策不再是由專家獨佔的場域（Fischer, 1990, 1993, 2003）。

2. 克服並排除造成參與不平等的結構性問題

此外，Fischer（1995, 2003）更強調，政策研究者必須推動實存社會提升更好的公共審議條件，即朝向批判理論大師哈伯瑪斯（Jürgen Habermas）所謂的「理想言說情境」（ideal speech situation）。換言之，研究者必須努力克服並排除任何會造成參與過程不平等的結構性問題，任何會受政策影響的族群都應該要能在政治與政策上發聲、讓他人聽見，且任何聲音都不受到歧視（deLeon, 1994: 88）。若能透過多方參與、論證達到一致的政策共識，也將會比擁有各自地位的個人推動政策來得有效（Burton, 2006: 182）。

3. 協助實踐行動以促進和深化民主

長於政策規劃領域的 John Forester（1981: 170-73）則認為，審議式政策分析的規劃人員必須促使決策者考量各種政策提案中，關於多方利害關係人的權益。此外還要協助詮釋、傳遞和轉換各方意見，為眾多行動者的理解找到一些具有共識的基礎。曾提出第四代政策評估概念的 Egon Guba（1985: 16）也指出，為了能了解不同政策利害關係人的想法，以及不同價值系絡底下的多重真實，研究者不能再被動的、毫無價值意識的守在象牙塔裡，而是要走出去成為盡心推動、

執行政策的協力合作者。在這樣的角度下，審議式政策分析的研究人員是民主的促進者。雖然任何參與分析的研究者，都沒有界定什麼才是重大議題的特權，但此時此刻，所謂的政策分析人員，已不僅僅指官僚或政治菁英、學者專家，而是在政治社群中，扮演推動公民審議、促成公民理性對話和討論的審議實踐者（Jennings, 1988; Forester, 1999; Fischer, 2003）。

（四）審議式政策分析的實踐操作 [20]

1. 審議式政策分析的方法（method）

就實踐操作的形式而言，基於達成公民能在公共議題上充分討論與說理之目標，本文首先將審議式政策分析的實踐操作模式，連結至目前學界較為熟悉且正積極推廣的「審議民主」概念。相關的分析操作模式例如：公民會議（citizen conference）、願景工作坊（scenario workshop）、學習圈（study circle）、公民陪審團（citizens jury）等歐美與臺灣已有實際經驗的審議民主論壇。[21] 本文在此也呼應近年各

---

20 在此，本文也必須點出一項有趣的議題——即便後實證（政策分析）對實證主義（政策分析）提出許多批判，但大體而言，後實證轉向審議式（詮釋性）政策分析後的各項實踐方法，也仍不脫所謂「實證」的研究形式／方法，這也是實證主義陣營時常提出來反駁的論點。當然，審議式政策分析已將許多較不受過往實證主義重視的精神和元素，融合進研究過程中，這畢竟是兩大陣營最大的差別。

21 國內曾實踐操作「公民會議」的例子，例如 2005 年 6 月由宜蘭社區大學主辦的「新竹科學園區宜蘭基地公民會議」，2008 年 6 月由財團法人資策會科法中心和國立臺灣大學社會系主辦的「基因改造食品公民共識會議」；曾實踐操作「願景工作坊」的例子，例如 2006 年 11 月由國立政治大學公共行政系主辦的「淡水河整治願景工作坊」；曾實踐操作「學習圈」的例子，例如 2007 年 11 月由公民監督國會聯盟與臺灣青年公民論壇主辦的「如何讓我們的國會更好——公民學習圈」；曾實踐操作「公民陪審團」的例子，例如 2007 年 7 月由奇岩社區發展協會主辦的「奇岩新社區開發計畫公民陪審團」除此之外，2004 年 10 月北投社區大學同時主辦了「北投老街的明天」之公民共識會議與「線上公民共識會議」，首度嘗試將公民會議移至網路上進行，亦是值得一提的例子。

國紛紛強調民主治理的倡議，推薦以各類「審議民主」的形式，作為審議式政策分析的主要架構。

而除了舉辦審議民主的相關活動，Clemons 與 McBeth（2001: 198-214）也指出，在調查研究的方法中，包括受訪者可與其他成員互動討論的焦點團體（focus group）、針對語言和現象進行分類和理解的內容分析法（content analysis），由政策利害關係人訴說其所處情境故事的敘事分析，以及進一步發展出來的後設敘事分析（metanarrative analysis），亦可歸類為具有審議式政策分析精神的方法。[22]

2. 審議式政策分析的概念途徑（approach）

此外，在學者於近年大力提倡審議式政策分析之前，學界已存在不少具有審議式政策分析精神的研究途徑，例如：「詮釋性政策分析」（Healy, 1986; Torgerson, 1986b; Yanow, 2000）、「敘事性政策分析」（narrative policy analysis）（Kaplan, 1986; Roe, 1994, 2007; McBeth, Shanahan, and Jones, 2005; McBeth et al., 2007）、「論述的政策分析」（policy analysis as discourse）（Schram, 1993; White, 1994）、「論述分析」（discourse analysis）（Macdonald, 2003），與「對談式政策分析」（discursive policy analysis）（Fischer, 2003; Mathur, 2006）等等。[23] 因此，與其說審議式政策分析是種創新的研究途徑或方法，倒不如說是某些現存研究途徑的復興及整合。

3. 審議式政策分析之理論與實務：以敘事性政策分析為例

除了採用近年學界大力推行、在臺灣已累積一定經驗的「審議

民主」模式，作為審議式政策分析的實踐方法外，研究者又該如何進行上述各種具有審議式政策分析精神的研究途徑呢？底下，本文就以「敘事性政策分析」為例子，說明其思維和操作程序，期望讓未接觸過這類研究途徑且感到陌生的讀者，能有概略的認識。[24]

大體而言，敘事性政策分析常應用於那些具有高度不確定性、複雜、結構不完整且充滿衝突的政策議題（Roe, 1994, 2007）。它專注於敘事主體如何理解政策問題、如何提出行動方案，以及如何運用生動的花言巧語（colorful language），努力建構、訴說想像中的故事情節，並與對手展開競爭（Mcbeth et al., 2007: 88）。[25]

---

22 依照批判理論的見解，溝通和詮釋雖是經由言語完成的，但並非只能建立在面對面（face to face）的互動過程，透過文字寫作或其他傳播媒體散布訊息的方式，一樣可以完成所謂的詮釋、批判、解放過程（Habermas, 1971b: 161-86; White, 1991: 25）。因此，本文認為即便沒有舉行諸如公民共識會議的活動，若使用書面資料或其他後設分析的調查研究，亦可能符合審議式政策分析的精神。

23 這裡必須說明的是，由於本文探討的是民主行政與政策分析之範疇，因此以「審議式政策分析」之名，強調將前述的研究取向應用在現實政治社會的政策研究上。不過，所謂的敘事性分析、詮釋性分析、對談式分析和論述分析等概念，並非僅應用於公共政策學門。事實上，整體人文社會學的相關領域，皆有使用這些概念作為研究的方式。諸如：組織理論將其作為討論如何塑造良好決策的一種方式；從事教育諮商或心理學的工作者，常運用敘事的方式，讓受教育者或接受心理輔導之當事人，能進行自我教育、治癒的過程；文化研究與歷史研究者，著重在經歷現場之見證人的口述歷史；至於語言學者，則關心話語和論述的寫實精神、釋義和偏差等等。

24 本文的一位匿名審查人指出，無論是 Roe 或 Kaplan 等人的著作出版時，都尚無所謂的審議式政策分析學派，也並不強調「參與」。因此，若僅以敘事性政策分析作為介紹審議式政策分析的唯一範例，在思路上顯得有些跳躍，必須進一步釐清。筆者相當感謝審查人指出本文思慮不周和疏漏之處，並在此補充說明：本文選擇以敘事性政策分析作為介紹審議式政策分析操作的範例，是由於其同時著重於分析敘事者主體和敘事內容，以及不同立場的敘事主體和敘事內容之間，究竟如何互動、整合出共同接受的結果。此種具有「審議」的過程與精神，恰好符合本文在前段給予審議式政策分析的界說，所以筆者嘗試使用一般讀者所能理解的字彙，描述出敘事性政策分析的特色。另外也要向讀者強調，本文介紹的敘事性政策分析，僅為審議式政策分析途徑之一例，並非就是審議式政策分析的全貌。礙於本文篇幅所限，筆者也期待能在未來繼續探討詮釋性、對談式與論述式的政策分析等途徑之意涵。

25 舉近年來最受矚目的氣候變遷／全球暖化議題為例，早在 1980 年代，便有大氣科學、地質學等領域的專家提出全球暖化的警告，呼籲採取應對措施（訴說故事情節）。往後的數年間，各種持贊成與懷疑態度的科學家也陸續發表他們的評估報告，並且以各種理由（例如方法論的謬誤或背後的權力、利益動機不單純），相互指責對方的敘事並不可

早在 1970 年代，已有學者將「說故事」（storytelling）納入政策分析與政策規劃的方法，且認為其中具有詮釋和批判的特質。例如 Martin Rein（1976: 266）提到所謂的政策敘事（policy narratives）：「每一個建議或設計方案，都像在述說一系列相關的故事。藉由比喻的方式，例如使用諺語（proverb）和隱喻（metaphor），講故事的人（storyteller）盡力尋求符合其理想狀態中的現實。意即，他們各自以帶有規範性色彩的角度理解行動的意義，提供關於複雜情境的詮釋，而非由統一的法則進行檢驗」。這裡的政策敘事，大約等同本文先前提到的故事情節，也與另一詞彙「劇本」或「情景」（scenario）相似。另一位學者 Thomas J. Kaplan（1986）也認為，政策分析不一定非得要仰賴外部指標（external criteria）來評斷好壞。當問題抽象、複雜或模糊，令研究者難以設立判準加以衡量時，採用說故事的方式，可以整合各種必要的考量，協助說明當前的困境，並指出可能的解決方案。如果一個故事能符合包括：真實性（truth）、豐富度（richness）、一致性（consistency）、合適性（congruency）與整體性（unity）等特性的考量，便是一個好的敘事。

　　通常，一個充分的政策故事（敘事）大致可分為三個部分：起始、中段與結尾；而希臘哲人亞里斯多德（Aristotle）亦曾表示，一個完整的故事，都有其起點、轉折與終點（Kaplan, 1993: 171）。故事開始，首先交代議題緣起或問題現況；而後則說明過往或現行的法規制度、行動方案等尚有哪些不足或待改進之處；最後便是提出自己的提案、行動和想法。在各方提出來的故事情節裡，往往包含所謂「誰贏、誰輸」的問題。用白話來說，就是在分析問題的因果關係時，哪些人必須承擔責任，哪些人則因有功勞而獲得讚賞；而一旦劃定政策界線

後，哪些人能從中受惠／納入政策範疇，哪些人又必須因此付出代價／排除在政策之外（deLeon, 1994: 87）。

學者 Emery Roe（2007: 609-611）將敘事性政策分析的操作程序，大致分為四個階段。首先，由政策研究者辨識、確認在當前議題中，首要的敘事主體（dominant policy narratives）是哪些人物或團體，以及他們主張的內容；[26] 其次，找出反對或與當前主軸敘事對立的論述內容（counter-stories）有哪些；第三，比較、連結幾個主要的正反方說法，看可否在不忽略各方意見的情況下，嘗試整合、調解，讓這些多元且充滿衝突的觀點能相容；最後，針對當前議題，重新形塑、鑄造一個新的敘事，以使新的敘事內容，更便於研究者利用傳統的政策分析工具（例如經濟學、統計學、法律學）加以處理。

在說明敘事性政策分析之思維和操作程序後，本文引述澳洲學者 Greg Hampton（2009）提供的兩個個案，呈現並討論相較於傳統的政策過程，結合審議式政策分析（敘事性政策分析）的政策運作過程，可帶給我們哪些啟發。值得讀者注意的是，Hampton 以敘事性政策分析的技巧分析兩個案例的政策過程，讓我們同時看見兩種模式的審議政策分析操作：一個是以公民審議模式進行政策溝通與共識建構，這是對實質內容的政策分析；另一則是以敘事分析的技巧，分析這兩個案例的政策論述、對話過程，這是對政策過程的審議式政策分析。[27]

信。隨著時間發展，該議題也逐漸受到全球的關注。就目前看來，相信全球暖化現象且應即刻採取應對措施的說法，顯然成為主流的敘事。

26 若引用 Hajer（1995）的概念架構來說，便是找出論述聯盟的論述核心（core）為何。

27 關於 Hampton（2009）文章視野的說明，筆者相當感謝審查人在複審時提供的寶貴意見。

Hampton（2009: 228-232）曾觀察澳洲兩個地區在飲用水處理（drinking water treatment）政策上的差異，並說明就政策過程與結果看來，何以在相同的公共議題上，一個地區之政策論述的合法化過程失敗了，而另一個地區則有各方皆能滿意的結局。底下先介紹失敗的個案，其次則為成功的案例：[28]

■未有審議之實，且因充滿衝突導致政策失敗的個案：澳洲圖文巴小城鎮的飲用水處理議題

失敗的例子，發生在澳洲昆士蘭東南方的小城鎮：圖文巴（Too-woomba）。由於圖文巴位處乾旱地區，為解決水資源的問題，地方政府和議會提案將一部分的排放水回收作為飲用水，目的在於保障飲用水的長期供給。因此，在工程師與專家研擬後，政府部門發起許多關於水資源回收的宣傳活動，期盼能增加民眾對於該政策的信心和支持。然而，政府一方面利用電話與各種行銷手法宣傳，一方面卻始終迴避讓公眾得以參與政策決策過程。

在該議題上，主要的敘事主體是由政府提出的，他們認為回收的水是安全的、可飲用的。他們的論述技巧，主要在宣稱這是一場戰爭，要與那些反對回收排放水作為飲用水的無理力量（irrational forces）而戰，並呼籲民眾在公民複決時投下贊成票。至於反方的敘事內容，則是關注在汙染的問題，認為政府並未說明設置淨水處理廠對空氣、土地及水資源的影響。反方的敘事主體包括了許多新聞媒體的報導和網站，以及許多鼓吹民眾投下反對票的利益團體。

雖然地方政府為該議題舉辦了兩次的「開放對話」（open dialogue），但皆未能達成有建設性的對談。地方政府始終緊握著權

力，未將決策機會和過程分享給民眾，也缺乏常民（lay people）[29] 與專家的對話。在開放對話的討論中，專家往往將反方的論證視為非理性的、禁不起嚴格的考驗。雖然官方宣稱他們已將民眾的意見考慮進政策方案裡，但事實是，雙方的對話過程，始終在受限且分裂的情況下進行。

故事最終的結局是，設置淨水處理廠、回收排放水作為飲用水的公民複決未能通過。地方政府表示，對於沒有花時間引導、教育民眾以取得支持的做法，他們深深感到遺憾。Hampton（2009: 229）引述 Roe（1994）的見解指出，圖文巴城鎮的失敗，可說是在權力不對稱關係下導致的結果。

■成功調和正反敘事的個案：澳洲伊拉瓦拉區的飲用水處理議題

成功的例子，發生在澳洲新南威爾斯的伊拉瓦拉（Illawarra）地區。伊拉瓦拉同樣飽受水資源問題的痛苦，除了計畫將水回收作為飲用水以外，也需要提升儲水和分配系統的品質。在該個案的政策過程裡，政府、學者專家和民眾之間，呈現出持續的三角互動關係。

在官方提出的「環境影響報告書」（environmental impact state-

---

28 在本文初審時，一位匿名審查人指出，就行文來看，Hampton 是以「敘事分析」之理論視角分析兩場「公民審議」的成敗原因。那麼，究竟本文是將 Hampton 的分析本身定義為「審議式政策分析」，還是將這兩個案例定義為「審議式政策分析」？筆者相當感謝審查人指出本文思慮不周和疏漏之處。在此回應與補充說明的是，相較於成功的個案，在 Hampton 介紹的失敗案例裡，雖然現實政策階段中出現了兩場具有審議民主「形式」的論壇：「開放空間」，但卻無審議之實，不論是民眾之間，或是民眾、專家與政府等三方之間，均欠缺合宜的溝通過程。若對照本文前述提到審議式政策分析期許的「破除官僚與知識菁英的權力宰制」、「克服並排除造成參與不平等的結構性問題」等面向，該城鎮的案例顯然是未達標準的不及格個案，稱不上是審議式政策分析。換言之，本文期望向讀者呈現的，是「採行審議式政策分析的個案」比起「未採行審議式政策分析的個案」，將會有較令人滿意的結果。

29 這裡的常民，泛指相對於科學、技術專家的老百姓，即一般的社會大眾。

ment）中，詳細列舉了設置淨水處理廠的優點、對地方社群的影響和回饋內容。他們認為該政策可以協助儲水、過濾和分配系統的建置，對於該地區的灌溉亦有所助益。該份評估報告的看法，也是正方的主要敘事內容。至於反方的敘事主體，主要來自比鄰淨水廠的在地社群和居民。他們懷疑一旦設廠以後，添加氯（chlorine）在儲水系統對於土地會有不利的影響，並可能危及居民的健康安全。

在水 vs. 土地之正反敘事的競爭下，伊拉瓦拉決定採用公民參與和公民審議的過程，將討論聚焦在淨水處理廠是否真有設置的必要，以及如果有必要的話，設置的地點在哪裡。於是，地方上分別舉行了兩個系列的工作坊（workshops），一個以消費者立場檢視水資源的問題；另一個則討論自消費者立場出發，對於水資源改善之道的見解為何。兩個系列的工作坊，成員分成 7 到 25 位不等的小組，且小組成員之中有很大的比例，是從曾受水資源問題影響之居民清單中抽選出來的。最後，分別有 61 位和 84 位民眾參加了工作坊，出席率大約是 60% 和 83%。

在審議過程中，正方除了環境影響報告書提供的科學技術分析，尚有工程師代表提出淨水處理廠的優點，以及經過計算後的設置地點和備選方案。反方則認為水資源的問題是因為地方過分強調的緣故，真正需要改善的是網狀分配系統的清理和更新。

正反雙方態度出現轉折的關鍵，始於部分的反方成員，在聆聽受到汙水問題影響的社區民眾訴苦後，發現過去從未想像過為汙水所苦的感覺；同一時間，也有正方成員在了解反方提出的顧慮後，接受必須要為土地思考的說法，因而主張避免將淨水處理廠設置在靠近居民活動的地區。

故事最終的結局是，參與審議的民眾當中，有19位認為以中央處理的方式解決淨水問題，4位認為應清理現有的管線；當討論到淨水處理廠的設置地點時，沒有一位選擇有村民居住的地區，7位偏好設在工業區，16位則認為將處理廠設置在儲水廠附近是最好的辦法。於是，最初可能出現對立和衝突的正反雙方，經由審議過程的調和，成功化解了衝突。反方提出清理和更新管線的敘事主張，最後為正方所接納，補強了主流敘事的內容。正方也在考量土地和社區居民的情況下，選擇將淨水處理廠設置在其他地區。Hampton（2009: 232）指出，伊拉瓦拉的個案之所以能成功，關鍵在於：第一，在地公民的意見得以在審議過程中表達、發聲，且對方也確實聽見和接受；第二，決策者願意和社群的民眾分享權力，因此化解了衝突和對立，達到共識。

對照上述兩個案例，我們可以發現，審議式政策分析一方面能協助公民、政府和專家等三者之間的對話與協調，增進民眾對政府的支持程度與決策正當性；另一方面，公眾原先對於政策的態度與立場，在經由持續的對談過程後，確實是有機會改變的。換言之，在傳統政策過程下可能形成僵局或衝突的態勢，仍有可能透過審議的程序加以調和。本文認為，相較於過去實證政策分析追求唯一的最佳解決方案，後實證的審議式政策分析途徑能以社會建構的產生方式，探詢公民在該時空系絡下皆能接受的政策內容，此即為該途徑的最大特色及優點。

五、審議式政策分析面臨的難題與挑戰

本文利用相當多的篇幅，梳理自公共政策學科發展以降，實證

與後實證政策分析的爭辯過程，以及當人文社會學門轉型後，學者提倡審議式政策分析的由來。當然，結合審議民主與後實證精神的審議式政策分析，在看似美好的想像下，仍得面臨一些難題和挑戰。這些侷限和尚待發展之處，除了現實層面、制度層面與環境層面問題，也涉及所謂社會科學哲學之認識論、方法論層次的爭辯議題。以下，本文嘗試歸納幾項重點，且必須說明的是，不同層面與不同層次的問題之間，是相互連結影響，而非可清楚區隔的。

（一）將「審議民主」作為「審議式政策分析」操作機制的難題與挑戰

1. 對公民智識能力和參與態度的假定過於樂觀

首先，審議民主和審議式政策分析的核心精神，是強調讓公民參與政策過程，並著重在公民審議的說理和論述內容。然而，我們對於公民能力與態度的假定可能過於樂觀。現實社會中，公民的智識能力可能不足以針對所有政策議題進行討論，且大多數的公民，往往對政府事務不感興趣並缺乏理解，進而忽視無切身相關的議題（Kathlene and Martin, 1991: 47）。

至於在認識論層次的討論上，延續對公民智識能力之假定過於樂觀的問題，審議式政策分析採取後實證研究的取向，無論是詮釋的、批判的或敘事的等分析途徑，都建立在語言溝通的形式上，包括面對面的對談、形象、文字與符號的寫作溝通，與透過傳播媒介的連結。這些溝通活動，皆以人們具有理性言說和論述能力作為假定前提。我們必須假定人們有成熟的理智與自我理解的能力，而後才得以展開後續的詮釋、對話過程。但人們內在理智的成熟與否，以及對外

在事物之認知、理解的能力多寡，是非常歧異的。過去實證、經驗主義強調價值中立和客觀觀察事實遭受的批判，係認為其最終僅能反映出研究者的主觀立場和政治的選擇而已。如今，後實證研究假定人們行動背後有其意義的說法，當然亦值得我們進一步思考。再者，論述必須透過語言溝通進行，但每個人心中的圖像不盡相同，語言又往往無法確切反映人們對真實的想像。以上這些問題，都有待我們繼續思索。

2. 公民參與的程度、代表性與權力宰制的問題

在制度與環境層面的討論方面，由於政府結構上的問題，例如不同層級和性質的行政部門，可能缺乏對政策目標的共識，如何進行整合和政策協調已是一大問題。其次，僅靠公聽會、座談會等作為調查的方式，難以掌握民意的全貌，表示提供民眾參與的管道仍嫌不足，許多屏障尚待突破（deLeon, 1994）。而從現行各國政府的體制發展看來，足以完全取代傳統官僚治理的結構模式仍未出現。當各方行動者（倡議與遊說者、研究人員、決策者、大眾傳播的角色等）互動的同時，某種程度上仍受到制度的影響，例如中央政府的控管，資訊的可及性低、參與論述的程度不足，將減少透過行動者論述而建立新的制度安排的可能性（Hajer and Wagenaar, 2003: 5）。

此外，審議民主和審議式政策分析強調深入社會系絡，和各方政策行動者打交道。然而，就實際的執行過程看來，研究者一方面必須辨識出與該議題相關的行動者，包含檯面上運作與檯面下潛在的民眾和團體；另一方面，則得從行動者中選取出代表，並集結起來進行溝通和討論。那麼，對於那些原先即有權、有勢，有管道得以進入決

策過程，影響當局的個人或團體，強調公民參與的審議式政策分析又有何因應之道？換言之，如何突破以往由學者專家、技術官僚單方面決定的宰制，以及政府被利益、遊說團體所俘虜的情況，仍是研究者必須努力克服的問題（deLeon, 1994: 88-90）。

3. 多元社會下的溝通問題——審議操作的過程與時間限制

　　對於社會上存在多種民族文化的國家而言，如何處理民眾因文化和歷史背景不同、經濟與階級不同、語言習慣不同等造成的信念、價值差異，進而居中扮演轉換、翻譯的角色，協助人們進行溝通與論述，將是一大課題。例如，在許多外來移民或外籍勞工人數眾多的國家，制訂相關法案（如勞保、年金、教育制度）時，這些在境內深受政策影響的外籍人士，是否得以進入溝通論述的場域一同對話，也是必須思考的課題（Hajer and Wagenaar, 2003）。

　　延續前述關於對公民智識能力的假定、多元社會下的溝通和參與代表性的討論，即便研究者已挑選出具有代表性的公民和各方團體代表，如何設計可立即教育他們的方式，讓他們能於短時間增進相關背景知識，在知情的情況下進行良好的溝通與論述，甚至進一步形成共識、避免出現衝突，亦是一大考驗（deLeon, 1994: 88）。

（二）審議式政策分析本身可能面臨的難題與挑戰
1. 研究效度與評估指標的建立問題

　　在披上「後實證主義」的戰袍，大肆攻擊「實證政策分析」設定的研究指標、判準後，審議式政策分析的研究本身，似乎也面臨一些選取評估指標，以及研究效度（validity）建立的問題。

相較於過往的實證研究，審議式政策分析強調更多屬於非形式邏輯（informal logic）思維的觀點，認為可從實務的對話過程，找出存在社會系絡中的實踐理性（Fischer, 1995, 2003）。從過去到現在，不同學者陸續提出若干檢驗論述與論證的指標。以 Fischer（2003）為例，其曾提出一致性（coherence）、配合／等同性（congruence）、說服性（cogency）等概念，作為評估一個論證的指標；本文先前在介紹敘事性政策分析時也曾提到，Kaplan（1986）認為評斷一個好的敘事指標包括：真實性、豐富度、一致性、合適性與整體性等特質。[30] 但綜觀這些指標，不免有令人感到過於抽象的意味。此外，審議式政策分析強調公民參與和溝通論述的重要性，那麼，從一個潛在議題的產生，乃至政策運作過程中，究竟讓公民參與至什麼樣的程度，才能宣稱已達到公民參與的目標？著眼於各項政策研究仍必須落實至經驗層次的實存社會中，所以我們該如何看待、評估審議式政策分析的過程及結果，也尚待更多討論。

2. 審議式政策分析者之角色定位與課責的問題

本文先前曾引述提倡審議式政策分析的學者，對於政策研究者的期許，包括努力排除官僚或知識菁英的宰制、克服任何會造成參與不平等的結構性問題、協助實踐行動以促進和深化民主，並且進一步成為公共政策的協力合作者、民主的促進者，以及推動公民理性對話的審議實踐者。然而，我們可以對此提出若干質疑。倘若政策研究者會實際投入政策過程，那麼誰才是（who is）審議式政策分析的研究者？換言之，審議式政策分析的研究者，究竟是一位具備利害關係人

---

30 另可參閱 Paris 與 Reynolds（1983）、Dryzek（1990）；他們亦討論關於政策論證的指標。

身份的掮客（broker）或局內人（insider），或是一位雖然協助政策行動者進行溝通、論述，但依然置身事外的觀察者（observer）或局外人（outsider）？[31]

此外，無論該項問題的答案是肯定或否定的，我們都可以再追問「課責」（accountability）面向的問題。如果未能釐清審議式政策分析人員之身份（例如：政府部門的人員、學術研究者、政治／政策行動者等等）和其與政策分析結果，乃至政策合法化內容之間的關聯（例如：在現行的政府運作和政治制度下，分析人員本身是否也成為替代政府，居間操作知識和資訊的權力宰制者），則我們怎能據以宣稱：審議式政策分析已達成其使命與任務，並帶來更為良善的結果？

3. 審議式政策分析面對的權力制約

本文嘗試將源自西方之審議民主精神與後實證政策分析途徑結合，匯聚出審議式政策分析之概念意涵。然而，尚有幾項耐人尋味的議題值得提出來。首先，就目前的實務而言，審議民主之操作並不常被視為一種「政策分析」。[32] 或許，政府與學界慣常的想法，是更傾向以近似於政治學上所謂「民意調查」（public opinion polls）的角度，來看待審議民主的實踐操作。[33]

其次，本文欲拋出另一項值得討論的話題。綜觀目前學界研究者對審議式政策分析的關注，大多著重在針對某場公民會議、審議論壇之討論結果，究竟為贊成、反對討論主題，或是凝聚哪些共識意見，藉此撰寫分析、評估報告、向政府單位提出政策建議。本文認為，現階段國內的審議民主操作過程，已初步符合審議式政策分析的實踐，亦可歸類為一種政策分析的方式。但仍值得政策研究者省思並

精益求精之處是，我們是否將舉辦公民會議、審議論壇的過程，理所當然地視為一種政策分析的工具，且過於看重會議舉行之形式結果，而忽略後實證政策分析強調研究者必須注意的面向，例如公民在審議過程中展現的詮釋、批判、說理、論證等行為，在地的政治脈絡與權力關係、以及研究者肩負的神聖使命──排除權力宰制，協助促進技術專家、政府單位和民眾之間的良好對話等面向。換言之，無論審議民主是否為一種政策分析的方式，或在審議民主的操作過程中，是否體現了審議式政策分析之精神，除了尚待更細緻化的討論以外，也是國內政府與學界應正視的課題。

六、結語

本文梳理了審議式政策分析源起的理路脈絡，西方的公共行政與公共政策學界，在二十餘年前即出現後實證與後現代精神的研究者，對當時的實證政策分析提出批判；十餘年前興起一波提倡公民參與、重返「民主的政策科學」之浪潮，近年更是逐漸發展成著重於「審議治理」和「協力治理」等面向的研究。

而後，本文探討審議式政策分析之意涵與研究途徑。它代表的不是一項創新的研究方法或技術，而是泛指結合公民參與精神並具有後實證思維的政策分析途徑。它期望破除過去公民受到權力的宰制情況，提供良好的討論空間，讓所有參與者得以詳細地權衡、審視政策

---

31 當然，該項問題在某種程度而言，彷彿又回到實證 vs. 後實證政策分析的爭辯主軸，即類似以政策研究者本身，是否能摻入主觀價值和投入倡議工作的討論。

32 筆者在此感謝一位匿名審查人於初審時提醒此點問題。

33 例如在審議民主的操作模式中，即有一項名為「審議式民調」或「審慎思辨民調」（deliberative polls）的方式（黃東益，2000, 2003）。既然有「民調」之名，在國內政治學教科書中，也將它納入一種民意調查的方式（陳陸輝，2007）。

議題，最後自交互主觀的視野中探詢社會系絡的真實意見。因此，審議式政策分析對研究者的期許，是努力排除官僚或知識菁英的宰制、克服任何會造成參與不平等的結構性問題，進一步成為公共政策的協力合作者、民主的促進者，以及推動公民審議和理性對話的審議實踐者。它的實踐操作模式，包含各種審議民主論壇的形式，以及各類後實證研究方法。

臺灣經過近年的推廣，目前無論在全國、縣市與社區等三個層級上，已累積不少的審議民主實踐經驗。本文亦指出將審議民主作為審議式政策分析操作機制的難題與挑戰，包括對公民智識能力和參與態度的假定過於樂觀、公民參與程度、代表性與權力宰制問題，以及在多元社會底下的溝通問題——審議操作的過程與時間限制。此外，審議式政策分析本身可能面臨的難題與挑戰還包括：研究效度與評估指標的建立問題；審議式政策分析者之角色定位與課責的問題；以及審議式政策分析面對權力的挑戰等問題，特別是我們是否將舉辦公民會議、審議論壇的過程，理所當然地視為一種政策分析的工具，且過於看重會議舉行之形式結果，而忽略後實證政策分析強調研究者亦須注意的面向，例如公民在審議過程中展現的詮釋、批判、說理、論證等行為，以及研究者肩負的神聖使命——排除權力宰制，協助促進技術專家、政府單位和民眾之間的良好對話等面向。換言之，無論審議民主是否為一種政策分析的方式，或在審議民主的操作過程中，是否體現了審議式政策分析之精神，除了尚待更細緻化的討論以外，也是國內政府與學界應正視的課題。

事實上，後實證與後現代主義對於實證政策分析的不滿，亦隱含對實證主義寄託之現代性制度的批判。他們亟欲掙脫由政治菁英主

導、層級節制的政府組織、仰賴眾多科技知識卻往往與倫理不相容的學者專家、以及有權有勢之團體或政黨掌控政策議程的情況。而相較於西方（特別是歐美各國），臺灣的時空環境背景畢竟有其差異。目前已在西方興起和發展中的審議治理，並非適合完全移植、套用至臺灣的社會脈絡。林子倫（2008b）曾指出，當前國內推動社區審議的五項困境，分別是對審議民主的概念不熟悉、社區資源與人力欠缺、在地知識的建構與累積不足、制度性回應機制不健全、地方政治權力結構複雜等五個面向。就實存脈絡看來，國內目前的政治制度與社會結構，無論在全國、縣市或社區層級，與理想中適合後實證政策研究的制度化體制，仍然有一段距離。

亞里斯多德曾說：「人天生就是政治的動物」，又說「政治的終點不是知識，是行動」。我們所期待的，是在政治社群、在所屬社區中的民眾，能關懷自身周遭的公共事務，彼此廣泛的懇談、討論、對話，以期望獲得更多關於全國性事務或地方性議題的共識，進而發展出一個成熟的公民社會。且在二十一世紀，當我們超越國家層次之上，進入全球化與全球治理的層次時，將必須面對更多的全球性議題（例如近年來備受注目的氣候變遷等議題）的討論。各項如何讓「審議」過程更符合當代社會的情境、協助消弭隔閡、達到良好的溝通，以及最終產出符合全球公民需求和共識的公共政策／制度安排，搭建起連結「民主治理」、「審議治理」、「全球治理」和「環境治理」的橋樑（Bäcksstrand, 2006；曹俊漢，2009），則尚待未來繼續努力。最後，本文仍強調應將學界提倡的審議和公民參與精神落實在當代社會，以呼應當代民主治理與民主行政之實踐。

參考文獻

王漢國，2005，〈社會資本、民主治理與公民參與網絡——民主政策科學途徑之思考與論證〉，《佛光人文社會學刊》，5: 73-109。

丘昌泰，1995，《公共政策——當代政策科學理論之研究》。台北：巨流。

───，2000，〈後現代社會公共管理理論的變遷——從「新公共管理」到「新公民統理」〉，《中國行政評論》，10 (1): 1-32。

林子倫，2008a，〈臺灣氣候變遷政策之論述分析〉，《公共行政學報》，28: 153-175。

───，2008b，〈審議民主在社區——臺灣地區的經驗〉，「『海峽兩岸參與式地方治理』學術研討會」論文。台北：國立臺灣大學社會科學院、國立臺灣大學社會科學院中國大陸研究中心、中國浙江大學公共管理學院，9 月 22 日。

林水波、邱靖鈜，2006，《公民投票 vs. 公民會議》。台北：五南。

林國明、黃東益、林子倫，2007，《行政民主之實踐計畫總結報告》。台北：行政院研考會。

林鍾沂，1991，《公共政策與批判理論》。台北：遠流。

范玫芳，2008，〈「參與式治理研究」之現況與展望〉，《人文與社會科學簡訊》，9 (2): 29-35。

郭秋永，1999，〈強勢民主——新時代的政治參與〉，《問題與研究》，38(6): 63-93。

───，2007，〈多元民主理論——公民審議的一個理論基礎〉，《臺灣民主季刊》，4 (3): 63-108。

許國賢，2000，〈商議式民主與民主想像〉，《政治科學論叢》，13: 61-92。

陳東升，2006，〈審議民主的限制——臺灣公民會議的經驗〉，《臺灣民主

季刊》，3 (1): 77-104。

陳俊宏，1998，〈永續發展與民主——審議民主理論初探〉，《東吳政治學報》，9: 85-122。

陳陸輝，2007，〈民意與政治傳播〉，陳義彥主編，《政治學》，二版一刷，頁 375-403。台北：五南。

曹俊漢，2009，《全球化與全球治理——理論發展的建構與詮釋》。台北：韋伯文化。

黃東益，2000，〈審慎思辯民調——研究方法的探討與可行性評估〉，《民意研究季刊》，211: 123-143。

———，2003，《民主審議與政策參與——審慎思辯民調的初探》。台北：韋伯文化。

———，2008，〈審議過後——從行政部門觀點探討公民會議的政策連結〉，《東吳政治學報》，26 (4): 59-96。

黃東益、李翰林、施佳良，2007，〈「搏感情」或「講道理」？——公共審議中參與者自我轉化機制之探討〉，《東吳政治學報》，25 (1): 39-71。

黃紀，2000，〈實用方法論芻議〉，何思因、吳玉山主編，《政治學報》，31: 107-139。台北：中國政治學會。

黃紀、林正義、蕭高彥、陳敦源、黃長玲、廖達琪，2007，《政治學門「熱門及前瞻研究議題調查」結案報告》（NSC 94-2420-H-001-012-B9407）。台北：行政院國家科學委員會。

彭渰雯，2006，〈後實證政策分析的理論與應用〉，余致力主編，《新世紀公共政策理論與實務》，頁 51-71。台北：世新大學。

———，2008，〈基層員警取締性交易的執行研究——批判性詮釋途徑之應用〉，《公共行政學報》，28: 115-151。

廖坤榮，2001，〈後現代的政策分析〉，余致力、郭昱瑩、陳敦源主編，《公共政策分析的理論與實務》，頁 119-144。台北：韋伯文化。

蔣年豐，1995，〈羅蒂的民主思想——輕鬆一下嘛！〉，張福建、蘇文流主編，《民主理論：古典與現代》，頁171-198。台北：中央研究院。

謝宗學、鄭惠文譯，Amy Gutmann and Dennis Thompson 原著，2005，《商議民主》。台北：智勝文化。

Klüver, Lars, 2007，〈什麼是審議民主——從丹麥的經驗談起〉，廖錦桂、王興中主編，《口中之光——審議民主的理論與實踐》，頁 17-27。台北：臺灣智庫。

Amy, Douglas J., 1984, "Why Policy Analysis and Ethics are Incompatible?" *Journal of Policy Analysis*, 3 (4): 573-591.

Anderson, Charles W., 1993, "Recommending A Scheme of Reason Political Theory Policy Science and Democracy." *Policy Science*, 26: 215-227.

Babbie, Earl, 2007, *The Practice of Social Research*, 11th ed. Belmont, CA: Thomson Wadsworth.

Bäcksstrand, Karin, 2006, "Democratizing Global Environmental Governance? Stakeholder Democracy after the World Summit on Sustainable Development." *European Journal of International Relations*, 12 (4): 467-498.

Bernstein, Richard J., 1976, *The Restructuring of Social and Political Theory*. New York: Harcourt Brace Jovanovich.

Bogason, Peter, 2005, "Postmodern Public Administration." In Ewan Ferlie, Laurence E. Lynn Jr., and Christopher Pollitt (eds.), *The Oxford Handbook of Public Management*. NY: Oxford University Press, pp. 234-255.

Box, Richard C., 1998, *Citizen Governance: Leading American Communities into 21st Centuries*. Thousand Oaks, CA: Sage.

Burton, Paul, 2006, "Modernising the Policy Process: Making Policy Research more Significant." *Policy Studies*, 27 (3): 173-195.

Clemons, Randall S., and Mark K. McBeth, 2001, *Public Policy Praxis-Theory*

Pragmatism: A Case Approach. Upper Saddle River, NJ: Prentice Hall.

Connelly, Stephen, 2009, "Deliberation in the Face of Power: Stakeholder Planning in Egypt." *Policy and Society*, 28: 185-195.

deLeon, Peter, 1990,"Participatory Policy Analysis: Prescriptions and Precautions." *Asian Journal of Public Administration*, 12 (1): 29-54.

———, 1992, "The Democratization of the Policy Sciences." *Public Administration Review*, 52 (2): 125-129.

———, 1994, "Reinventing the Policy Sciences: Three Steps Back to the Future." *Policy Science*, 27: 77-95.

———, 1995, "Democratic Values and the Policy Science." *American Journal of Political Science*, 39 (4): 886-905.

———, 1997, *Democracy and the Policy Sciences*. Albany, NY: State University of New York Press.

Dryzek, John S., 1982, "Policy Analysis as A Hermeneutic Activity." *Policy Science*, 14: 309-329.

———, 1987, "Discursive Designs: Critical Theory and Political Institution." *American Journal of Political Science*, 31: 656-679.

———, 1989, "Policy Sciences of Democracy." *Polity*, 22 (1): 97-118.

———, 1990, *Discursive Democracy: Politics, Policy, and Political Science*. New York: Cambridge University Press.

Dunn, William N., 1994, *Public Policy Analysis: An Introduction*, 2nd ed. Englehood Cliffs, NJ: Prentice Hall.

Durning, Dan, 1993, "Participatory Policy Analysis in A Social Service Agency: A Case Study." *Journal of Policy Analysis and Management*, 12 (2): 297-322.

Dye, Thomas R., 1975, *Understanding Public Policy*, 2nd ed. Englewood Cliffs, NJ: Prentice-Hall.

Fischer, Frank, 1982, *Politics, Values, and Public Policy: The Problem of Methodology.* Colorado: Westview Press.

——, 1990, *Technocracy and the Politics of Expertise.* Newbury Park, CA: Sage.

——, 1993, "Citizen Participation and the Democratization of Policy Expertise: From Theoretic Inquiry to Practical Cases." *Policy Sciences,* 26: 165-188.

——, 1995, *Evaluating Public Policy.* Chicago: Nelson-Hall Publishers.

——, 2003, *Reframing Public Policy: Discursive Politics and Deliberative Practices.* London and New York: Oxford University Press.

Fischer, Frank, and John Forester, 1993, *The Argumentative Turn in Public Policy Analysis and Planning.* Durham, NC: Duke University Press.

Forester, John, 1981, "Questioning and Organizing Attention: Toward A Critical Theory of Planning and Administrative Practice." *Administration and Society,* 13: 161-205.

——, 1999, *The Deliberative Practitioner: Encouraging Participatory Planning Processes.* Cambridge: Cambridge University Press.

Fox, Charles J., and Hugh T. Miller, 1995, *Postmodern Public Administration: Toward Discourse.* Thousands Oaks, California: Sage.

Goodin, Robert E., 1982, *Political Theory and Public Policy.* Chicago: University of Chicago Press.

Gottweis, Herbert, 2003, "Theoretical Strategies of Poststructuralist Policy Analysis: Towards An Analytics of Government." In Marrten Hajer and Hendrick Wagenaar (eds.), *Deliberative Policy Analysis: Understanding Governance in the Network Society.* Cambridge: Cambridge University Press, pp. 247-265.

Guba, Egon, 1985, "What Can Happen As A Result Of A Policy?" *Policy Studies Review,* 5 (1): 11-16.

Guba, Egon, and Yvonna S. Lincoln, 1989, *Fourth Generation Evaluation.* Newbury Park, Calif: Sage Publications.

Habermas, Jürgen, 1971a, *Knowledge and Human Interests,* Trans. by Jeremy J. Shapiro. Boston: Beacon Press.

————, 1971b, *Toward A Rational Society.* Boston: Beacon Press.

Hajer, Maarten, 1995, *The Politics of Environmental Discourse: Ecological Modernization and the Policy Process.* Oxford: Clarendon Press.

————, 2003, "Policy Without Polity? Policy Analysis and the Institutional Void." *Policy Science,* 36: 175-195.

Hajer, Maarten, and Hendrick Wagenaar, 2003, *Deliberative Policy Analysis: Understanding Governance in the Network Society.* Cambridge: Cambridge University.

Hampton, Greg, 2009, "Narrative Policy Analysis and the Integration of Public Involvement in Decision Making." *Policy Science,* 42: 227-242.

Hanberger, Anders, 2003, "Public Policy and Legitimacy: A Historical Policy Analysis of the Interplay of Public Policy and Legitimacy." *Policy Science,* 36: 257-278.

Healey, Pasty, 1993, "Planning Through Debate: The Communicative Turn in Planning Theory." In Frank Fischer and John Forester (eds.), *The Argumentative Turn in Public Policy Analysis and Planning.* Durham, NC: Duke University Press, pp. 233-253.

————, 1996, "The Argumentative Turn in Planning Theory and its Implications for Spatial Strategy Formation." *Environment and Planning B: Planning and Design,* 23: 217-234.

————, 2003, "The Communicative Turn in Planning Theory and its Implications for Spatial Strategy Formation." In Scott Campbell and Susan Fainstein (eds.),

Readings in Planning Theory, 2nd ed. Malden MA: Blackwell Publishers, pp. 237-255.

Healy, Paul, 1986, "Interpretive Policy Inquiry: A Response to the Received View." *Policy Sciences*, 19: 381-396.

Hendriks, Carolyn M., 2009, "Deliberative Governance in the Context of Power." *Policy and Society*, 28: 173-184.

Ingram, Helen, and Steven R. Smith, 1993, *Public Policy for Democracy*. Washington, DC: Brookings Institution.

Jennings, Bruce, 1988, "Political Theory and Policy Analysis: Bridging the Gap." In Edward Bryan Portis and Michael B. Levy (eds.), *Handbook of Political Theory and Policy Science*. New York: Greenwood Press, pp. 17-27.

Kaplan, Thomas J., 1986, "The Narrative Structure of Policy Analysis." *Journal of Policy Analysis and Management*, 5 (4): 761-778.

———, 1993, "Reading Policy Narratives: Beginnings, Middles, and Ends." In Frank Fischer and John Forester (eds.), *The Argumentative Turn in Public Policy Analysis and Planning*. Durham, NC: Duke University Press, pp. 167-184.

Kathlene, Lyn, and John A. Martin, 1991, "Enhancing Citizen Participation: Panel Designs, Perspectives, and Policy Formation." *Journal Policy Analysis and Management*, 10 (1): 46-63.

Kelly, Marisa, and Steven Maynard-Moody, 1993, "Policy Analysis in the Post-positivist Era: Engaging Stakeholders in Evaluating the Economic Development." *Public Administration Review*, 53 (2): 135-142.

King, Gary, Keohane, O. Robert, and Sidney Verba, 1994, *Designing Social Inquiry: Scientific Inference in Qualitative Research*. Princeton, NJ: Princeton University Press.

Landy, Marc, 1993, "Public Policy and Citizenship." In Helen Ingram and Steven

R. Smith (eds.), *Public Policy for Democracy*. Washington, DC: Brookings Institution, pp. 19-44.

Lasswell, Harold D., 1948, *Power and Personality*. Westport, CT: Greenwood Press.

————, 1951, "The Policy Orientation." In Daniel Lerner and Harold D. Lasswell (eds.), *Policy Science*. Stanford: Stanford University Press, pp. 3-15.

————, 1971, *A Preview of Policy Science*. New York: American Elsevier.

Litfin, Karen T., 1994, *Ozone Discourse: Science and Politics in Global Environmental Cooperation*. New York: Columbia University Press.

Lowi, Theodore, 1970, "Decision Making vs. Policy Making: Toward An Antidote for Technocracy." *Public Administration Review*, 30 (3): 314-325.

Lynn, Jr., Laurence E., 1999, "A Place at the Table: Policy Analysis, its Postpositive Critics, and the Future of Practice." *Journal of Policy Analysis and Management*, 18: 424-441.

Lynn Jr., Laurence E., Carolyn J. Heinrich, and Carolyn J. Hill, 2008, "The Empiricist Goose Has Not Been Cooked!" *Administration and Society*, 40: 104-109.

Macdonald, Christine, 2003, "The Value of Discourse Analysis as A Methodological Tool for Understanding A Land Reform Program." *Policy Sciences*, 36: 151-173.

MacRae, Duncan, 1976, *The Social Function of Social Sciences*. New Haven: Yale University Press.

Majone, Giandomenico, 1989, *Evidence, Argument, and Persuasions in the Policy Process*. New Haven, CT: Yale University Press.

Mathur, Navdeep, 2006, "Urban Revitalisation and Participatory Governance: Methodology for A Discursive Policy Analysis." *Policy and Society*, 25 (2): 77-

108.

McBeth, Mark K., Elizabeth A. Shanahan, and Michael D. Jones, 2005, "The Science of Storytelling: Measuring Policy Beliefs in Greater Yellowstone." *Society and Natural Resource*, 18: 413-429.

McBeth, Mark K., Elizabeth. A. Shanahan, R. J. Arnell, and P. L. Hathway, 2007, "The Intersection of Narrative Policy Analysis and Policy Change Theory." *The Policy Studies Journal*, 35 (1): 87-108.

Mendonça, Ricardo Fabrino, 2009, "Challenging Subtle Forms of Power in Deliberation: A Case-Study on the Future of Hansen's Disease Colonies in Brazil." *Policy and Society*, 28: 211-223.

Metze, Tamara A. P., 2009, "Discursive Power in Deliberations: A Case of Redevelopment for the Creative Economy in the Netherlands." *Policy and Society*, 28: 241-251.

Orosz, Janet Foley, 1998, "Widening the Yellow Brick Road: Answering the Call for Improved and Relevant Research in Public Administration." *Research in Public Administration*, 4: 87-105.

Paris, David. C., and James F. Reynolds, 1983, *The Logic of Policy Inquiry*. New York: Longman.

Reich, Robert B., 1990, *The Power of Public Ideas*. Cambridge, Mass: Harvard University Press.

Rein, Martin, 1976, *Social Science and Public Policy*. New York: Penguin.

Roe, Emery, 1994, *Narrative Policy Analysis*. Durham, NC: Duke University Press.

————, 2007, "Narrative Policy Analysis for Decision Making." In Gŏktug Morçŏl (ed.), *Handbook of Decision Making*. Boca Raton, FL: CRC/Taylor & Francis, pp. 607-626.

Rorty, Richard, 1967, *The Linguistic Turn: Recent Essays in Philosophical Method*.

Chicago: University of Chicago Press.

Schram, Sanford F., 1993, "Postmodern Policy Analysis: Discourse and Identity in Welfare Policy." *Policy Science*, 26: 249-270.

Stivers, Camilla, 1993, *Gender Images in Public Administration: Legitimacy and the Administrative State*. Newbury Park, Calif: Sage Publications.

————, 1999, "Between Public Management and Postmodernism: The Futures of Public Administration." *Administrative Theory & Praxis*, 21 (4): 520-522.

Stone, Clarence N., 2005, "Rethinking the Policy-Politics Connection." *Policy Studies*, 26 (3): 241-260.

Stone, Deborah, 1988, *Policy Paradox and Political Reason*. Glenview, IL: Scott, Foresman and Company.

————, 2002, *Policy Paradox: The Art of Political Decision Making*, Rev. ed. New York: W. W. Norton.

Tilly, Charles, 2006, "Why and How History Matters." In Robert E. Goodin and Charles Tilly (eds.), *Contextual Political Analysis*. New York: Oxford Press, pp. 417-437.

Torgerson, Douglas, 1986a, "Between Knowledge and Politics: Three Faces of Policy Analysis." *Policy Sciences*, 19: 33-59.

————, 1986b, "Interpretive Policy Inquiry: A Response to its Limitations." *Policy Sciences*, 19: 397-405.

Wagle, Udaya, 2000, "The Policy Science of Democracy: The Issues of Methodology and Citizen Participation." *Policy Sciences*, 33 (2): 207-223.

Weimer, David L., 1992, "The Craft of Policy Design: Can It be more than Art?" *Policy Studies Review*, 11 (3/4): 370-388.

————, 1998, "Policy Analysis and Evidence: A Craft Perspective." *Policy Studies Journal*, Vol. 26, No. 1: 114-128.

————, 1999, "Comment: Q-Method and the Isms." *Policy Science*, 18: 426-429.

Weimer, David L., and Aidan R. Vining, 1992, *Policy Analysis: Concepts and Practice*. Englewood Cliffs, NJ: Prentice Hall.

White, Jay D., 1991, "Interpretive and Critical Research: Prospects for Theory Development in Public Administration." *Research in Public Administration*, 1: 19-47.

White, Jay D., and Guy B. Adams, 1994, *Research in Public Administration: Reflections on Theory and Practice*. Thousands Oaks: Sage Publications.

White, Louise G., 1994, "Policy Analysis as Discourse." *Journal of Policy Analysis and Management*, 13 (3): 506-525.

Yanow, Dvora, 1987, "Toward A Policy Culture Approach to Implementation." *Policy Studies Review*, 7 (1): 103-115.

————, 2000, *Conducting Interpretive Policy Analysis*. Thousand Oaks, CA: Sage Publications.

公共政策中的專家政治與民主參與：
以高雄「跨港纜車」公民共識會議為例

蔡宏政

摘要

　　審議民主的支持者認為，審議民主一方面可以通過公民們集思廣益的辯難來避免專家政治的知識獨斷（民主原則），另一方面又能夠經由公民們追求「共善」的理性論證來提升民主決策的品質（知識原則），審議民主因此是通過「多元」與「審議」來兼顧公共決策中的民主參與與專業理性。本文首先從審議民主的文獻爭論中指出，知識原則與民主原則其實存在著矛盾，主要是因為審議民主的理論爭議中，對何謂「理性審議」欠缺一個知識論的說明。在第二部分我們論證，專業知識之所以被認為比常識優越，是因為傳統上認為它是邏輯有效與經驗客觀的，但是「客觀的」經驗事實其實是滿載理論意義的（theory-laden），而理論的邏輯有效性是跟其他配套理論形成一種網絡式的互相解釋。因此知識真值的成立存在著一種內在的不確定性。這種不確定性使得各種可能的理性觀點平等地浮現。因此，一個共識或公共決策得以做成，必須依靠某種超越這些同等理性的觀點之決斷，這個決斷本質上就是一種權力的支配。因此，審議民主一方面雖然可以解釋為決策權力的民主化，但是同時也是一種倚賴知識為工具來進行的權力支配活動。在第三部分中，我們則以高雄跨港纜車公民共識會議為例，說明它的舉辦、爭議過程與最後的共識是如何在各種知識與權力的歷史條件中互動產生的。

關鍵詞：專家政治、審議民主、知識的不確定性、公民共識會議

* 本文為國科會專題計畫「政府、媒體與科學專業：長期審議民主與風險治理」（計畫編號：NSC 97-2515-S-343-002-MY3）的部分成果。感謝陳東升教授與林國明教授引介作者進入公民會議，並慷慨提供公民會議資料。本文曾於 2008 年 9 月清華大學所舉辦的社會學理論工作坊中發表，感謝評論人王崇名教授以及與會學者給予寶貴的意見。另外，作者也受益於張恆豪教授提出的建設性評論。最後，作者要特別感謝臺灣社會學刊編輯委員會，他們投入許多時間使本文的論證能夠更加圓熟。當然，文中有任何不足之處仍由作者負責。
本文全文轉刊自《臺灣社會季刊》第 43 期（2009 年），頁 1-42 頁。

一、前言

Robert A. Dahl 曾經將「民主」定義為：「政府不斷反應具有政治平等地位的公民之偏好（preference）」。根據此一定義，我們可導出民主政治的三個必要條件：（1）公民要有表達偏好的自由；（2）公民們要能以個別或集體的行動向他們的公民同胞或政府，表達其偏好；（3）政府應當平等地處理公民的偏好。因此，民主政治必須要能在制度層次維持公民多元偏好的公平競爭，而公民的普遍參與也才能使各種偏好儘可能地呈現出來，互相競爭。選舉民主之所以成為民主政治的核心，乃是因為它相對而言較能體現多元偏好的平等參與以及和平公開的競爭（Dahl, 1989: 3-7）。

然而，「民意如流水」，公民的集體喜好有時像時尚流行一樣變動不居，有時候則因為各種理由被激化成無法溝通與妥協的對立僵局。不管是哪一種情形，單純的集體偏好加總都可能欠缺公共政策的重要質素：理性論證、具經驗可操作性、並以公共利益為最終目標。事實上，支持專家政治（technocracy）的人最常舉出的理由就是，由於現代社會中的專業分工日趨複雜，一般公民不僅是政治上冷淡的，而且因為專業知識的不足，他們表面上的「偏好」甚至於是可被操弄的，所以常常是「民粹的」。因此，基於專業分工的理由，公共決策中的爭議，理當由相關的專家依據其「客觀」、「中立」的專業知識來解決，才是「理性討論」的。對這一主張的人來說，公民的普遍參與恰恰會對治理的穩定性造成危險的後果，一個穩定的治理必須以少數菁英為中心，民主的主要功能是在於經由選舉把被認為不適任的菁英刷下的負面控制而已。[1] 然而，一個明顯的問題是，如果一般民眾

---

1 熊彼得（Joseph Schumpeter）在他的 *Capitalism, Socialism, and Democracy* 所持的論點就是一個著名的典型。

沒有足夠的知能對個別法案參與意見，那他們又怎麼有能力判斷誰是適合負責執行這些法案的菁英呢？

1990 年代以來興起的審議民主（deliberative democracy）對這個問題提出進一步的思考。就寬泛的定義而言，審議式民主指涉的是：具正當性的法律制訂必須立基於公民們為求共善，而以平等、公開的理性思慮與論辯所達成之共識。它的理想是一個以公民之「實效理性」（practical reasoning）為基礎的政治自主性。這樣的理想預設了公民們有能力相互諮詢，並且在面對法律與政策爭議時會以公共福祉（commonwealth）為目的，也就是康德所說的，「理性的公共使用」（the public use of reason）（Bohman and Regh, 1997: ix）。

審議民主的主要目標在恢復民主之真義，也就是「透過民主所能控制的程度不能只是象徵性的，而必須是實質性的，由勝任的公民們所參與完成的」（Dryzek, 2000: 1）。國內推動審議民主的學者綜合各家之言，認為審議民主的主要理念應該是，「公民是民主體制的參與主體，而公民的政治參與，不應該侷限於投票，或者陳請、請願與社會運動等政治行動；參與者應該在資訊充分、發言機會平等與決策程序公平的條件下，對公共政策進行公開的討論，提出合理的方案或意見來說服別人，同時也在同理的立場上來聆聽、理解別人的意見和關切；透過相互論理的公共討論，較佳的議論得以勝出成為政策主張」，簡言之，審議民主所揭示的重要原則是，「平等、公開、包容、資訊透明、相互尊重和主動參與」（陳東升、林國明，2005: 5）。他們特別指出此一民主參與的方式對臺灣民主轉型所具有的意義：第一、理性批評的公共討論作為臺灣民主進一步深化的關鍵；第二、公共討論的審議過程有助於化解「民主與專業」的政策爭議（陳東升、

林國明，2005: 6-9）。

　　審議民主在臺灣的具體實踐經驗以「公民共識會議」為主。公民共識會議是通過嚴密設計的議程，確保會議中各種立論可以在平等公開的條件下進行討論。其程序大致如下，首先是選出一群公民小組，在為期兩天左右的「預備會議」中，研習「可閱讀資料」（readable materials），並接受專家上課與對談，以便對討論主題的爭議性論點有基本的「政策知能」。為了編輯「可閱讀資料」，也為了選擇「預備會議」的授課專家，主辦單位會成立一個「執行委員會」（steering committee），將各種論點的提倡者納入，以盡可能地兼顧不同觀點的呈現。在完成第一階段的學習之後，第二階段則是開放給媒體與公眾旁聽的「正式會議」，由公民小組自行決定邀請各方面的學者專家，對各種觀點作進一步的討論與質疑。在各種異質性的觀點與經驗事實中，公民小組的成員「在互相了解、彼此尊重的基礎上溝通意見，以對政策爭議形成理智的集體判斷」。最後，公民小組將此一集體判斷寫成共識報告，向社會大眾公布，並做為決策的參考（陳東升、林國明，2005: 26）。

　　由於將審議導入民主政治之中，因此審議民主被期待可以兼具公民偏好加總與專家政治的優點。一方面，審議民主強調，公共政策的決定不能只是單純地訴諸公民偏好的加總，公共決策需要立基於（比常識）更好的專業知識（知識原則）；另一方面，審議民主的提倡者又認為，專家政治雖然使得公共決策立基於專業知識之上，但是由於公共政策所牽涉到的變數之複雜性，以及民主社會中價值選擇的多樣性，民眾對爭議中的公共議題所發展出來的論述與風險認知，不見得比專家的專業知識更不真實，所以即使是專業的公共政策也需

要納入更寬廣的民主參與（民主原則）。總之，一個理想狀況下的審議民主運作模式是兼具「專業知識的理性討論」與「公民社會不同觀點的平等參與」，經由對政策爭議的公開討論，來達到一個以共善（common good）為目的的共識結論。

但是，兼顧這兩個原則其實存在著內在矛盾。「知識原則」強調公共決策需要審議，因為民眾偏好所立基的「常識」，其品質不夠好到足以成為決策的依據，因此需要專業知識的精鍊；然而另一方面，「民主原則」卻又主張「民眾的風險認知不見得比專家的專業知識更不真實」，因此專家知識需要民主程序的確認。但常識如果不比專業知識更不真實，那麼常識為何需要專業知識來增進其審議能力呢？因此，把「審議」跟「民主」放在一起，就會產生公共決策到底要立基於多數人的偏好，還是少數人的專業知識的問題。審議民主提倡者的理想解決方式是將民眾的知識水準提高到專業程度，那就在維持了民主多數決的同時，也提升了民主討論的品質。然而這樣的主張其實就假設：（1）公共決策應該立基於更好（或者說是，更理性、更客觀、更正確）的專業知識，（2）在公共決策中，少數人的專業知識的確優於多數人的常識，因此唯有提高常民的審議能力，才能真正提升公共政策的品質。審議民主之所以有別於選舉民主，正是在於它的「知識」特徵，但是過於強調這一「知識水準」的重要性，常常會減低甚至於排除多數決的正當性，這對珍視民主多元價值的學者來說是一個難以接受的論點，這種知識原則與民主原則的矛盾以不同的議題，一再地出現在審議民主的各種爭論中。

本文首先從審議民主的文獻爭論中指出，知識原則與民主原則的矛盾一直沒有得到適當的解決，主要是因為審議民主的理論爭議

中，對何謂「理性審議」欠缺一個知識論的說明，以致於審議與民主彼此之間的關係常常發生扞格。在第二部分我們論證，專業知識之所以被認為比常識優越，是因為傳統上認為它是邏輯有效與經驗客觀的，但「客觀的」經驗事實其實是滿載理論意涵（theory-laden），而理論的邏輯有效性則跟其他配套理論形成一種網絡式的互相解釋。如何選擇某個網絡解釋而排除另一個網絡，這個選擇本身是無法「客觀理性」地決定的，因此知識真值的成立有一種內在的不確定性。這種不確定性使得不同審議觀點的差異，無法有普遍、非個人化的「客觀理性」基礎來比較其優劣。公開平等的討論只能讓各種可能的「理性」觀點平等地浮現。共識或公共決策得以做成，必須依靠超越這些同等理性觀點之決斷。這種決斷在選取某一解釋觀點時，就是對其他理性論述進行排除，本質上是一種權力的支配。因此，審議民主一方面雖然可以解釋為決策權力的民主化，但同時也是一種以知識為工具而進行的權力支配活動。在第三部分中，我們以高雄跨港纜車公民共識會議為例，說明它的舉辦、爭議過程與最後的共識，是如何在各種知識與權力的歷史條件中互動產生的。

在結論中我們指出，與選舉民主相較，審議民主的優點是面對一項公共爭議時，能夠經由多元的知識觀點，進行比一般常識更有邏輯性的探討。但是，審議民主因此也會賦予擅長知識論證的公民更大比例的支配權力。過於強調公民會議的結論是品質較好的理性共識，因此應該成為政策決定的依據，有時候就會與依據選舉民主的決定相衝突。如果我們能認識到知識具有內在的不確定性，那麼，公民會議的審議行動之價值應該是更強調促進人們進一步理解爭議中的公共議題所可能存在的多元觀點，品質較好的理性共識只是一個歷史過程

中的「暫訂協議」（modus vivendi），需要在不同的歷史時刻中不斷地被再定義以保持其活力。

二、「審議」如何「民主」：知識原則與民主原則的擷抗

審議民主希望兼具「公民社會不同觀點平等參與」與「專業知識理性討論」的理想，這其實就構成了支持審議民主的兩個主要論證。第一種意見是平等多元參與論，它主張審議民主的核心價值是道德性高於知識性的。審議民主之所以值得提倡是由於它在更深一層次上體現了公民普遍、直接的參與，也就是公民們的政治平等與價值多元（Christiano, 1997: 243-277）。對擁護這一論點的人而言，有無達到共識（更不論有效與否）並非他們最關心的重點。重點是避免審議民主成為一種菁英主義傾向的民主實踐形式。也就是在提升公民普遍直接參與的同時，防止審議民主進行的形式在實質上造成偏好較高收入、高教育程度、或原先就較容易有管道發聲的個人與團體，導致大部分公民們的「政治貧窮」。這一論點重視民主大過於審議。

對支持平等多元參與論者來說，無可迴避的挑戰是公共決策中專業知識有效性的問題。如果專業知識一再證明它在公共決策上可以產生更有效的結果，那麼，專家政治的基本信念，亦即專業知識是各種常民的經驗知識經過「客觀」與「普遍有效」的概念結構所過濾與濃縮而成的，是民眾常識的擴大與精鍊化，也就獲得辯護。因此公共決策中的爭議，理當由相關的專家依據其專業知識來解決，專家意見也就很快地會在實質的政策決定過程中取得壓倒性的優勢地位。民主審議只會是在專家政治所定義的架構之下進行，「公民的普遍參與」

很快地會淪於專家對社會大眾「因無知而產生誤解」的宣導管道，民主審議的共識則如同熊彼得所言，是可以被工具性操作的結果。因此平等多元論者需要論證，公民的普遍參與在知識的客觀有效性上不必然較專家知識更為低階。

支持審議民主的第二種意見是審議結果論，以 Jon Elster 為例，認為政治本身並不構成一種目的，它只是達到某種目的的工具，因此關於實質的政策制訂的種種政治活動，的確充滿著各種利益競爭與妥協的行動模式。然而，另一方面，政治的本質是一種公共事務，所以它也必須超越單純地將個人私利加總的計算模式。對 Elster 而言，審議式民主的價值就在於透過審議的過程產生對集體更好的共善，實踐過程本身也許會有公民教育的好處，但這只是一項「副產品」，它並不構成審議民主的內在價值（Elster, 1997: 3-27）。這個論點偏好審議結果多於民主，因為重要的是最後結果要能夠通過審議產生更好的集體共善，而不是平等多元的參與。

然而，對平等多元參與論者而言，Elster 的回答實際上是遺留下更多需要進一步精鍊的問題。現代社會包括了多元與異質之價值觀與利益團體，公民們如何能夠單純地經由理性的公共審議，就可以得到超越私利、以共善為導向的共識方案呢？關於這個問題，Harbermas 提供了他的著名答案，共善指的不是柏拉圖（Plato）與亞里斯多德（Aristotle）的共和國理想：共享的傳統與價值的理念，而是一種理性、共識取向的公共論述空間。審議式民主的討論過程與共識的取向體現了公民社會中的合理性（reasonableness）與溝通理性（communicative rationality）（Harbermas, 1997: 35-63）。但是這樣的答案只是讓我們又回到「平等多元參與論」的問題：誰來定義溝通

理性，或理想的公共論述空間？

　　這也就是說，審議民主的「平等、公開、包容、資訊透明、相互尊重和主動參與」等理想不是自明的，它需要外在的知識判準來決定參與討論的「相關」成員與資訊為何。[2] Estlund 就認為，較完整的審議民主必須在平等的道德性向度上，添加一個知識上的正確性考量，他稱之為「民主權威的知識向度」（epistemic dimension of democratic authority）。不過，Estlund 亦認知到，太強調在知識上必須產生正確的結論可能會威脅到審議的民主特性，而且也很難保障少數人的觀點能被適當的尊重。因此 Estlund 主張審議民主的正確性標準應該具有一種「非完美傾向」（imperfect tendency），亦即一項決策的知識正確性僅在於它暫時比其他的可能途徑更優越（Estlund, 1997: 173-200）。但是，決策知識正確性的「更優越」標準是什麼呢？這個「知識向度」仍然是一個難以迴避的問題。

　　跟隨 Beck 的風險社會理論脈絡，國內學者也主張風險乃是社會全體所建構，因此常民的常識不見得比專家的專業知識更不真實。「如 Beck（1992: 166）所言，科學事實，『不過是對可以用不同方式發問的問題的回答』；你從不同的價值、前提和假定出發，你就得到不同的科學技術的事實。換言之，技術知識和價值觀點，不是可以清楚地截然劃分。風險的溝通其實是不同文化價值的對話。」（陳東升、林國明，2005: 25）但是這個論點只說明了，常識可以是各種假設與因果推論中的其中一種，它雖然不會比專業知識更不重要，但也沒有比專業知識更重要。邏輯上我們只能得出風險機率的相對性概念，而無法得出「在同理的立場上來聆聽、理解別人的意見和關切；透過相互論理的公共討論」，就可以使「較佳的議論得以勝出成為政

策主張」（陳東升、林國明，2005: 6-9）。「較佳」的議論意味著存在一個比較標準，可以判別專業知識與常識之間的優劣。再一次地，在審議民主希望公共決策中能兼具「專業知識的理性討論」與「公民社會不同觀點的平等參與」的優點時，又遭遇知識客觀有效性的問題。可惜在上述審議民主的討論中，並沒有見到關於這個比較標準的討論。

因此審議民主有一個最基本的知識論問題要解決：如何判定民眾的常識不夠「真確」（true），以致於需要「專業知識」來提升他們審議的能力？我們又是根據什麼樣的「真理」（truth）標準來論證，常民知識的「真值」（truth）不比專家知識差，所以必須進行民主討論？這牽涉到一個知識權力觀點的重大差異，前者傾向於專家政治的菁英支配，後者則強調每個人（或群體）在真理詮釋上的平等地位，因此民主原則具有優位性。有關審議民主的文獻中，這個兩難以各種不同的矛盾形式一再出現，但卻沒被解決。臺灣在移植公民共識會議的形式時，對這個內在的知識論兩難同樣沒有處理，高雄跨港纜車公民共識會議之所以重要，就是因為它以比較尖銳的衝突呈現了這樣的問題。為了理解知識與權力之間的關係，我們先討論知識為何具有內在（也就是邏輯）的不確定性。

三、專家知識與常民知識：知識內在的不確定性及其權力意涵

主張專家政治的人對選舉民主最大的疑慮是，一大群「無知」

---

2 在臺灣的公民會議中，這部分的工作是由執行委員會所決定，具體的分析請見第三部分。

的民眾在多數決的民主政治中，將會以純然的人數優勢掩蓋了對「客觀事實」的「理性」討論，從而對公共決策做出錯誤的判斷與選擇。民眾固然擁有他們從日常生活經驗得到的「常識」，但常識侷限於個別經驗，而且經常是邏輯混亂的。相對地，專業知識則是由各種普遍有效的命題依照嚴密的邏輯關係所組成，並經過客觀的經驗事實加以驗證（confirmed）或否證（falsified），是生活經驗內容的普遍化與精鍊化，專業知識因此在「經驗客觀性」與「邏輯有效性」的標準上都優於一般民眾特殊的經驗知識。事實上，一般人的各種生活經驗（如石頭落下、物體碰撞、日出日落）反而經常被要求必須透過某種解釋範圍廣泛的專業知識（牛頓運動定律）才能獲得「正確」的詮釋。順著這種觀點推論下來，民眾建立在不同假設和理性上的風險知識要不就是對專業評估的誤解，因此透過專業知識的「溝通」就可以獲得釐清；要不就是「政治干預專業」，以致於政策的制訂必須把「非專業」的因素納入考量，以便取得「民主的妥協」。

然而，這種邏輯實證主義式的解釋模型有一個主要的困難。一個抽象的理論概念首先要進行具有經驗內容的操作型定義（operational definition），才能夠對該理論命題之真值進行經驗上的驗證或否證。因此操作型定義化一個理論概念就會牽涉到與理論概念配套的經驗事實（稱為該理論的「輔助條件」）是否為真的認定問題，而如果我們進一步去驗證相關經驗事實之真值，又會產生支持該經驗事實的理論命題（及其相關經驗事實）是否為真的問題。因此，一個理論命題的真假牽涉到我們如何採信相關輔助條件，以及支持這些輔助條件的配套理論之真確性問題。「客觀的」經驗事實其實是滿載理論意義的（theory-laden），而理論的邏輯有效性乃跟其他配套理論形成一種

網絡式的互相解釋。[3] 因此，專業知識與其他形式的知識一樣，都會牽涉到理論概念與相關經驗事實如何被組建並採信為真的主觀認定，不同的主觀認定因此構成對某個知識命題為真的主觀差異，這種差異無法經由「客觀」的經驗事實或「普遍有效」的邏輯關係來消除，它也是無法藉由蒐集更多的經驗資料就可以減低的。[4]

換句話說，邏輯有效的普遍命題與輔助條件的經驗內容之間一直存在著一個邏輯的缺口（gap），使用任何普遍命題來解釋經驗事實，或用經驗事實來驗證理論，是不可能有邏輯上「無縫隙」（seamless）的有效推論的。這意味著一切「真的」、「客觀的」知識命題固然都需要客觀的經驗事實與有效的邏輯推論，但它們卻關鍵性地依賴於知識創造者與接受者的主觀認定，是主觀認定把經驗事實的客觀性連接到知識命題的邏輯有效性上。由於主觀條件與客觀條件的結合方式經常因為歷史的偶然條件（historical contingency）而具有多種組合的可能性，公開平等的討論只會讓各種可能的「理性」觀點平等地浮現。一個政策如果在最後得以做成，必須依靠某種超越這些同等理性的觀點之決斷，這個決斷在選取某一觀點時，邏輯上就是對

---

3 著名的杜恩—蒯因論題（Duhem-Quine thesis）以邏輯分析的形式表明，我們絕不可能獨立地對單一理論做確實的檢驗，因為測試該理論的經驗內容需要預設更多的「輔助假設」，因此被檢驗的只能是整個理論架構，也就是一個「信念之網」（web of belief）。因此任何一個理論在面對否定的證據時，還是可以站得住腳（Sismondo, 2004: 15-17）。Michael Polanyi 則直接明言所有的人類知識都是「默會知識」（Polanyi, 1974），我們要選擇何種信念之網只能訴諸個人默會的判斷。

4 在科學哲學的知識論爭議中，孔恩（Kuhn, 1969）使用「典範」這個概念來解消這種知識的不確定性，其知識論的根源則是 Michael Polanyi 默會致知的「個人知識」（Polanyi, 1974）。Lakatos（1970）則致力於將這個不確定性從歷史主義中搶救回來，重新安置於邏輯主義的基礎上。其辦法是將否證的對象由一個科學理論改為一系列的科學理論，稱之為「研究綱領」（research programme），Lakatos 允許科學家在面對經驗證據的否證時，可以調整某些輔助的保護帶理論，而堅持核心理論的正確性，以此消解理論與經驗事實如何契合的不確定性。

其他理性論述進行排除。所以，本質上這種決斷就是一種支配性的權力。某一個知識觀點如果要從其他競爭性觀點中脫穎而出，上升成為多數「共識」，它背後必然連結著某種權力架構。因此，知識的真理性格不會獨立出現，而是一種權力—知識綜合體（power-knowledge complex）。所以解析一套知識體系的「正確性」，就是要去解析這個「正確性」如何在各種變數互動下出現的歷史過程。[5]

對於知識與權力相結合的關係與作用，傅科（Michel Foucault）曾經提出一個新穎的見地，那就是權力的有效行使並不是在於壓抑，而在於生產出有意義的事情。對傅科來說，近代科學知識與科學真理其實是在「古典時期」（也就是通常所謂的「啟蒙時期」）中被創建的人文科學（human science）中所產生，通過各種政治、經濟與社會制度的力量，用來規制與常態化個人的。換言之，知識的形成、檢驗與應用無不與權力運作密切相關。

> 或許我們也應該放棄那一整個讓我們做出如下設想的傳統，它讓我們想像知識只有在權力關係被終止作用才能存在；知識只有在權力的命令、要求與利益之外才能發展。也許我們應該放棄這樣的想法，那就是權力使人瘋狂，因此，對權力的棄絕是知識成立的條件之一。我們毋寧應當承認，知識產生權力（不僅僅是因為知識能替權力服務因而被鼓勵，或是因為知識有用因而被權力使用）；知識與權力是直接相互包含對方；沒有一種權力關係不具備相對應的知識領域之建構，也沒有任何一種知識不同時預設與組建著某種權力關係。……簡言之，不是知識主體的活動產生了某種有益於權力或反抗權力的知識體系，

而是權力—知識綜合體（power-knowledge complex），以及貫穿、構成權力—知識綜合體的過程與鬥爭決定了知識形式與可能的領域（Foucault, 1980: 27-28）。

這種權力—知識綜合體並不是通常意義下的「意識型態」，也就是說，掌權者為了達到支配的目的，以掩蓋或扭曲「事實真相」的方式創造了一個「錯誤」的論述來欺瞞大眾，而如果言語論述遭遇被支配者「追尋真相」的抵抗，支配的權力菁英就會不惜以國家的體制暴力（司法系統、警察、以及軍隊）來壓制被支配者的反抗行動。然而，對傅科而言，這種「邪惡權力」與「純淨知識」的劃分事實上是過於單純，以致於不能有效地解析權力與知識的複雜關係。

如果權力只不過就是在壓抑，如果權力除了說不以外，啥事也不做，那你真的認為人們會服從它嗎？能夠讓權力運作良好，讓它為人們所接受，其實正是因為它不會以說不的強迫力重壓在我們身上，而是貫串並產生有意義的事情，它誘發快樂，形成知識，產生論述。權力必須以一種生產性的網絡來思考，這一網絡流過整個社會機體，其作用遠大於一個只有壓抑功能的

---

5 這個不確定性是否會導致知識的「相對論」立場呢？邏輯實證論者相信，一切有認知意義的知識命題都有確定的真值，如果反對這樣的立場就是相對論，那麼這篇論文的確是支持知識相對論的。但是如果相對論指稱的是「所有一切知識的真值都是相對，因此本質上既無真也無假」，那麼我們就不是知識相對論者。主要的理由是，知識的真值必須依賴於知識創造者與接受者去決定在何種條件下，輔助條件已經圓滿地符合理論知識的要求。但是另一方面，人們的決斷是在某種程度上已經被界定清楚的理論知識與輔助條件下進行的，因此他們的決斷不能是任意為之的。這篇論文的立場是，主觀認定與客觀限定之間的結合並沒有一個超越時空的「本質上」確定，或「本質上」不確定的答案，而必須視歷史的偶然性條件而定，人只能在一定的歷史條件下認定他們的知識命題是「真的」、「正確的」或「理性的」，我們稱呼這種立場為知識（或真理）的歷史主義。

負面情況（Foucault, 1980: 119）。

知識論述在組織與分類，決定我們如何理解世界，甚至於我們能知道什麼、能說明什麼。因此一項真理的成形蘊含著對其他真理所提供的因果秩序之排除，這種排除不可避免的就會是一種權力支配的關係；反過來說，權力的運作如果要能得到大多數人的支持，它就必須提出某種世界觀來解釋事物的秩序，並且提供有效的操作技術來貫串並產生有意義的事物，以證明該世界觀的「真理性」。[6]

事實上，即使是公民會議的提倡者也意識到這種含藏在審議民主中的知識—權力現象。陳東升（2006）通過對國內已經舉辦的 15 次公民會議，將審議民主可能的限制分為三類，對共識形成所牽涉到的不確定性因素做了一個比較全面性的探討。首先，「當一個社會在基本的信仰或價值體系有非常大的差異時，對於一個公共政策討論所憑藉的共善原則是很難有一致的看法」、「這樣的公共討論將會製造更多的衝突……，而不是像一些審議民主學者所主張的，是形成共識」（陳東升，2006: 80-82）。

其次，「公民會議的公共討論主要是透過理性對話來進行，也就是說討論的雙方必須在考量充分的資訊後提出具有邏輯上的一致性，並且是公眾可以接受的理由，這是一種理想的溝通狀態」。但是，「充分的資訊」不但受制於蒐集上時間的限制，更重要的是，參與會議的公民中，「教育程度越高的民眾，擁有越高的理解資料」、「那麼顯然公民會議是成為遊說的場所」（陳東升，2006: 86-88）。

第三，「政策制訂是公共事務，應該要有民眾參與討論的機會，但是政策制訂與公共討論過程也充滿著不同行動者透過管道進行政

治操弄，……政策制訂與操弄主要是來自政治、社會或經濟菁英團體，因為他們掌握最豐富的資源與人際關係，有足夠的能力和誘因積極的去影響決策和公共討論的內容」（陳東升，2006: 93）。

把上述三點連貫起來，公民共識會議的實踐經驗其實會存在著如下的情形：（1）由於處於不同價值世界，參與審議的公民們常常因此無法真正就審議的議題，通過相互的尊重與聆聽來達成共識；（2）在這個過程中，更有資訊處理能力，以及更具論述表達能力的團體，就容易成為公民會議中的主導力量；（3）因此秉持審議民主精神的公民會議，它的討論主軸常常就只是反映了來自政治、經濟或社會菁英團體的主流意見。

我們因此可以作如此的理論假定，在知識密度越高的議題上（如開放幹細胞研究、適當的匯率升降、大學的評鑑與定位等），「常民的智慧」越難在短時間內吸收「可閱讀資料」來進行實質有效的討論，公民小組只能在「可閱讀資料」所呈現的幾種主流看法中作選擇題，在這種情況下，菁英團體的主導權力就可以有最大的擴展。反之，如果爭議中的議題所牽涉到的背景知識是容易為公民們掌握的，公民審議就越能夠發揮它的影響力。

「高雄跨港纜車公民會議」提供了一個良好的具體案例讓我們來進行觀察。纜車興建一方面牽涉許多專技性知識（環境破壞、觀光

---

6 不過，由於傅科欠缺知識內在不確定性這一概念，因此他的論證常常不自覺的走向一種實證主義式的歷史解釋。例如在《規訓與懲罰》中，他就企圖論證，人類社會（或至少是西方社會）已經從一個肉體折磨的社會，轉變而為規訓的社會，而其目的則在於通過精密技術的設計與控制，更有效率地開發身體的效用。由於當代的權力—知識綜合體其生產性是更被提高，因此「霸權領導」的地位越到後來，就更加的細密而深入，而且更加不易讓人察覺，也就越形穩固。問題是，我們怎麼可能知道現今「霸權領導」的生產性高於往昔社會呢？因為要回答這個問題，傅科就必須預設一個超越歷史的「權力生產性」之比較標準，而這正好違反了傅科本人對真理的知識論預設。

效益、工程安全），然而另一方面，這些專技性知識所導出的結論卻都是一般民眾可以憑藉日常生活經驗進行檢驗，因此「興建纜車」這一知識一權力綜合體的有效性在不同時刻受到不同團體（環保團體、在地業者、市政府等等）的衝擊，呈現不斷變動的不同組合，甚至於希望以「公正」、「公開」、「理性」的討論來解決爭議的公民會議，其舉辦本身也是變動中的知識一權力組合元素之一。

四、跨港纜車公民共識會議的實踐經驗

（一）爭議的焦點與論述

2004 年前後，中央政府施政的主軸之一是「觀光客倍增計畫」，其中「恆春半島旅遊線」、「高屏山麓旅遊線」、「雲嘉南濱海旅遊線」三線之規劃交集於高雄市，高雄市政府因此研擬一項「高雄國際觀光港旅遊線計畫」，以充分發揮高雄觀光旅遊的最大加成效益，而「跨港觀光纜車」就是這項計畫中的一個子項目（「高雄第一港口跨港觀光纜車公民共識會議」，可閱讀資料，頁 15）。

高雄市政府計畫興建的跨港觀光纜車是以串聯西高雄（包括壽山、旗津海岸及港口等區域）各景點，並銜接捷運系統的一個都市發展計畫。第一期路線起自捷運 O1（哈瑪星）站，跨過高雄第一港口銜接至旗津海岸公園，全長約 4.3 公里。第二期路線起自捷運 R8（新光）站，跨過中島加工出口區銜接旗津海岸公園，全長約 3.2 公里。第一、二期路線總長約 7.5 公里（請見附錄一）。整個工程以 BOT 或 ROT 方式辦理，預定 2005 年動工，2006 年完工營運，預估經費為 10 ～ 25 億元（高雄市政府，2004a）。高雄市政府為此計畫提出頗為宏大的遠景：

1. 搭配 95 年底捷運通車及輕軌建設，串聯高雄市特有河、海、港、山等自然資源，促進捷運提升運量。

2. 以新光碼頭為水陸觀光轉運中心，發展愛河觀光船、環港觀光船及藍色公路，更可搭配高鐵、高雄國際機場，建構便捷的陸、海、空 3D 運輸系統，形塑高雄都會水岸型國際觀光旅遊線。

3. 以海洋新絲路為總目標，發展高雄成為國際觀光中途站之概念，打造高雄成為國際觀光港市。（高雄市政府，2004a）

　　2001 年高雄市府工務局提出興建跨港纜車計畫，初步評估為可行，市府也宣稱在委託中山大學所進行的民意調查中，贊成興建纜車之比例為 73%（有效問卷 1142 份）（高雄市政府，2004b）。2003 年市府都市發展局再就此計畫委託中山大學進行先期評估作業，並委請中興工程顧問公司進行細部規劃。

　　然而，這個在市政府描繪中令人炫目的「國際觀光港市」建設，在當地生態團體眼中，卻完全是另一種意象，「纜車興建將帶來城市美學地貌丕變——旗后山、打狗隙、柴山、海港，海天一色的城市意象將被電纜線切割」，而且「纜車經過旗津區的旗后砲台（二級）、旗后燈塔（三級），與鼓山區的雄鎮北門（三級）、打狗英雄領事館（二級）等四個古蹟區的上空，景觀環境地景完整性被破壞」（「高雄第一港口跨港觀光纜車公民共識會議」，可閱讀資料，頁19-20）。

　　除了「城市美學」的巨大差異外，第二個是對生態環境破壞的爭議。反對興建者認為，柴山地區有豐富之動植物生態，甚至有保育

類之臺灣獼猴，規劃中的纜車觀光路線不但因為開發面積過大可能會對柴山生態產生影響，而且纜車就在柴山設立場站，觀光客的流量增加將對柴山原本豐富的「自然資源寶庫」產生無法復原的傷害。然而，贊成興建者卻論證道，纜車規劃路線所經區域並非獼猴或特殊動植物主要棲息地，而是長期以來人為開發與活動地區。更重要的是，本案規劃開發面積不大，不但對柴山生態影響不嚴重，反而可藉由本案的開發減少影響生態更劇烈的各式車輛之進出。

第三是工程興建之安全性問題，反對興建者認為，纜車工程有嚴重的安全性問題無法克服，如旗津海岸公園的海岸侵蝕問題、南柴山地區易產生邊坡滑動與崩塌破碎的潛在危機、哈瑪星地質鬆軟、港口瞬間風力過高等等。相對於「城市美學」、「人文地理」等高度價值選擇的問題，工程安全是比較技術性的討論，容易有明確的答案，也是學者專家最擅長的場域。市府委託的中興工程顧問公司在計畫書中就羅列了詳細的資料，說明柴山原則上就屬較安全的開發基地，而且未來工程也會採取種種防護措施，來「適當地」解決工程安全問題（相關工程細節的描述，見可閱讀資料，頁 27-32）。這些詳細而難以被一般公民所反駁的技術細節，原本應屬於市政府官員說服公民小組的優勢，但在後來卻因為對官員態度的信任危機而成為翻盤的重點（請見頁 24-26）。

第四則是關於興建纜車的運輸與商業效益。由於市府的計畫書並無較精密的估算，工作團隊根據載客量多寡進行了兩種設算。在樂觀（也就是載客量多）的情形之下，纜車每公里的票價約為 15 ～ 20 元，所以全程票價約為 112.5 ～ 150 元；在悲觀的情形下，每公里的票價則需要調高到 35 ～ 45 元，所以全程票價約為 262.5 ～ 337.5 元。

兩種價格都將使得纜車的通勤運輸功能大為降低，經濟效益的降低使得路線規劃與修正成為討論的焦點（詳見可閱讀資料，頁41）。

（二）公民共識會議的引進時機：知識與權力的糾結

2004年高雄市政府公教人力發展局委託臺大社會系為主的工作團隊，舉辦「高雄第一港口跨港觀光纜車公民共識會議」，對這項公共政策所牽涉到的人文歷史衝擊、商業利益與工程安全等不同觀點的衝突，尋求解決的共識。筆者當時為該計畫的工作人員之一，負責聯繫各方人士，邀請他們參與會議的準備工作，並提供各方面資料以撰寫可閱讀資料。在這篇論文中對公民會議與審議民主的反省，主要就是依據舉辦這次會議的行政經驗、會議資料的蒐集準備與事後的訪談記錄為主。

為求平等、公開地呈現各個爭議中的觀點，工作團隊依照先前所介紹的會議程序，必須先準備可閱讀資料，以便在第一階段的預備會議中，讓公民們閱讀，熟悉各種必要的知識，而為了確保可閱讀資料能夠平等、公開地呈現各方面的觀點，就必須組織一個執行委員會（steering committee），將各種觀點的代表人物都盡可能地囊括進來，以監督包括可閱讀資料在內的各種會議準備工作是維持其平等與客觀的立場。為了組織這樣的執行委員會，當時工作團隊計畫邀請各方面的代表，包括市府人員、環保團體、工程專家、觀光協會等。在種種爭議中，基本上觀光協會對纜車興建是贊成的，不過他們的問題是在於路線規劃所牽涉到的商業利益。工程專家基本上則習慣於將問題化約為技術問題，也就是要工程技術與安全係數之間的關係，對興建與否並沒有強烈的好惡。因此在這個議題上，主要是以在地生態團體

跟市政府之間的爭議較大。

以公民會議建立一個理性的、平等的、公開的討論空間來解決爭議，是工作團隊當時的初衷。然而，在拜訪生態團體並邀請他們加入執行委員會時，生態團體的許多成員卻抱持著冷淡而疑慮的態度。事實上，即使是在公民會議舉辦過後，並受到參與公民們的肯定，相同的疑慮也仍然存在於某些積極參與會議的公民心中：

> 受訪者 K-4：我們嗅出一個味道，真的是，我也 47 歲了啦，
> ××先生他都 50 歲了，大家在社會上這樣喔，不是那麼簡單的，
> 這個公民共識會議應該是市政府都還沒做這個以前，××先生
> 不是提出來講，什麼招商 DM 都印出來了，幹嘛還要開這個公
> 民共識會議，這不是……
> 訪員：我們也不知道他已經把這個東西弄出來了。
> 受訪者 K-4：這個不關你們的事啊，我們等於是好像他敵不過環
> 保，敵不過人文古蹟，敵不過地質的和生態的，然後再找一個
> 社會團體大眾來好像看能不能扳回一城，我們是很小心啦，我
> 們基本上會發言的這些人都很小心，有覺得喔？
> （臺灣大學社會學系，2004，「跨港纜車公民共識會議」深度訪談逐字
> 稿，受訪者 K-4，頁 5。）

明白地說，在地生態團體與參與會議的公民們，一開始對公民會議的「理性的」、「平等的」、「公開的」討論就抱持著高度懷疑，其理由是市政府在這之前已經完成工程評估作業、宣稱有 73% 的民意支持興建、甚至於都已經委請中興工程顧問公司進行工程細部的規

劃，一個宣稱基於「理性的」、「平等的」、「公開的」基礎來尋求共識的公民會議在這個時候推出，對許多質疑者而言只是市政府「敵不過環保，敵不過人文古蹟，敵不過地質的和生態的，然後再找一個社會團體大眾來好像看能不能扳回一城」。

這些質疑並不是沒有道理的，公民會議的共識結論因為強調是「理性審議」，比傳統選舉民主更具知識性、更為優質，因此公民會議所達成的「共識」常常成為官員回覆立委的良好擋箭牌。[7] 臺灣的公民會議在 2004 年到 2005 年之間舉辦的次數暴增，委託辦理的多半是政府單位，僅僅是全國性與直轄市以上規模的公民會議就多達九件，如果再加上青輔會的「青年國是會議」、2004 年的七大議題與 2005 年的三大議題，臺灣舉辦直轄市以上層級的公民會議的次數非但遠超過東亞各國，而且追平了發源地丹麥的歷年總數（附錄二與三），其中議題包羅萬象（丹麥的公民會議大多數集中在科技議題上），公民共識會議在當時隱然成為政府決策機制的另類合理性來源之一。

高雄跨港纜車的興建爭議主要集中在人文生態 vs. 經濟發展，在發展主義居於優勢的臺灣，高雄市民的選擇（73% 贊成興建）其實並不令人意外。可以預期的是，從市民中隨機抽樣所得的結論也應該大致相同，因此公民會議的共識方向基本上是有利於提倡興建的一方。在這種可預期的情形下，舉辦一個宣稱既有「知識」深度、又有「民主」依據的「理性」、「公正」、「中立」之會議，可以提供市府官員另一個有力的證據，來支持纜車興建的確是正確的決策，同時也會

---

7 在「代理孕母」這個議題上，有一位女性立委就跟筆者抱怨：「公民會議到底是什麼東西呀？我跟衛生署長質詢為何要通過代理孕母，結果他只跟我說，這是公民會議的共識，20 個人開會的結果！」

把生態團體擠壓到一個較「不民主」，也較「不理性」的位置上去。這不只是生態團體對公民會議所理解的戰略性權力功能，事實上也是公民小組的某些成員「嗅出一個味道」的「常民智慧」。

（三）預備會議的波折：公民會議的輔助條件是真是假？

　　正因為生態團體理解到公民會議有這種通過知識論述為權力支配進行定調的作用，是另類型態的知識─權力戰場，所以形塑有利於生態團體的共識結論就成為生態團體爭取勝利的標的。為了將他們的主張順利寫入結論報告，生態團體動員了許多人報名參加公民小組，試圖以「人海戰術」在 20 人的公民小組取得人數優勢。很不湊巧的是，據生態團體所稱，他們所動員的人無一被選上，而第一階段的預備會議結束之後，公民小組的意見，也正如民意調查所顯示的，基本上是傾向於同意興建。兩件事情加在一起「驗證」了公民共識會議果然又是市政府的一項「奧步」，是繼先前的評估作業、民意調查之後，藉「審議民主」來形塑纜車興建乃是全市民的「共識」的定調手段。於是，生態團體邀請民意代表，召開記者會，強烈批評主辦單位挑選參與公民的程序有瑕疵，刻意操弄公民會議的共識結論，要求在執委會上重新公開抽取參與公民代表，在主辦單位負責人拒絕之後，生態團體在執委會的代表因此退出執委會以示抗議，並不再為公民會議背書（陳東升，2006: 96）。[8]

　　另一方面，公民會議的主辦單位負責人則在發布的新聞稿中強調，「公民會議在西方已經行之有年，從來沒有任何介紹公民會議的文獻指出說公民小組的抽取必須由執行委員會來進行，但都強調公民會議的執行過程必須『透明，留下記錄』，他們抽取公民小組成員的

過程，由於全程錄音，且做成會議記錄，完全符合『透明，留下記錄』的原則，程序上毫無瑕疵可議之處」。因此，「他相信絕大多數的生態團體應該能夠信任他們辦理公民會議所秉持的『獨立、中立、公開、透明』的精神，少數一兩個人的質疑和單一社團的行動，不能代表高雄生態與文化團體，也不能折損關切民主深化的人們透過公民會議來討論公共議題的努力」。[9]

就筆者的接觸所及，整個工作團隊的確對結論報告的立場抱持開放的態度，而且在一開始討論是否舉辦公民共識會議時，便一再對市府官員強調「共識」是沒有任何預設立場的。對於公民小組的抽選，工作團隊也的確沒有任何偏好。但是，**純就技術上而言**，公民小組的「分層抽樣」是無法完全「中立」地進行的，主要的理由有兩個：

第一，在抽取公民小組人員時，為了趨近公民母體（即高雄市民）的特質，工作團隊以性別、年齡、教育程度和戶籍地進行分層隨機抽樣，因為每一個項目又可細分為若干項（如教育細分為國中小、高中職、大專、研究所），因此最後所有可能的不同組合（也就是 cell 的總數）會高達數百個。由於報名人數僅僅為 145 人，每一個 cell 是無法達到分層隨機抽樣上一般要求的 5 個樣本以上。在這種情形下，對人員的抽取進行一些「主觀」的修正是不可避免的。

第二，即使如此，因為公民會議採取自願報名的方式，因此在取樣上就已經存在誤差，會來報名參加公民會議的人很可能與一般的高雄市民有所差異。與其他公民會議類似的現象是，跨港纜車公民會議的參與者過半是大專以上學歷、能夠在公眾場合中以辯論方式闡述

---

8 《臺灣時報》（呂佩琍，2004）、《自由時報》（蔡佳蓉，2004）、《民眾日報》（崔家琪，2004）。

9 跨港纜車公民共識會議新聞稿。

自己觀點的人。事實上，即使我們「刻意」將其他低教育程度的報名者納入，他們在會場上也多半是無聲而被領導的一群。換言之，公民會議的「理性」、「公開」與「公正」其實是習於論辯、有時間吸收各種細節知識、通常是白領專業人士所熟悉的「理性」、「公開」與「公正」。

高學歷者在公民會議中向來有較高的發言比率。全民健保公民會議中，大專學歷以上者發言比率為 53.7%，2005 年的產前篩檢與稅改公民會議則分別為 70% 與 88%（陳東升，2006）。事實上，公民會議的主持工作重點之一就是避免高學歷者主導討論，所以這些高比率已經是在會議主持人有意識地提升低學歷者的發言機會下的結果。弔詭的是，這樣的舉動對高發言比率的參與者而言，反而會認為是主持人在「主導」公民會議的結論：

訪員：你覺得這個報告是不是大家的共識？還是只反映了少數主流的意見？

受訪者 F-8：我覺得說不是少數啦，是說大家還沒有成熟的共識。

訪員：你所謂還不是很成熟……

受訪者 F-8：因為大家對於開會的程序還不是很清楚，尤其不是我們在主導，是你們在主導我們。

訪員：我們沒有主導呀！

受訪者 F-8：有呀！主持人在主導呀！他控制時間，我們沒有自己訂呀！我來開的話就放給你們開，自己來選主席，我議題丟給你們這是大家沒有會議的意識。

訪員：你覺得是我們在主導你們走向興建的結論嗎？

受訪者 F-8：其實你們在第一次就講針對過港纜車是觀光用，這已經很清楚。（臺灣大學社會學系，2004，「跨港纜車公民共識會議」深度訪談逐字稿，受訪者 F-8，頁 10。）

很清楚地，公民會議是否秉持了「獨立、中立、公開、透明」的精神，是無法單單通過學者設計出來的嚴謹議程就能夠達成的，而是需要參與者共同認定某些「輔助條件」[10]為真才能成立的，換言之，理性共識之所以可能達成，一個關鍵性的步驟是對什麼是滿足「理性」、「公正」的「共識」要先有共識。因此，即使工作團隊對參與公民的抽樣並沒有刻意操弄，公民會議所標榜的「理性、公開、公正」作為一種審議民主的核心價值是否能體現在結論報告中，還是有賴於參與公民對「輔助條件為真」的主觀認定。

生態團體或許也同意審議民主的「理性、公開、公正」論辯的核心價值，但是基於對輔助條件不同的判斷，以致於對公民會議是否能夠達成「理性、公開、公正」的討論，生態團體與主辦單位負責人存在著相反的看法。如果生態團體有足夠的統計知識，把攻擊力量集中在這次會議的抽樣技術問題的話，那麼在樣本代表性存在著現實上無法克服的限制下，跨港纜車會議即使有審議的共識，這個共識也不能說是具有民主的平等參與，它只是在「某種選擇」下的「某些」公民的共識罷了，這正是生態團體想要證明之事，不過由於這個輔助條件沒被繼續檢視，因此跨港纜車公民會議就仍然被認知為「理性公

---

10 這些輔助條件包括，跨港纜車公民會議的執委會公正地選取授課之專家學者、執委會公正地抽取公民小組的人選、可閱讀資料公正、客觀、詳細地陳述了各種爭議中的觀點、主持人公正地讓所有觀點有平等的發言機會、公民小組不能以個人利益為論證理由，而以共善為最高考量、公民小組除了可閱讀資料與會議中專家學者的資訊外，不受其他非理性因素的考量……等等。

正」而繼續舉辦下去，生態團體的代表因此選擇退出執委會，以消極的方式表達他們對公民會議「理性公正」的質疑與抗議。

（四）正式會議、共識的形成與後續發展

雖然說公民會議的「理性」、「公開」與「公正」的討論存在著主觀判斷的空間，但是單純地把公民會議當成市政府在民調的支持下，希望達成興建纜車共識的工具，那也同樣貶低了公民會議所發揮的多元審議作用。如前所述，公民小組在一開始的基本態度是支持興建纜車的，其理由就是他們對觀光纜車可能帶來的經濟利益之期待。這種期待其實在會場外就已經形成一種外在壓力，穿透到議場內，使得公民小組的某些成員在發言時不得不謹慎小心：

> 受訪者 K-4：但是我在這邊做生意，我做這個，我也要保護我自己啊，我不要樹敵太多啊……。要做纜車這個就是哈瑪星人啊，我也知道啊，我還不是自己去打聽，自然就有人告訴我。
> （臺灣大學社會學系，2004，「跨港纜車公民共識會議」深度訪談逐字稿，受訪者 K-4，頁 8。）

另一方面，因為參與的公民都是在地居民，許多人對當地自然與人文條件都相當熟悉，更因為這個建設直接影響到他們的生活品質與安全，所以參與的公民動機強烈，而且熟悉相關背景知識。他們最主要的疑慮是，高雄市政府四年來持續進行的工程其專業性不足，而且作業資訊不夠透明，難以說服民眾。即使經過與專家學者的討論，整個工程的施工安全與經濟收益仍然存在著許多爭議的空間。因此，

一開始在預備會議中，公民小組其實是在一種知識上不太確定市府對整個計畫是否仔細評估，但對觀光纜車提高經濟收益又有所期待的狀況下，站在傾向興建的立場。

但是，這個微妙的諒解氣氛卻在正式會議中被市政府官員自己給破壞了。代表市府的都發局局長與科長在會議中面對公民小組的質疑時宣稱，「反正這個工程沒有太大，如果將來大家覺得蓋起來不夠好，那就再拆掉就好了」。官員的這種態度「證實」了民眾心中的疑慮，那就是市府對整個工程的安全與經濟收益是沒有仔細考量過的。對於工程安全等問題，民眾因此無法信任官員，以及他們的先期計畫書，只能展開自力救濟，仔細地再重新考慮過工程安全與經濟收益等問題。當細節越被放大檢視時，不確定性的環節就越談越多。

訪員：好，那就是說你對這個跨港纜車，你之前是支持還是反對？

受訪者 A-1：我本來就沒有（反對），我本來是覺得我們高雄要蓋這個跨港纜車，第一次聽到我就覺得很高興。

訪員：很高興。

受訪者 A-1：能夠帶動高雄經濟繁榮嘛，對啊，我是在，有在想。

訪員：那像你剛才有講到說我們擔心它的安全嘛！

受訪者 A-1：對對，安全。

……

受訪者 A-1：喔，那我是發現說有的，我有聽到一部分他是說如果我們要蓋這個纜車，他說萬一蓋得不好，他說這個工程沒有太大，說如果不好，那就把它拆掉，這個我聽了就，對啊，不

可以這樣做。

訪員：你是說那個官員吧。

受訪者 A-1：對啊。

訪員：他那一句，他那一句一直讓人……

受訪者 A-1：對啊。他說如果不好那就把繩子拆掉……。我們如果計畫要做，本來就要做好，蓋得漂亮又能引起別人來坐，又能帶動經濟繁榮，要做就要做好，不能說蓋不好萬一怎麼樣就把它拆掉。那我是，算是我們的負擔啦，對不對？這樣不行。

（臺灣大學社會學系，2004，「跨港纜車公民共識會議」深度訪談逐字稿，受訪者 A-1，頁 10。）

　　會議的共識方向因此開始從原先傾向興建，修正為最後的「有條件興建」。「有條件接受（興建纜車或代理孕母）」一直是公民會議的主要結論形式，這個形式既可以說是理性的審議，其實也是各種論述在支配行動上妥協的結果。在跨港纜車公民共識會議中的結論報告中，85 大廈（纜車架設的支點之一）的居民把他們對工程安全疑慮寫入，哈瑪星商圈的路線被保留，生態團體一方面因抽樣問題「退席抗議」，另一方面繼續透過「戰友」在場內要求路線不得經過柴山，這些不同立場的要求因為市政府官員的拙劣演出而各自找到抒發的機會，最後才出現我們看到的「有條件興建」（詳細內容請見「跨港纜車公民共識會議」結論報告）。公民們當然會有他們理性審議的論述，但是這些論述與背後想要進行某種支配行動是無法分開的，如果我們一定要說，公民們在會議中的審議是以「共善」為最高考量，那麼我們應該也要理解到，各個團體其實都想把他們所關心的議題定

義為「共善」，加到其他公民頭上，只是在這種論述支配行動上相持不下，[11] 最後只好「有條件接受」。

結論報告於 2004 年 11 月 27 日公布之後，當時的高雄市長謝長廷隨即於 11 月 30 日的市政會議中表示，將在 12 月做出政策性決定，以決定是否興建，如何避開爭議性路段。最後，重新規劃的路線改由旗津到新光碼頭，完全避開了先前上柴山與跨港兩段爭議性路線。重新規劃的路線符合了各方面的期望。觀光纜車還是要興建，滿足了想從中獲利的商家之期待，避開柴山路段則讓生態團體大獲全勝，纜車不再跨港也使得文史工作者不必煩惱「切割天空線」的「城市美學」，高雄市政府獲得尊重民主審議的美名，而提倡公民共識會議的學者則再度獲得證據支持，公民會議可以提升民主參與與公民的「政策知能」，達成以共善為目的的理性結論。

然而，事實上，對於路線的重新規劃，都發局的兩位官員都證實了，結論報告對行政機關事實上是沒有影響力的，而是謝長廷市長一個人「決定更改原規劃」所發揮的關鍵性作用（謝淑貞，2007：120-121, 123）。更出人意表的是，新路線的開發計畫（「高雄河港觀光轉運系統設施興建營運 BOT 案」）卻遲遲無法成功發包，先前參與投資的偉日豐公司在許多投資與路線規劃的細節上，無法與市政府達成「共識」，結果是該公司自行撤案。新市長陳菊在台北市貓空纜車的成功之後，重提此案，然而高雄市已經經歷了另一次市長與市議員選舉，有著不同的權力組合。公民會議的審議共識之效力也因此變化得很快，一位新科議員就如此表態：「若是議會不能作不同的決

---

11 相持不下其實有許多狀況，很多時候僅僅是有些公民因為開會時間太長，體力不繼，只好選擇妥協。

定，那就由公民會議來決定所有的議題，又何需議會和代議制度，公民會議結論只是參考依據」（謝淑貞，2007: 131）。

五、結語：多元審議

本文論證，公民共識會議作為審議民主在臺灣的實踐方式存在著「知識原則」與「民主原則」的相互擷抗。民主原則是指「公共決策必須立基於多數人的偏好」，也就是多數決，而知識原則是指「公共決策必須立基於（比常識）更好的專業知識」。由於更好的專業知識經常是由少數的學者專家所掌握，因此知識原則其實會傾向菁英主義的專家政治。因此把「審議」跟「民主」放在一起，就會產生公共決策到底要立基於多數人的偏好，還是少數人的專業知識的問題。審議民主提倡者對這一矛盾的解決方式是將民眾的審議知識水準提高到專業知識水準，那就在維持了民主多數決的同時，也提升了民主討論的「品質」。然而這樣的主張其實就隱含著：（1）公共決策應該立基於更好（更理性、更客觀、更正確）的專業知識，（2）在公共決策中，少數人的專業知識的確優於多數人的常識。因此唯有提高常民的審議能力，才能真正提升公共政策的品質。

審議民主之所以有別於選舉民主，正是在於它這種「知識」特徵。但是，我們通過對知識具有內在不確定性論證，一種知識論證之所以能夠從其他競爭論述中脫穎而出，上升為主流說法或「共識結論」，必然涉及到將其他論述排除的權力支配行動，因此知識與權力是一個互相孕生的有機體。在公共決策的爭論中，沒有不具權力意涵的知識論述，也沒有欠缺相應知識建構的權力能夠有效地被施行。也因此，真正對公共決策產生影響力的不會是單純的「理性客觀」的知

識，而是知識—權力的有效組建與管理，如何產生知識與權力的有效組合則必須視不同的歷史條件而定。跨港纜車公民會議的舉辦、爭議到最後的影響力就是知識與權力在不同條件下不斷組合的結果。

舉例而言，跨港纜車公民會議最後雖然達成了結論共識，但「跨港纜車公民會議的結論是理性地、公正地、公開地以共善為最高考量之共識」這一理論命題要能夠成立，需要相關的輔助條件在經驗上不僅窮盡一切可能，而且一一成立，也就是說：執委會公正地抽取公民小組的人選、主持人公正地讓所有觀點有平等的發言機會、公民小組不能以個人利益為論證理由，而以共善為最高考量、公民小組除了可閱讀資料與會議中專家學者的資訊外，不受其他非理性因素的考量……，等等。對願意繼續支持審議民主的人來說，這些輔助條件如果有缺失，都是下次舉辦公民會議有待克服的「技術性」問題，「跨港纜車公民會議的結論是理性地、公正地、公開地以共善為最高考量之共識」作為最高信念還是可以成立、甚至於繼續得到驗證的。這篇論文並不是在論證這樣的信念是錯誤的，而是在論證這種信念的成立是需要個人主觀判斷上的支持，經驗事實本身無法「客觀地」支持審議民主的理想。

相對地，如果有人質疑這樣的信念（如生態團體），他們是可以不斷地審視各個輔助條件的細節，找出其中的「問題」。由於知識的內在不確定性，再理性的論證總是會有邏輯缺口，也就是總是能夠找到「問題」。例如：執委會在技術上並無法公正地抽取公民小組的人選（所以很難講具有民主的平等與多元參與），主持人也不見得能公正地讓所有觀點有平等的發言機會（因為學歷高的成員會主導議程），公民小組的成員（也是路線經過的商家與住戶）其實是有以個

人利益為最高考量，而且公民小組除了可閱讀資料與會議中專家學者的資訊外，其實是一直受其他「非理性」因素的考量（市政府的舉辦動機、場外觀光協會、生態團體等的壓力）。

　　與選舉民主相較，審議民主的好處是面對一項公共爭議時，能夠經由多元的知識觀點，進行比一般常識更有邏輯性的探討，把相關涉及到的輔助條件，以及各種論述形式盡可能地羅列出來，使得人們在下決斷之時，擁有更多判斷的可能性，這樣的審議行動是可以增益民主的多元性質。然而，正因為審議民主是一種倚賴知識為工具來進行的權力支配活動，它無疑地也會賦予擅長知識論證的公民更大比例的支配權力。這種「知識的權力支配」其實是帶有專家政治的氣味，審議民主如果要避免這種缺點，就要把知識的不確定性放到跟共識一樣重要的位置。由於知識具有不確定性，每一次會議達成的共識只是某種具體的歷史條件下，知識與權力組合的一個「暫訂協議」（modus vivendi）[12] 而已。只要不同意審議民主的某一種具體實踐方式，或是某一個共識結論的人，在蓄積足夠的知識能力時，是可以對相關的議題與輔助條件再次提出爭議的。因此審議民主如果要在實質上更兼顧審議與民主，就應該以更長的時間、用更多元的方式、在更多樣的場合中進行，而不能只侷限在短時間內，通過一系列嚴格設定的會議流程，就假設能夠使「較佳的議論得以勝出成為政策主張」。換言之，承認「知識內在不確定性」為出發點，比較能夠化解「審議」與「民主」之間的緊張性。

　　由於知識的正確性取決於輔助條件是否達到理想狀態的主觀認定，這就意味著「正確的」知識是一個歷史的概念，隨時間流變而變化，因此對公共事務的審議必然是一件永遠的現在進行式，而沒有完

成的一天。然而，最終的真理不可知，論辯可以無限延伸，現實的政策卻必須在有限資訊的條件下進行決斷，因此公共政策的決斷最後畢竟只能訴諸多數人主觀意志的累積，這不是說多數人的決斷具有真理，反而是說，正因為我們必須在不知道最終的真理的情況下做決斷，因此實際決策只能滿足於多數人的選擇，因此共識做為政策決議的效力也不應該大於代議民主。這意味著審議民主中的「知識原則」必須遵從「民主原則」，因此審議民主的實踐終究只能是作為代議政治的運作下的一環，而不是另一種更「優質」的民主。[13] 但是要更細密地論證這個問題，必須重新探討代議政治的政治哲學與形成歷史，不同的國家、不同的歷史條件將會形成審議民主與代議民主的不同關係。所以，當我們移植丹麥的公民會議作為臺灣審議民主的主要模式時，我們必須去理解臺灣的審議民主與代議民主在臺灣具體的歷史條件下要保持何種運作關係，如此才能有助於我們評估移植審議民主到臺灣的實際效果，以及審議民主與代議民主在臺灣必須維持什麼樣的關係。由於篇幅的限制，這個重大議題只能在另一篇論文中來處理。

---

12 我們在此借用了 John Gray 所提倡的概念，Gray 論證道，「從洛克與康德到羅爾斯與海耶克，世代相傳的自由主義思想家皆接受『生活之良善乃彼此衝突』這項事實，他們也一致承認，若要平息這些價值衝突，必須付出代價。儘管如此，這些自由主義思想家無不殫精竭慮，嘗試尋究那些得以超脫這些衝突的正當性原則與正義原則。但是，如果正義的主張包括了無法自相比較且共量的價值，那麼，這種自由主義的計畫就窒礙難行。我們應當採納另一種自由主義的哲學，其主導性之理想不再是理性共識的妄想，也不是『合理性之異議』（reasonable disagreement）的觀念，而是在那些彼此差異的生活方式當中，努力尋求暫訂協議」（Gray, 2000: 48-49）。Gray 把這種激進多元主義的自由主義（radical pluralist liberalism）之必要性歸結於人類社會中價值的不可共量，但是本篇論文的立論根據則是知識的內在不確定性；我們同意共識是一種「暫訂協議」，但是這個暫訂協議不是如自由主義者所言，可以「自由地」選擇的，而是在一定的權力支配架構下的選擇。

13 感謝審查人對審議民主與代議民主要維持何種關係的提醒。

附錄一：

第一期路線

捷運O1站

捷運R8站

第二期路線

① 哈瑪星
② 壽山
③ 中山大學
④ 西子灣
⑤ 旗后山
⑥ 旗津海岸公園
⑦ 新光站

資料來源：高雄市政府（2004a）

附錄二：

2001-2006 年舉辦之公民會議

辦理日期	討論議題	行政單位層次
2001/11	全民健康保險醫療資源分配	全國性
2004/6	北投溫泉博物館何去何從	社區性
2004/9	代理懷孕	全國性
2004/11	跨港纜車	直轄市
2004/11	北投舊市區更新	社區性
2004/11	北投舊市區更新（網路公民會議）	社區性
2004/11	大漢溪生態保育	社區性
2004/12	稅制改革	社區性
2005/1	全民健保永續經營	全國性
2005/3	宜蘭科學園區開發	縣市
2005/3	能源政策與京都協議書內容	全國性
2005/5	動物放生行為規範	全國性
2005/5	產前篩檢與檢測	全國性
2005/7	稅制改革	全國性
2005/9	派遣勞動	全國性
2005/10	汽機車總量管制	直轄市
2006/1	如何訂定合理水價	全國性
2006/11	觀光與在地生活共享的淡水小鎮	社區性

資料來源：整理自陳東升（2006）、謝淑貞（2007: 53）

附錄三：

實施公民會議的國家與次數

國家	次數	國家	次數
阿根廷	2	日本	3
澳大利亞	1	荷蘭	2
奧地利	1	紐西蘭	3
加拿大	4	挪威	2
丹麥	19	韓國	2
法國	1	瑞士	3
德國	1	英國	2
以色列	1	美國	2

資料來源：二代健保公民參與組委託研究計畫，2004，http://tsd.social.ntu.edu.tw/whatiscc.pdf

參考文獻

呂佩琍，2004，〈跨港纜車公民會議代表抽籤疑不公〉，《臺灣時報》，11月19日，版12。

高雄市政府，2004a，《高雄第一港口跨港觀光纜車計畫》。

高雄市政府，2004b，《高雄第一港口跨港觀光纜車設置興建議題相關說明》。

陳東升，2006，〈審議民主的限制——臺灣公民會議的經驗〉。《臺灣民主季刊》，3 (1): 77-104。

陳東升、林國明，2005，〈審議民主、科技決策與公共討論〉，《科技、醫療與社會》，3: 1-49。

崔家琪，2004，〈跨港纜車公民會議疑黑箱作業〉，《民眾日報》，11月19日，版22。

蔡佳蓉，2004，〈跨港纜車公民會議抽籤惹爭議〉，《自由時報》，11月19日，版14。

臺灣大學社會學系，2004a，「跨港纜車公民共識會議」深度訪談逐字稿。

臺灣大學社會學系，2004b，「高雄第一港口跨港觀光纜車公民共識會議」可閱讀資料。

臺灣大學社會學系，2004c，「跨港纜車公民共識會議」結論報告，http://zhncku.med.ncku.edu.tw/web/uploads/digilive/197_1.pdf（取得2008/3/27）。

謝淑貞，2007，〈公民會議對公共政策的影響——以高雄市第一港口跨港纜車公民會議為例〉。高雄：國立中山大學政治學研究所碩士論文。

Bohman, James, and William Rehg (eds.), 1997, *Deliberative Democracy: Essays on Reason and Politics*. Cambridge: The Massachusetts Institute of Technology Press.

Christiano, Thomas, 1997, "The Significance of Public Deliberation." In James

Bohman and William Rehg (eds.), *Deliberative Democracy: Essays on Reason and Politics*. Cambridge: The MIT Press, pp. 243-277.

Dahl, Robert A. 著，張明貴譯，1989，《多元政治參與和反對》。台北：唐山。

Dryzek, John S., 2000, *Deliberative Democracy and Beyond: Liberals, Critics, Contestations*. Oxford: Oxford University Press.

Elster, Jon, 1997, "The Market and the Forum: Three Varieties of Political Theory." In James Bohman and William Rehg (eds.), *Deliberative Democracy: Essays on Reason and Politics*. Cambridge: The MIT Press, pp. 3-27.

Estlund, David, 1997, "Beyond Fairness and Deliberation: The Epistemic Dimension of Democratic Authority." In James Bohman and William Rehg (eds.), *Deliberative Democracy: Essays on Reason and Politics*. Cambridge: The MIT Press, pp. 173-200.

Foucault, Michel, 1980, *Power/knowledge: selected interviews and other writings*. New York: Harvester Wheatsheaf.

Gray, John 著，蔡英文譯，2002，《自由主義的兩種面貌》。台北：巨流。

Habermas, Jürgen, 1997, "Popular Sovereignty as Procedure." In James Bohman and William Rehg (eds.), *Deliberative Democracy: Essays on Reason and Politics*. Cambridge: The MIT Press, pp. 35-63.

Kuhn, Thomas S. 著，王道還編譯，1969，《科學革命的結構》。台北：遠流。

Lakatos, Imre, 1970, "Methodology of Scientific Research Programmes." In Imre Lakatos and Alan Musgrave (eds.), *Criticism and the growth of knowledge*. Cambridge: Cambridge University Press.

Polanyi, M., 1974, *Personal Knowledge*. Chicago: University of Chicago.

Schumpeter, Joseph, 1947, *Capitalism, Socialism, and Democracy*. New York: Harper & Brothers.

Sismondo, Sergio 著，林宗德譯，2004，《科學與技術研究導論》。台北：群學。

高科技污染的風險論辯
——環境倡議的挑戰

杜文苓

摘 要

　　高科技製程中使用多種新興化學物質，所引起的環境風險問題，常超越現行法令規範，在毒物資訊不清、健康風險未明的狀況下，相關環境爭議往往在不同利害關係人各執一詞中越演越烈。其污染事實舉證的科學門檻，數據的取得、分析與解讀，成為廠商、相關行政機關、受災者與環保團體相互競爭與角力的重要場域。本文檢視中科后里基地排放水問題與桃竹地區霄裡溪污染爭議，探討環保運動者、相關行政機關，以及廠商對於攸關高科技製造業環境影響的科學論證與污染管制詮釋。透過相關會議文件的資料蒐集、深度訪談與參與觀察，本文指出環境科學爭議深受科學論證與風險論述操作的影響。環境運動者在科技風險論述的角力中，應持續挑戰科學知識建構的制度失衡問題，強調攸關民眾風險的資訊知情權、科學證據未明時預警原則，以及科學檢測獨立性之制度設計，以促進環境風險管理思維的根本性革新。

關鍵詞：高科技、科技風險、環境運動、科學爭議、預警原則

＊ 本研究受惠於國科會專題研究計畫（NSC 97-2410-H-128-025-MY2）經費支持。作者特別感謝三位匿名審查人的寶貴建議，並感謝所有受訪者慷慨提供的意見，以及助理黃成淵、許靜娟在資料蒐集，與張家維在編排校稿的協助。本文初稿曾發表於臺灣 STS 學會與國立成功大學 STM 研究中心主辦之「2009 年臺灣科技與社會學會第一屆年會」，台南市，2009/4/17-18。
本文全文轉刊自《臺灣民主季刊》第 6 卷第 4 期（2009 年），頁 101-139。

一、前言

　　高科技製造業是近年來臺灣經濟發展倚賴甚重的產業，作為國家輔助高科技製造發展搖籃的科學園區，在全台北中南東陸續開發，促成半導體與光電產業聚落的成形。政府與企業不遺餘力地推動電子製造業的發展，在面對金融海嘯威脅，電子製造業嚴重受創的同時，政府出面紓困與否的決定、企業的國際整併談判、以及銀行增貸與否的為難，高度吸引媒體的目光，[1] 凸顯了電子製造業與國家政治經濟社會的緊密連結。與此同時，高科技廢水排放所造成地方社區健康風險的恐慌，[2] 以及公民團體針對高科技企業社會責任的倡議行動，少見主流媒體的報導，高科技製造業環境風險議題的相關討論仍舊侷限於受害的地方社區以及環保社群，淹沒於廠商產能減少、員工無薪假劇增、整併淘汰危機的恐慌中。

　　雖然高科技製造業的環境風險議題並不受主流社會的關照，但2006 年以降的中部科學園區三期的環評爭議（Tu and Lee, 2008），以及 2008 年地方居民針對霄裡溪污染的抗告事件，卻迫使高科技發展與污染檢測相關的公部門機構，包括科學園區管理局、環保署、農委會、自來水公司、以及地方環保局等，不斷召開會議回應民眾的質疑。由於高科技製程使用的化學物質複雜而繁多，[3] 排放水問題涉及民眾飲用水安全、下游農作物耕作與土壤土質健康而備受矚目；加上水污染問題有可見、可觸性，相關科學檢測數據以及水文圖像等取得

---

1 相關報導可參見：李淑惠、袁顥庭（2009）；周志恆（2009）；邱金蘭（2009）；朱漢崙、孫彬訓（2009）；徐睦鈞（2009）。

2 相關報導可參見：陳權欣、楊宗灝（2008）；朱淑娟（2009）。

3 關於臺灣高科技製造排放水的檢測與物質調查，請參見行政院環境保護署（2007a）。

存有再驗的可能，而成為民間團體、廠商與公部門在進行高科技風險論證時的重要角力點。

在此脈絡下，本文想進一步檢視，產官結合的高科技風險論述如何被建構，其風險管理策略為何？這樣的風險回應方式又如何被公民社會所衝撞？其中，「科學」在風險管制與環境倡議的論辯中扮演了什麼角色？透過檢視行政機關、高科技製造廠商，與民間團體對於高科技污染的風險論述與污染管制詮釋，本文試圖探討政府對高科技製造污染之科學證據產出與風險論述邏輯，並在凸顯環境倡議重要性的同時，了解民間團體操作風險論述的限制與挑戰。希望透過回答上述提問，有助於我們理解與反省環境爭議背後所凸顯的科學知識生產權力結構問題，以促進環境風險管理思維的根本性革新。

二、高科技污染、風險評估與科學證據

資訊產業經濟是當前改變世界的主要力量，電子產業的革命性發展，創造出巨大的產業鏈與商業利益，也加惠廣大的電腦使用者。在許多發展中國家，發展電腦資訊產業提供國家產業升級以及增強國際競爭優勢的機會，成為國家工業化過程的重要支柱。Jussawalla（2003）即指出，資訊產業促進社會各部門發展，也影響所有人類社會的活動，更重要的，這產業重新塑造國際分工，發展新的成長模式，並在此過程中，不斷的創造出新產品、工作機會，以及生活方式。

相信高科技發展可以帶來區域經濟的躍升以及大量的就業機會，許多政府莫不傾全力發展高科技園區，強調科技研究、投資、與生產，並帶動區域的整體發展（Jussawalla, 2003）。從矽谷經驗傳來的「高科技配方」，認為高科技發展成功的元素在於脫離政府層層管制

或工會干預，並結合研究型大學、創投型資金、與提供基礎建設的園區（Saxenian, 1991: 38），而這樣的配套發展以高科技園區模式在世界各地被複製，創造了許多高科技中心，如臺灣的矽島、蘇格蘭的矽峽谷、墨西哥的矽台地等（Smith, Sonnenfeld, and Pellow, 2006）。

不同於傳統製造業排放污煙骯髒落後的形象，電子業標榜高科技、無煙囪的乾淨製造，代表著就業機會與財富創造，其製造背後所造成的環境污染問題，並不受社會大眾的關注。然而，從 1990 年代末期，即有研究陸續提出高科技的環境影響問題。Mazurek（1999）在其電腦晶片的環境研究中指稱，高科技產業快速成長，其製造業中所用的有毒化學物質種類複雜繁多，不同世代間的製品並無固定的原料配方。而每一代晶片的成功是透過不斷地實驗、修正或學習而得，大約三分之一新產品所使用的化學物質與設備和其上一代製品所使用的完全不同。相對於製程的快速變化，特定化學物質使用的風險評估卻需要長期的研究觀察才有結果。在快速變化的產業環境，企業因擔心同行間的競爭而不願公開其製程原料，進一步阻礙了相關健康風險的研究與了解。這些因素結合起來，暗示著環境影響以及潛藏的健康風險評估，總是落後於科技發展政策的制訂與規劃。

一些研究打破高科技為低污染產業的印象，指出電腦製造是高度物質集中（materials-intensive）的產業，製造一台桌上型電腦其石化燃料的使用量為製成品九倍之多，而汽車或冰箱只有一到二倍的比例（Williams, 2003）。更多研究顯示，電子產品製程中使用大量化學物質，對勞工與環境安全有重大影響，也進一步引發環境不正義問題（Pellow and Park, 2002; Catholic Agency for Overseas Development, 2004; Tu, 2005; Chang, Chiu, and Tu, 2006）。化學物質使用的危害已

在一些實證報告中被彰顯，有研究指出，臺灣中科群聚之主要產業
——光電業（TFT-LCD），其廢水成分複雜且具毒性，對水體的生
態破壞影響很大（李俊宏等，2002）；而國際綠色和平組織亦在中國、
墨西哥、菲律賓及泰國電子廠周遭的河川與土壤中，測得許多重金
屬、溴化阻燃劑、磷苯二甲酸鹽及衍生化合物等污染物，揭露了環境
風險在這些國家不被重視的問題（Brigden et al., 2007）。

　　高科技製造的風險雖漸被揭露，卻仍不被國家政策所重視。摩
爾定律[4] 預言了 18 個月到 2 年為週期的科技倍速成長，快速創新
成為產業界中競爭生存的鐵律，但此生產邏輯卻對現有的科技決策
與風險評估產生莫大的挑戰。前 IBM 所聘之職病專家 Dr. Myron
Harrison 說明問題所在，在此定律下，電子大廠會在製程中快速引進
上千種新興化學物質，任何想要在短時間內檢視這些所有物質毒性
的意圖，都注定是膚淺而沒有價值的（doomed to be superficial and of
little value）（Byster and Smith, 2006: 207）。

　　傳統公共決策面對科技風險的不確定，即將風險評估與決策制
訂交由強調科學理性之科技專家處理。在這種科技決策觀點下，科學
與技術發展被視為造成環境破壞的主因，但同時也是解決環境問題的
方法，環境管制的科技取向（technology orientation）主導了風險評
估與政策議程（Fischer, 2003）。Breyer（1993）提出科技專業決策
的觀點（technocratic standpoint），強調政府應創造一個來自各方領
域風險專家所組成的決策機制，在民主監督的原則下，檢視公共政策
中的議程設定。科學理性的反覆辨證與握有科學知識詮釋權的專家，
在面對科技風險的複雜性、不確定性與歧異性時，扮演相當重要的角
色（Renn, 2005）。

　　但倚賴科學專家的風險決策模式，在現實世界的運作中卻充滿限制。Fischer（2003）指出，科學發現本身，往往具有高度的不確定性，公部門經常需要在不完美的知識下進行決策，這樣的不確定性，使得反對者永遠有話可說。而在決策過程中，代表不同價值立場的科學家，也往往針對研究發現進行相互攻訐和競爭，面對科學知識的不確定性，環境運動者與產業界，對於可進行管制決策的知識門檻不同，後者往往主張需要有更多研究來證明風險的存在，以作為延後管制的策略。這些現象凸顯出更多的科學研究，並無法帶來任何確定性的保證或及時化解衝突。

　　上文有關 Harrison 在 1992 年的陳述，說明了公共決策面對新興科技風險的侷限性，暴露於大量化學物質所產生的加乘效應，是否會導致高比例的職業病症，科學並無法及時提供一個確切的答案。而科學證據的產出，也深受政策議程的影響。一些研究指出，服膺於創新、快速發展市場運作邏輯的高科技產業，投入無數的資金、人才、資源於產品的製造與應用（Jussawalla, 2003; Tu, 2005），但與此產業相關的工業衛生、環境、安全、職病等研究投入卻屈指可數，僅有的研究也只限於美國，亞洲與歐洲並沒有相關職災數字與研究報告的出版（LaDou, 2006）。

　　如同 Wynne（2005）所觀察，現有體制處理複雜的風險問題太過化約而簡單，而科學文化也缺乏對商業運作邏輯與既有知識限制的反思，科學的公眾面向（public dimension）仍被低估。Fischer（1998）

---

4 摩爾定律是指一片尺寸相同 IC 上可容納的電晶體數目，因製程技術的提升，每 18 個月到 2 年便會增加一倍；由於晶片的容量是以電晶體（Transistor）的數量多寡來計算，電晶體越多晶片執行運算的速度越快，亦表示生產技術越趨高明。英代爾公司（Intel Cooperation, 2009）網站上對此定律有詳細的資料呈現，並強調追隨此定律的自豪與重要性。

從後實證政策分析角度，批判科學研究無法自外於社會利益與價值判斷的影響，亦無法成為解決社會衝突的藥方。他指出，沒有所謂「價值中立」的科學研究，科學家必須面臨社會選擇，尤其當科技研究發現被引入價值利益高度歧異的社會時，實難自外於委託關係與政治權力結構的影響（Fischer, 2003）。

以有關高科技健康風險早期的研究為例，一些評估報告已指出半導體員工得到化學物質相關之疾病比任何其他單一產業都高。[5] 不過，除了無塵室內女性工作人員的生育力與流產率異常得到證實，促使產業界淘汰一些化學溶劑的使用（如「乙二醇醚」，glycol ethers）[6] 以及將懷孕女工調離無塵室外，相關職病調查在爾後產業界對於資源投注與研究議程範疇的限定下而難以大幅進展（LaDou, 2006）。

2003 年，兩位前 IBM 員工 James Moore 及 Alida Hernandez 控告 IBM 的訴訟過程，則再一次說明科學證據在建立癌症關聯的脆弱性以及產業界資源的挹注對科學研究的影響。這個訴訟案在 2006 年引起媒體與社會廣大的矚目，因為法院裁定控方得以使用 IBM 的公司死亡檔案（Corporate Mortality File）了解員工健康相關記錄，法院的保證，使兩位流行病學專家 Clapp 及 Johnson，得以分析從 1969 到 2001 年初約 32,000 份的 IBM 員工死亡檔案。研究結果發現，IBM 員工死亡模式與其暴露於 IBM 製程所使用的溶劑及其他致癌物質具一致性；IBM 男女員工罹癌致死比例較一般美國民眾高；男性員工罹患大腸、腎、淋巴、血癌等偏高，女性罹患肺癌、乳癌等也明顯偏高，這些特定的癌症死亡類型，與其他針對半導體工人及暴露於相同化學物質的其他行業工人所做的研究結果，具一致性。不過，這樣的研究結果，最後被法官裁定不能被納入為呈堂證物。[7]

　　此訴訟過程顯示了產業資本對於研究議程設定以及科學論述辨證的影響。IBM 一方面掌握員工健康相關資料在公司先進的電腦系統中，但記錄員工健康趨勢的資訊，卻沒被善用於改善工作環境與產品製程。而當其員工低風險論述受到挑戰時，他們可以輕易的雇用另一批學者做類似的研究，運用不同的研究技巧，為其工作環境的安全性辯護（Hawes and Pellow, 2006）。事實上，整個訴訟過程，IBM 律師先嘗試阻止原告律師取得員工死亡檔案，說服法官 Clapp 的研究不足採信，最後，當 Dr. Richard Clapp 把他的分析成果投稿於學術期刊，IBM 一邊警告刊物機構，拖延其研究的發表，一邊贊助其他學術機構進行相同研究，否定 Clapp 的發現（LaDou, 2006）。

　　如同 Davis（2002）研究指出，流行病學研究的困境不只是要面臨統計顯著性的挑戰，還包括來自經濟利益的阻撓。科學產業所座落的權力結構會對研究結果造成影響，科學本身的假設檢定邏輯，應用在環境風險評估中，存在相當的限制。以流行病學研究為例，其所應用的統計邏輯，較適合用來描述證實過去的傷害，而非預測未來的風險，統計研究方法對於顯著性的要求，往往無法證實某個化學物對人體有「顯著」的影響，但流行病學研究的任務之一，應該包括預防未來的傷害，因此，當統計上未達顯著門檻時，不代表就能夠忽視可能帶來的風險。不過，上述的限制卻常在環境管制政策或標準制訂中被

---

5 美國加州工業關係部在 1981 年出版第一份有關半導體職業健康的公開報告，雖然參與研究的公司僅提供相當有限的合作，不過調查結果仍提供一份包括砷、石綿等致癌與有害生育物質的清單（LaDou, 2006）。

6 LaDou（2006）指出，儘管 IBM 與美國半導體聯盟宣稱，1990 年代中期以後，美國已經不再使用乙二醇醚等溶劑，但其仍是臺灣及其他亞洲國家電子業主要使用的溶劑。臺灣每年更使用超過三千噸最毒的乙二醇醚。

7 法官 Robert A. Baines 以這樣的研究也可能顯示「每個人在製造廠的自助餐廳喝咖啡……這些公司餐廳提供的咖啡也會致癌」為由，拒絕了 Dr. Clapp 研究成為呈堂證物。

忽略，管制標準制訂的基礎仍大量倚賴具有統計顯著性的科學證據，而此科學假設檢定的邏輯，也使高科技製程中稀有元素使用的風險隱而未見。

但依賴大量樣本與實驗設備所產出的科學證據，很難不受資本的影響。LaDou（2006）回顧半導體職業健康相關研究，指出半導體產業協會等產業機構控制了研究資金的配置，限縮了研究的範疇，使產業風險相關面向無法被完整評估。誠如 Michaels（2005）所指出，環境相關科學證據的產出，有時牽涉到計畫贊助單位的利益考量。Hess（2007）亦認為，科學知識本是社會建構的產物，在這個全球化的年代，科學研究的自主性深受資本邏輯的影響。他認為任務導向的學術計畫補助，在科技移轉與產業創新的號召下，已向國家重點發展產業以及區域產業聚落靠攏。資金可以形塑科學發展走向，決定哪些可以且會被執行，哪些不被執行（what science can and will be done as well as what remains undone）。這樣的科學發展趨勢，使我們必須反省科學研究背後的規範性價值，並尋求替代性的科學發展取徑。

上述的批判性論辯，使我們了解傳統決策機制面對新興科技風險的困境，點出了科學與專家的角色在政經結構資源分配下的限制，科技發展與社會系統緊密互動，科技風險的判斷無法自外於社會結構因素的影響。Beck（1992）提醒我們，以政經系統為主導的現代化過程中，獨尊單線理性的發展，將促使科技的工具化，服務以資本主義為基礎的政經體系。

回到大量投資新興科技製造的臺灣，面對科技風險的複雜化，社會似乎仍普遍缺乏足夠警覺性，一些學者已指出既有獨尊科學理性與專家政治的風險決策模式，考驗著我們因應新興科技風險的能力

（周桂田，2004；范玫芳，2008）。周桂田（2000）討論生物科技產業與社會風險指出，臺灣在科技政策決策機制與科技產業結構上，呈現遲滯性的風險政治，產業發展的趨力邏輯，支配著技術官僚在科學、經濟、工業、農業、教育、衛生等領域穩固結合，卻對在地化風險相當自由放任，對於健康安全議題的反應相當慢。如果缺乏公民社會風險運動的批判反省聲浪，遲滯型的風險社會僅能無條件接受科技暴力的宰制，未來整體社會可能將付出數倍的風險成本。

　　針對科技風險決策的改善，洪鴻智（2002）提醒，環境風險管理不僅是專業的科技風險評估問題，亦是公共與社會建構議題，欲改善環境風險政策，公共資訊的提供與社會信任是重要的工作。范玫芳（2008）從科技公民的理論出發，討論公民在資訊知識獲取權、參與權、告知同意權，與限制危害總量權等科技風險爭議中的限制，強調環境影響評估與決策過程應考量在地知識與經驗的肯認，提供真實的對話機制，促進公民身份的實踐，以改善風險治理。

　　上述有關科技風險議題與個案的研究，提供我們勾勒出近年來臺灣科技風險治理大致的樣貌，但對於快速擴張的當紅臺灣電子產業，仍少有著墨，本文藉由分析高科技風險論辯，增進對臺灣科技風險治理的認識與了解。但更進一步，本文希望從案例中檢視「科學」爭議背後制度性失衡的問題，解構科學證據生產背後的權力關係，了解其對環境倡議行動可能的影響與限制，促進本土與國際在科學發展路徑上的反思性對話。

三、中科三期與霄裡溪的環境爭議

　　中科三期后里與七星基地以及霄裡溪上游龍潭渴望園區的開發，

為近年來公私部門積極推動高科技製造聚落的成果。2006 年中科三期環境影響評估說明書送審,其開發規模、預估用水、污水排放、健康風險、斷層帶經過,以及少數廠商進駐等問題,引起第 6 屆環評委員的關心,最後雖在爭議聲中有條件通過環評,但後續一連串與風險溝通相關會議,凸顯了公部門與環保倡議人士在風險論證與科學證據提出上的對照。而橫跨新竹縣與桃園縣的霄裡溪光電廢水污染問題,2007 年底開始,在地方居民與環保團體體制內外行動的壓力下,訴訟持續進行,相關單位也受到監察院的糾正,一連串尋求解決方案的專案會議召開,各部門強調自己無過失的說辭,則凸顯了現行環境制度針對高科技污染管制漏洞重重的質疑。這兩個開發時程有別的案例,呈顯了高科技環境風險的未來與進行式,提供我們了解開發單位與環境倡議者在風險論述與科學論證的爭議所在。

(一)中科三期的環評爭議

2003 年開始動工建設的中部科學工業園區,其經濟成長率與就業率的創造,尤其從基地的規劃籌設到大規模製造的快速進程,[8] 是政府引以為傲的政績。[9] 科技群聚的效果,很快地使中部科學工業園區一、二期的土地已不敷使用,2005 年在地方積極爭取下,中央將后里基地納入中科三期(張淑珠,2005)。這個涵蓋后里鄉都市計畫區南、北兩側,由台糖提供后里農場(134 公頃)與七星農場(112 公頃)兩塊共 246 公頃的基地,在政府積極推動下迅速完成規劃。原先規劃要共同開發的兩塊基地,因為七星農場計畫範圍內有一部分為軍事用地,為顧及開發時效,中科管理局遂將原本開發計畫一分為二,進行環評審查與整地開發。

　　后里農場在 2005 年 6 月 27 日獲行政院同意，將環評報告書送交環評委員會，歷經專案小組審查數次，最後在爭議聲中，於 2006 年 3 月 8 日的環評大會中有條件通過；七星農場的環評審查更在過程中引發行政院高層的關切，呼籲環評不要成為發展的絆腳石，一些環評委員因而聯名公開駁訴，[10] 歷經三個月五次專案小組審查會議，[11] 最後於 2006 年 6 月 30 日的環評大會，在官派環評委員的全力支持下有條件通過。[12] 這兩個中科三期基地的環評審查，各約花了三、四個月才完成，相較於中科一、二期的審查速度，顯得相對冗長，過程中也不斷傳出企業暫緩投資的威脅與行政院高層的喊話關注（宋健生、蕭君暉，2006）。

　　中科三期環評雖然有條件通過，但其附帶決議均要求成立環境監督小組，進行健康風險評估；七星農場環評通過的附帶條件更要求開發業者須對園區用水回收率、用水量、空氣污染排放的揮發性化學物質（VOC）排放量等項目作出具體承諾，另每一年還要明列環境會計，就環境污染、自然資源進行記錄，以釐清一旦發生污染時的責任歸屬，業者並須設立環境保險基金回饋居民。這些附帶條件，設立

---

8 行政院於 2002 年 3 月 22 日核准中科的籌設計畫，之後只花了十個月又五天，中科就開始動工，第一家公司於 2003 年 7 月 28 日進駐，2004 年底，園區內工廠開始進行量產。而為配合快速的發展步伐，中科第一、二期基地的環境影響評估審查只花了二到三個星期，可見其開發期程之快。審查所需時間可參見行政院環保署（2009b）網站。

9 中科至今已開發至第四期，其內容為：（1）台中基地 413 公頃用地取得與開發；（2）虎尾基地 97 公頃用地取得與開發；（3）后里基地 246 公頃用地取得與開發；（4）二林基地於 2008 年 8 月 20 日獲選為中科四期用地，目前處於環評送審階段。產業部分以光電業為大宗佔 80% 以上，其次為半導體廠約 15%。

10 相關聲明可參閱 Wild at Heart Legal Defense Association（2006）。

11 專案小組會議時間分別在 2006.03.23、2006.04.12、2006.04.25、2006.06.02、2006.06.19。

12 根據《環境影響評估委員會組織規程》第 3 條，環評會設置 21 位委員，其中 7 位為政府代表，14 位為專家學者，由主任委員就具有環境影響評估相關學術專長及實務經驗之學者專家中聘兼。

了許多制度性的公共參與管道（如地方環保監督小組例行會議、說明會與聽證會的召開），提供更多不同專業對話的機會（如健康風險評估），在臺灣科學園區或其他重大公共建設中首開先例。

代表開發單位的中科管理局與地方團體代表從環評專案小組會議、地方公開說明會、健康風險評估會議、兩次聽證會，到環評監督小組會議、持續針對中科用水排擠效應、廢水排放與農田污染問題，以及毒物釋放的健康影響等議題爭鋒相對。中科運用現有法律規定與科學技術所呈現的評估模式與舉證基礎，屢屢受到在地民眾以生活經驗、風險資訊不明為舉證基礎的挑戰，雙方至今在風險認知與處理上並無太多的交集。地方居民在 2007 年針對七星環評決議公告及核發開發許可兩項行政處分提起訴願，[13] 台北高等行政法院以環評審查不徹底，可能損及居民健康，判決撤銷中科七星環評審查結論，成為臺灣第一件被撤銷結論的環評案（王尹軒、張國仁，2008）。[14] 不過，中科以環保署持續上訴為由，表示判決並未定案，仍積極整地動工。

（二）霄裡溪光電廢水污染事件

相對於中科三期還未大規模營運作業，風險評估尚在紙上作業，2000 年前後興建在桃園龍潭台地的霄裡溪上游的友達與華映光電廠，則已有具體污染事證。2002 年起，兩家工廠每日排放三萬多噸的廢水到霄裡溪，影響居民用水及周邊一千多公頃的農田灌溉。2003 年8 月，新竹農田水利會（2008a）檢測發現導電度、氯鹽、氨氮等值均超過灌溉水質標準；2007 年起，地方團體開始針對廢水污染問題行動倡議；2008 年 3 月環保署發函給新竹縣環保局，要求加強宣導新埔霄裡溪流域的溪水不能直接飲用未經處理之水，引起地方居民驚

疑。歷時七年之久的污水排放問題，首度獲得公部門與媒體的重視。

　　霄裡溪多年來被環保署與新竹縣環保局認定為甲類水體水質，[15]但事實上總磷、氨氮、生化需氧量早已不符合甲類地面水體標準；[16]更嚴重的是自來水公司第三區管理處，在霄裡溪與鳳山溪匯流口處，取水提供新埔地區居民飲用。環評資料顯示，友達在環評專案小組會議中，絲毫未提及取水口的問題；而華映開發計畫則在第二次環評專案小組審查時，有委員提出「放流口下游霄裡溪、鳳山溪之河川用途未交代清楚，若有簡易自來水取水口，則不應開發或管線排至下游」時，開發單位回覆指出，鳳山溪流域有關西取水口與新埔取水口，但二者皆屬鳳山溪主流之水域而非屬霄裡溪水域（行政院環境保護署，2000a）。

　　不過，友達、華映廠的承受水體霄裡溪，乃屬鳳山溪上游支流，新埔三號自來水取水口則位於霄裡溪與鳳山溪的交匯下游 450 公尺處，承受水體霄裡溪的下游確實有作為公共用水之用。過去多次環評審查會議中，桃園縣環保局檢附不甚相關的自來水公司第二區管理處

---

13 七星案雖於第 142 次環境影響評估委員會有條件通過，然在程序及實體上均有爭議，后里鄉民代表 6 人於 2006 年 8 月 29 日檢具詳細相關附件，依法向行政院提起訴願，請求訴願決定機關依法撤銷本案之審查結論。

14 不過，環保署針對撤銷環評再行上訴，開發單位中科管理局仍持續整地開發。

15 參見行政院環境保護署（2008a）2008 年 3 月 5 日河川水體水區劃定檢討結果，以及新竹縣環保局（2008）河川水質監測結果（96 年第 4 季）、新竹縣環保局（2009）鳳山溪流域網頁。

16 依《水污染防治法》第 6 條第 1 項規定地面水體分類及水質標準。陸域地面水體依其用途分為甲、乙、丙、丁、戊五類：
　　一、甲類：適用於一級公共用水、游泳、乙類、丙類、丁類及戊類。
　　二、乙類：適用於二級公共用水、一級水產用水、丙類、丁類及戊類。
　　三、丙類：適用於三級公共用水、二級水產用水、一級工業用水、丁類及戊類。
　　四、丁類：適用於三級公共用水、灌溉用水、二級工業用水及環境保育。
　　五、戊類：適用於三級公共用水、環境保育最低標準。

的資料，卻未向下游新竹縣求證，疏忽承受水體霄裡溪下游有取水口的事實，亦違反「承受水體規劃為飲用水水源時，本計畫之放流口應設置於該飲用水源之下游」的環評結論（行政院環境保護署，2000a，2002）。而霄裡溪下游所屬的新竹縣政府、自來水公司第三區管理處、新竹農田水利會到鳳山溪的主管機關第二河川局都表示，當初並沒有接到華映、友達開發案的徵詢，也沒有參與環評審查（公共電視，2008）。[17]

環保團體提出行政訴願，要求撤銷華映與友達的排放許可證。但環保署認為，淨水廠主要取水於鳳山溪（以暗管及明渠取用未混合霄裡溪的鳳山溪水，取水明渠並以土堤隔離霄裡溪），[18] 並無違反環評結論為由駁回。但答辯書中也承認，土堤遇溪水暴漲可能有溢流情形，影響飲用水取水，因而依《環評法》18 條規定，要求兩家公司提出環境影響調查報告書。自來水公司第三區管理處面對輿論質問時指出，原本「新埔淨水場三號井水源取自鳳山溪及霄裡溪匯流處下游約 450 公尺處，自發現霄裡溪水源有受污染之虞時，為免原水遭受污染，立即暫時停止取用該溪水源，並將原取水口臨時上移至兩溪匯流處上游約 180 公尺處，全部取用鳳山溪原水」（臺灣自來水公司第三區管理處，2008）。此聲明顯示，取水口上移的動作，是在污染事件爆發後的亡羊補牢之舉。

上述公家機關強調一切合法行事、沒有相關單位需擔負責任。不過，事涉 36,000 人的飲用水以及下游超過 1,500 公頃的灌溉用水問題，地方居民與環保團體一連串的倡議行動，使公部門相關單位無法等閒視之。依據《2008 年新竹農田水利會進行霄裡溪主要污染源採樣與檢驗工作成果報告》（新竹農田水利會，2008a）指出，霄裡

溪水質中導電度、氯鹽、硫酸鹽、氨氮、鈉吸著率等檢測項目有超出灌溉用水水質標準的現象，也發現越往上游污染濃度越高。報告直接指名中華映管股份有限公司（龍潭廠）與友達光電股份有限公司（桃園分公司）兩家工廠排放廢水量為最大宗，[19] 並經過霄裡溪被兩家工廠排放廢水前後水質採樣與監測的比對，得到兩家光電廠對於下游霄裡溪污染有責任歸屬的結論。而國立清華大學於 2007 年完成的《龍潭三和村排放水流經農地之土壤暨底泥採樣調查報告》，亦在出水口下游的土壤中檢測出氟離子與磷酸根離子（此二種陰離子主要為晶片清洗、去光阻、蝕刻過程等程序的副產品），以及銦（In）與鎢（W）離子（主要來自液晶顯示器的透明電極與研磨、清洗單晶圓的製程），指出霄裡溪沿岸土壤污染與高科技產業廢水排放之間的相關性。環保署也在地方居民委託專家針對沿岸土壤檢測後，進一步進行環境檢驗（彭淵燦，2008a）。[20]

上述科學檢測指證歷歷，但多數官方檢驗結果顯示「一切正常」，兩家公司也強調符合環保規定，否認污染來自工廠排放的廢水，[21] 在無法證實污水和農作物生長的關係（彭淵燦，2008b），廠

---

17 針對這些機關的回應，環保署表示，有邀請經濟部水利署、自來水公司與水資源局列席，但表達意見與否是這些機關的權責。

18 環保署督察總隊 2006 年現勘，以自來水公司已經在取水口處築了土堤隔離霄裡溪與鳳山溪，認定平常不會取到霄裡溪的水，所以沒有違反審查結論，但對於遇暴雨溢流問題則表擔憂。而自來水處第三區管理局自 2008 年 3 月 7 日，將原設置土堤加高及加固至一公尺以上，並於取水渠道內增設二層吸油棉阻隔等措施，以維護飲用水水質安全。

19 依據環保署 95 年度列管事業單位資料以及現勘結果發現，排入霄裡溪之工廠廢水共有 14 家。

20 「環保局水污染防治課長張根穆說，環保署將針對霄裡溪是否污染地下水和沿岸土壤作檢測，檢測行動前特地發文提醒沿岸民眾不宜飲用，對地下水質有疑慮，可以送環保局檢驗。」資料摘錄自彭淵燦（2008a）。

21 相關報導可見余學俊（2002）；劉愛生（2003, 2006）。

商運作如常，社區環境與居民健康風險持續受到威脅，至今沒有相關部會機關承認疏失錯誤，廠商也無意擔負責任。環保署要求友達與華映提出開發計畫因應對策，[22] 並召開一連串專案小組會議審查；2008年12月，監察院（2008）針對經濟部水利署與桃園縣提出糾正案，指出他們忽略飲用水污染問題與核發兩廠廢水排放許可的不當；2009年1月15日，環保署專案小組審查結論建議，兩家工廠廢水設置專管改排至桃園老街溪流域（朱淑娟，2009）。改排計畫雖然成局，但鋪設專管曠日費時，污水排放仍是霄裡溪的進行式。環保團體則透過法律訴訟途徑與企業社會責任倡議持續環境行動。

四、高科技污染之風險論辯

高科技污染的風險，往往在「缺乏科學證據」與「查無違法事證」的理由下，藉由「立法」與「行政」的不作為，放任問題的存在。不過，第6屆環評委員與地方居民對中科三期開發的質問、七星基地環評受到高等行政法院的撤銷，以及桃園縣環保局與經濟部水利署在霄裡溪污染事件中遭到監察院的糾正，皆迫使公部門必須正面回應，以捍衛自己風險評估模式與污染不作為的正當性。以下，我們從兩個案例中的放流水標準與健康風險評估爭議，勾勒出產官面對高科技污染風險的因應作為，以及環境倡議的風險論證。

（一）產官面對高科技污染的風險管理策略
1. 合法＝無風險

公部門與產業界受到社區民眾的污染質疑時，第一時間的回應

通常是「檢測結果合於標準」。以居民對中科三期初期放流水排放到牛稠坑溝，擔憂高科技廢水會影響農田灌溉的質問為例，中科管理局就強調牛稠坑溝是區域排水而非灌溉溝渠，也已在沿線上設置許多水質監測點，調查顯示均符合事業放流水標準。而在霄裡溪案例中，華映公司於環評第一次專案小組會議時，面對委員對其廢污水處理程序的質問，也答以「儘管霄裡溪屬甲類水體，但並未有公共用水之使用，而下游有做為灌溉之用」（行政院環境保護署，2000a），強調其放流水質除能符合放流水標準外，還能盡量符合灌溉水標準。

符合放流水標準的承諾，是開發單位通過環評的護身符，也是通過環境檢測的基準，更是說服民眾低污染無風險的保證。在中科后里園區聽證會中，開發單位表示「中科放流水的水質檢測結果，關鍵項目的濃度其實比可以保護人體健康相關環境基準還要更低」（中科管理局，2007a: 149），他們提出圖表與標準，表示放流檢測結果都低於基準值，「也就是說排放的水會不會造成影響，從表就可以表示出來⋯⋯中科放流水原始導電度偏高一點，但離子成分都不是有毒成分，都無害的」（中科管理局，2007a: 91）。

但放流水管制標準僅要求基本的酸鹼值、溫度、真色色度、化學需氧量（COD）、生物需氧量（BOD）與懸浮微粒（SS）等，高科技製程中衍生的化學物質，如氟離子、磷酸根離子、銦、鎢等物質皆不在管制之列。把合於放流水標準擴大解釋為對環境、人體沒有影響，引起相當的爭議。

---

22 環保署 2007 年 11 月 27 日《宏碁智慧園區開發計畫環境影響調查報告書》及《中華映管股份有限公司申請龍潭工業園區報編計畫環境影響調查報告書》專案小組審查會議記錄（行政院環境保護署，2007c）結論二直陳，開發單位已對環境造成不良影響，「均應依《環境影響評估法》第 18 條規定，於 2008 年 1 月 31 日前提出因應對策，送署審核」，此會議結論並於 2007 年 12 月 10 日環評第 161 次大會通過。

而中科三期行政訴訟焦點的健康風險議題，開發單位在環評階段因顧慮廠商化合物配方專利權的問題，並不提供完整化學物質使用資訊，環評委員質疑這樣的評估有缺失（行政院環境保護署，2007b），中科管理局（2007a: 186）雖承認約有百分之五的化學物質使用沒有掌握，但強調可藉由「煙道檢測，把可能排放的物種全部，都把它分析出來……」（中科管理局，2007a: 207-8）。至於檢測出來的化合物是否有毒性問題，中科表示，「（法律所規定的）毒性化學物質、物種都有列出來，污染的部分是指超過管制標準……」。而是否在管制標準內就沒有問題呢？在聽證會上，開發單位方面的回應是「它還是有毒，只是它的毒不至於造成明顯的危害，應該是這樣解釋」（中科管理局，2007a: 180）。至於一些被獨立研究者所測出的稀有元素，包含 Sn、Sb、Se、Tl、In、Ge……等，質疑者指出並沒有出現在環說書的原物料資料表中，開發單位表示，所有原物料是混合物，可能會有微量的成分，但「環說書裡面本來就沒有要求提報可能會有那些元素，那是不同的管制」（中科管理局，2007a: 248）。在合於法律要求的框架下，開發單位解釋新興化合物中微量元素的危害並不嚴重，環境影響評估中不完整的資料呈現也有合理性。

　　類似的說法也在霄裡溪健康風險評估會議中出現，針對霄裡溪沿岸地下水井的監測，以及環保署送水給新埔鎮民的做法，一位與會委員與毒管處代表表示，「飲用水中有微量的礦物質、重金屬，實屬正常；完全沒有這些東西，反而對人體不好。而且測出來的濃度（包括揮發性有機物）皆遠低於國內、國際標準，或甚至國際標準也沒有管制這些，所以『研判並無危害』」。[23]

2. 遲滯性的風險管制

　　對於外界質疑合法不等於無污染的問題，環保署亦承認現行法規對高科技製造業的污水並無法有效規範，行政院環境保護署（2007b）於 2007 年委外進行「高科技產業廢水水質特性分析及管制標準探討計畫」，針對高科技產業製程中排放、衍生的陰離子、重金屬、兩性元素、生物毒性、有機物、總量指標等管制進行探討。不過，面對許多未管制的物質或指標，在考慮廠商處理成本[24]、技術難度、廠商用藥缺乏生物慢毒性與環境影響資料，以及規範執行之可行性，研究結果不建議管制高科技放流水中常見的總有機碳（TOC）、總有機毒物（TTO）、重金屬、有機物[25]、導電度[26] 與生物毒性[27]、氮磷[28]等，而以衝擊面較小為由，建議管制氨氮（NH3-N）總量，並將其總量管制標準設定在離排放現值相距不大的 50mg/L。[29] 相較於陸域地面水體之環境基準，欲符合甲級水體標準（如霄裡溪的法定水體標準），氨氮值須在 0.1mg/L 以下，而乙級與丙級之水體標準，氨氮

---

23 研究團隊成員在 2009 年 3 月 27 日於環保署所召開的「面板業放流水對霄裡溪沿岸民眾使用地下水健康風險評估第二次專家會議」所作之田野觀察筆記。

24 根據行政院環境保護署（2007a: 附 9-51）資料估算半導體業廠家每噸廢水處理成本，積體電路製造平均為 28.2 元，晶圓製造為 14 元，光電業處理成本介於 14 ~ 35 元 / 噸，LED 製造廠約 12 元。

25 廠商認為管制有機物用藥，其毒性危害主要在工廠內的化學物質運用場所，缺乏以低濃度排入水體後的慢毒性資料，且如欲設減量目標可能會干擾企業運作（行政院環境保護署，2007b）。

26 財團法人中興工程顧問社建議，導電度問題應朝灌排分離之管理方式處理（行政院環境保護署，2007a）。

27 顧問公司建議此項不列入放流水管制項目，而僅作為水質監測項目（行政院環境保護署，2007a）。

28 因為降低總氮須採用三級處理生物脫硝，與目前廠方多採二級處理比較，用地與處理程序需大幅變更，對廠商而言成本過高而有推動困難（行政院環境保護署，2007a）。

29 根據此專案研究結果顯示，氨氮濃度最高的某園區內，廢水量約 50,000CMD 的半導體廠，經過物化處理，氨氮排放為 43 ~ 71mg/L；廢水量約 10,000CMD 的 TFT-LCD 廠，經過生物處理，氨氮排放為 20 ~ 47mg/L（行政院環境保護署，2007a）。

值也須在 0.3mg/L 以下，建議的管制標準相當寬鬆。

再以光電業和半導體製造業廢水中含高濃度的 TMAH 為例，其為含氮有機物且具高急毒性，但目前未受放流水標準管制，只有南科管理局將限值訂為 60mg/L 進行納管，研究結果也顯示納管限值訂定有效促進了排放水中的 TMAH 含量下降。上述計畫針對 TMAH 的管制與否徵詢廠商意見，廠商以缺乏相關處理用地、設備、技術為由表示反對，南科廠商亦表示納管標準過嚴，常不易達成，罰款造成生產成本增加。該研究報告最後以「因檢驗方法適用性未經充分驗證，相關環境監測資料並不足，不易訂定確切管制值」，不建議納入管制標準。

而在中科、霄裡溪爭論最大的導電度議題，該研究以「高導電度放流水並非僅高科技產業廢水之特色……不予深入探討」（行政院環境保護署，2007a: 附 2-30）。但在中科三期環評時，開發單位即指出灌溉水質標準（限制導電度低於 750μmho/cm，總氮低於 3mg/l）過於嚴苛，表示「預估園區放流水導電度將超出 2000μmho/cm，由於無法確實掌握污水貢獻導電度之成分，故欲降低導電度至 750μmho/cm 以下，經評估須藉由薄膜系統處理；由於薄膜系統操作維護費用昂貴，均反映在污水處理費中，如此反而影響廠商進駐意願」（行政院環境保護署，2006b: 附 25-42）。爾後，中科環評監督小組要求中科提出放流水影響因應對策，中科管理局委託一項《中部科學工業園區后里基地放流水導電度研究計畫》，結果顯示，專管各月份平均導電度介於 5000 至 7000μmho/cm，但與大甲溪匯流後，符合灌溉用水規範，並指稱其他研究顯示，水稻約在導電度 4800μmho/cm 時才會減產 10%，認為國內目前搭排標準為 750μmho/cm 過於嚴苛（行

政院環境保護署，2009a: 7-9）。

上述三例顯示，原本針對高科技廢水特性研擬管制標準的調查研究，最後都因為考慮對廠商衝擊過大而進展有限。而細究標準的制訂，並非奠基在環境涵容能力（如符合甲級水體標準）的考量，而是基於廠商是否願意投資於廢水處理與能力建構的談判。缺乏廠商的配合意願，標準訂定遲緩不前。而中科的委託研究成果，更直陳目前的標準過於嚴格，間接建議放寬標準以符合產業排放需求。

3. 隱匿風險 治標不治本

標準的設定在廠商成本效益與環境健康風險的考量中遊走，當廠商可以清楚迅速地反應管制標準所造成的費用損失，奠基在科學觀察檢測的環境健康風險評估，在長期研究時程的需求以及（更多時候是）缺乏相關資源的投入下，往往無法及時計算出精確的風險值，環境健康影響問題存有高度爭議。

以中科三期環評為例，后里基地位處於優質農業區，預估運作後每日廢水量高達 12 萬 3 千噸（行政院環境保護署，2006a: 5-21; 2006b: 5-19）。開發單位選擇丙級水體的大安溪下游作為計畫污染源承受與稀釋水體，因為「大甲溪出海口為高美野生動物保護區，不宜由大甲溪排放；大安溪下游無環境敏感區域……」，且「已無做為灌溉用水使用，經評估除懸浮固體因背景濃度較高致混合後水質仍不符丙類，其餘水質參數均可符合丙類水體標準，對大安溪水質之影響已較為輕微」（行政院環境保護署，2006a: 附 25-78）。然而，廠商進駐期程緊迫，排放至大安溪的專管未埋設好之前，開發單位與后里鄉公所以及台中農田水利會協調，改放流至牛稠坑溝，再匯入大甲溪

中游排放。牛稠坑溝被開發單位認定為單純排水系統,應無取水灌溉情事(行政院環境保護署,2006a: 附25-54),受到民眾影響農田灌溉的質疑,中科強調園區放流水質會採比目前放流水標準更嚴格之規定,[30] 「若非直接引用牛稠坑溝排水之水源,因滲漏而污染土壤影響養殖生產之風險應屬極為輕微」(行政院環境保護署,2006a: 附25-289)。

　　開發單位認為高科技放流水對灌溉與公共飲用水影響輕微,不過「影響輕微」不在於它的「乾淨無毒」,而在於它的排放位置,例如,排放至污染程度較高、不是環境敏感區域的大安溪,或被設定為區域管排水路的牛稠坑溝。添加高科技放流水在早已污染的河川中,其特殊化合物又因沒有法律明文規定而不被檢測,放流水檢測數據甚至可以淡化高科技的污染風險。但環說書一方面認為大甲溪下游生態敏感,不適合排放廢水,一方面卻礙於廠商生產時程,主張將廢水排入與大甲溪匯流的牛稠坑溝,姑且不論牛稠坑溝是否有灌溉情事,高科技廢水可能對大甲溪的衝擊,就在污染評估測值無太大變化下被淡化。

　　而原屬於甲級水體的霄裡溪,在接受高科技污染廢水後,則可以明顯感受到水質的變化,河川生態與居民用水習慣因而大幅改變。不過,細究本案當初環評過程的討論,開發單位表示開發案「對於霄裡溪的影響幾乎是輕微的」,並認為工業廢水還可以改善水質:「將來製程中有機廢水並沒有使用有機磷,因此開發後排放水水量可稀釋有機磷污染,使水質條件比開發前來得好」(行政院環境保護署,2000b)。[31] 當霄裡溪污染事件爆發,民眾控訴公部門輕忽環境風險時,相關單位首長表示:「民眾要了解一點就是,並不是符合放流

水標準的水質，就是你們想像三十年前、五十年前，那副好山好水，還有魚兒、青蛙的那種水質，這是兩回事，環保單位能做的就是符合放流水標準的水質」（公共電視，2008）。[32] 並認為農民不應要種良質米，就要求水體符合灌溉水源標準，且當地並沒有所謂的「灌溉渠道」，環保署無法可據，當然只能用放流水標準審核。[33] 而在健康風險評估會議中，環保署毒管處針對送水行為，強調地下水的檢測結果沒有違反標準，只是臺灣屬先進國家，居民本就不應該取用溪水或地下水。[34]

污染爭議持續擴大，開發單位提議將廢水改排已是丙類水體的老街溪，成為重要選擇方案，並獲環保署召開的專案小組審查通過。公部門似乎解決了霄裡溪的污染疑慮，在高科技廢水轉嫁老街溪的評估中，同樣因為排放在已污染的水體中而強調其影響輕微，卻忽略桃園農田水利會的警告，高科技廢污水恐衝擊老街溪中下流域約 1,200 公頃的農地灌溉（行政院環境保護署，2008b）。在隱匿、輕忽高科技的污染風險下，廠商運作、廢水排放如常，解決方案選擇將污染易地，老街溪流域的灌溉與居民健康等風險評估，也被稀釋在污染充斥的水體環境中。

---

30 后里農場環評書結論要求 BOD 小於 10 mg/l、COD 小於 80 mg/l、SS 小於 20 mg/l，比放流水標準嚴格。

31 2000 年 5 月環評第一次專案小組會議記錄審查結論四（行政院環境保護署，2000b）。

32 公共電視（2008），訪問前桃園縣環保局局長蘇俊賓，「還我清淨霄裡溪」，第 462 集（6'24"-6'54"）。

33 記者胡慕情在 2008 年 7 月 12 日於環保署長沈世宏踏查霄裡溪時，詢問環保署綜計處所得到的說法（電子郵件檔案，2008.07.12）。

34 研究團隊成員在 2009 年 3 月 27 日於環保署所召開的「面板業放流水對霄裡溪沿岸民眾使用地下水健康風險評估第二次專家會議」所作之田野觀察筆記。

（二）打開高科技風險管制的黑盒子——環境倡議的風險論證

　　開發單位與公部門的高科技風險管制策略，在臺灣發展電子製造業的二十餘年歷程中，很少遭遇來自民間社會的高分貝挑戰，產業鋪天蓋地的社會經濟影響力，使環境倡議位處邊緣角落（Tu, 2007）。不過，隨著高科技聚落的擴張、污染源的擴散，以及與農業發展的資源競爭關係，高科技環境風險認知在社會上日漸提高。本文分析的中科三期環評與霄裡溪污染爭議，正是環境倡議行動面對高科技污染的兩個代表案例。地方居民與環保團體不滿企業的消極回應以及政府對污染情事的放任，積極投入抗議行動與行政訴訟，他們的參與以及質問，減弱了「合於法律」與「合乎國家標準」行政解釋的正當性，凸顯了現行環境健康評估中科學檢測的侷限，揭露了過去隱而未見的風險課題。

1. 在地經驗知識呈現 挑戰科學專業評估

　　兩個案例皆顯示，公共決策面對高科技風險的不確定性，委由科技專家在法律的範疇與設定的科學檢測議程內，進行模擬、評估，但窄化風險評估議程設定，則備受在地生活經驗知識的挑戰。以牽涉到廢水引灌的牛稠坑溝排放爭議為例，開發單位認定牛稠坑溝本身沒有水源，單純為區域排水之用，並強調在沿線設了許多水質監測點，調查顯示符合事業放流水標準，進而得出沒有太大的引灌風險。但農民從長期耕作引水經驗出發，駁斥開發單位說法：

　　這個（牛稠坑溝）是一個問題啦！這就是你不是當地人你不會

了解……中科的臨時排放口那邊（牛稠坑溝中游一段）都沒有水，但是更下游它又跑出水來了，為什麼會有水？這些水就是灌溉用水，因為我們現在后里可以說大部分都是農地，那農地要水有兩方面，一個是大甲溪的一個是大安溪的，這些水灌溉農地以後會再流出來，這些尾水流到牛稠坑溝，所以他們都沒有講清楚……。（受訪者 C1）

對於中科管理局（2007a: 74）以徵詢台中縣農田水利會為由，認定牛稠坑溝非水利會認可之灌溉用渠，且現勘後只有一兩公頃的農田引水灌溉，在地居民在中科后里園區第二次聽證會上，則用航照圖舉出反證，表示位於牛稠坑溝與大甲溪交會處的兩百公頃淤積地附近，百年以來即有農民引牛稠坑溝來灌溉，雖然這些農地不在水利會的灌溉區域內，但農民是合法向第三河川局承租、並繳交使用費（中科管理局，2007a: 81-82）。農業試驗所研究員進一步說明，在非灌區的農田，農民還是有用水的權利：

全臺灣有 80 多萬頃農田，有 40 萬是非灌區，那你說這 40 萬農田是不能灌溉的嗎？連雨水都不能接，水溝水都不能接嗎？不可能的嘛……。（中科管理局，2007a: 82）

而開發單位在環說書中強調牛稠坑溝有足夠水量稀釋排放水（所以排放水到下游仍可以灌溉），也引發地方代表進一步質問，認為評估報告選擇性地以雨季 6、7、8、9 月中四天的測值，推估牛稠坑溝的全年流量，高估牛稠坑溝稀釋工業廢水的能力。而牛稠坑溝排到

大甲溪後，開發單位使用水利署公告流量數據推估大甲溪枯水期有
29.88 立方公尺／秒稀釋水量；但地方代表與環保團體舉日治時代大
甲溪枯水期的實測值只有 0.2 立方公尺／秒，且生活在當地所看到的
現象是：

> 一條溝喔一年 200 天沒有水，……完全沒有水，那你這個污水
> 來了以後會怎麼樣，一定會被土壤、地下水完全吸收，這樣子
> 可以嗎？（中科管理局，2007a: 89）

此外，居民也指出，中科放流管完工後的廢水排放口在大安溪
離海口 1.5 公里處，廢水在近海迴流可能會破壞沿海生態，而中科排
放的化學物質，可能使水域魚苗不敢靠近，這些沿岸漁業與觀光資源
問題，卻都在環評階段沒有評析（中科管理局，2007a: 140）。

在地居民的質問透露出現行環境影響與風險評估的闕漏，呈現
更完整的風險樣貌。風險，不再只是科學數據或特定標準說了算數，
民眾日常生活中的灌溉取水、生態觀察，[35] 以及歷史的土地使用經驗
等，都構成風險論述的一環，合理的挑戰了產官狹隘的風險詮釋。受
訪者 C1 即指出，「我們擔心的這些化合物，只要有一個 mg 的時候
就已經不得了，……所以你不能用說有那個東西（放流水標準），所
以這個（污染）東西解決了，不能夠這樣講。」

2. 民間監督與法律行動 揭露風險放任與課責問題

中科后里農場的開發，自環評階段開始，受到一些代表社運力
量環評委員的關注，並針對相關會議形成行動網絡，影響專案審查結

論（杜文苓、彭渰雯，2008）。因此，環評通過的附帶條件中，有成立環境監督小組、進行健康風險評估、召開地方環保監督小組例行會議、說明會、聽證會等要求，使公民的監督行動得以在體制內持續施壓。另一方面，后里基地的環評經驗，也影響其後中科七星基地的審查，環評最後雖在爭議聲中通過，但地方農民立即針對環評決議公告及核發開發許可兩項行政處分提起訴願（陳素姍，2007），並獲台北高等行政法院判決勝訴。

體制內的參與、監督，使開發單位與公部門必須直接面對地方居民以及環保團體的挑戰，無法完全將民眾疑慮置之不理，事實上，比起過去高科技園區的設置發展，中科管理局做了一些過去園區設置不會做的事，一位官員舉例：

> 你今天不相信環保署的環評，你說地方要有，那我們就在地方成立一個平行監督機制，很多東西只要它是問題的，不管是砷、是導電度、是地下水，還是說土壤，你懷疑會遭到污染的，我們都趕快去做環境背景值建立的工作……是說你真的懷疑，那我們去澄清這個問題。（受訪者 PC）

而法律的行動，使公部門必須積極地為自己所轄責任辯護，但在權責歸屬的爭論過程中，則暴露出環境管制與風險評估的漏洞。霄裡溪案例顯示，若非地方居民發起行政訴願、檢送「環境影響評估法公民訴訟書面告知」、要求監察院進行調查，以及提起民刑事訴訟

---

35 如受訪者 K 指出，「像牛稠坑溝現在已經污染了，以前有魚、有福壽螺、有白鷺鷥……現在都沒了！所以這個已經很明顯污染了……。」

等，公部門不太可能重新檢視七、八年前通過的環評案件，並積極召開會議，尋求補救措施。而會議討論之中，各單位為撇清相關責任，使一些長期不受肯認的高科技風險問題浮上檯面。

例如，導電度議題雖在高科技製造業相關風險評估與環境規範中不被重視、承認，但霄裡溪過去相當乾淨，水質變化令居民感受深刻，且污水事件關乎新埔鎮民三萬多人的飲用水安全，以及上千公頃農地的污染問題。新竹農田水利會（2008b）面對把關不力的指控，除了趕快澄清當初沒有參與環評審查，也於 2008 年 5 月主動發文至桃、竹兩縣環保局，檢附同（2008）年 3、4 月共八次水質採樣檢測資料，內容顯示總氮及導電度等數據，皆不符合灌溉用水標準，並指出「上游工業廢污水排入恐將影響農業生產品質」。一位運動者觀察：

> 這裡面有一個故事是，有一段時間，大家都在怪那個農田水利會同意他搭排，結果霄裡溪的主管機關不是農田水利會，是二河局啊！那大家都在怪他啊，所以他只好說，搭排不需要我同意，可是我有檢測數據。……他會這麼積極的做這些事情，是大家已經誤認為他是同意搭排的啦！所以他後來表達說，不是他，是二河局。（訪談者 C2）

五、環境倡議的科學挑戰

在地經驗知識挑戰了科學專業的評估，並擴大環境風險的論辯，但無可諱言地，科學在環境爭議中仍扮演重要角色，為環境災害事件評估資訊的基礎。不過，誠如 Rosenbaum 所觀察，科學通常無法及

時提供政府官員行事決策所需的技術資料，科學檢驗過程冗長且不確定，但決策卻已迫在眉睫。許多時候，政策決策者選擇不面對科學難以確認的風險問題（許舒翔等譯，Rosenbaum 原著，2005）。

（一）「科學」在風險管制的侷限與迷思

上文論辯中所呈現的高科技風險，科學並無法詳盡描述污染排放承受水體中的「毒物」確切為何，回答廢水可能造成的健康衝擊，更無法協助標準的訂定。以導電度指標為例，除了是土壤黏性與透氣性的指標，也間接指陳溶液中有大量的可溶離子，除了一般水中常見非金屬離子類別，高科技製程到底含有哪些其他大分子陰離子或稀有金屬與人造元素，目前仍所知有限。如果廠商沒有公布製程所需的完整配方，[36] 檢測單位無從監管，未知物質將成為隱性的公共安全風險因子。進一步言，相關化合物或稀有元素如果沒有相對的投資、化驗與研究，其風險特性亦無法掌握。而本文討論的案例即顯示，「確切」科學證據的缺乏，正是產官無以回應高科技風險的最佳擋箭牌。

其次，依賴開發單位委託的風險評估，片段、窄化的科學檢測議程設定，則深刻的影響了科學證據的產出與環境健康影響的判定。以中科三期開發為例，環評與行政訴訟過程中備受爭議的健康風險議題，在環評有條件通過後，由中科管理局委託中華工程顧問公司執行「開發計畫飲用水與空氣污染健康效應暴露評估」。該評估由後者再召集學者進行採樣、分析與評估計算工作。但整個評估過程從範圍設定、具體採樣方法，到評估結果的公開作業等，委託合約與計畫

---

36 臺灣幾家大面板廠的光阻劑，都是向日本所購買，但光阻劑只有 90% 的成分已知，剩下那 10% 的祕密成分，以及其污染研究，並不明朗。

經費已設有限制。在健康風險評估說明會中，地方團體代表質疑中科委辦的風險評估範圍太過侷限，只針對廠商的煙道氣體排放進行採樣評估，飲用水僅評估自來水部分，而沒考量沿岸地下水可能的污染風險。執行團隊在聽證會上坦承健康風險委辦計畫的侷限：

> ……污染源我們考慮是廠方由空氣排放的污染源，這樣子，好不好，就是說目前我們受委託工作的範圍是在這裡……，廢水的部分，在這個評估裡面，目前是沒有包含，這一點我要跟大家講明，我們需要清楚廢水這部分目前這個評估是沒有包含……。
> （中科管理局，2007a: 17）

面對民眾和學者的質疑，中科管理局回應以「評估方法為一個多介質的評估模式，不只是針對空氣的部分，空氣的部分也包含空氣它最後沉降在飲用水、地下水及土壤的部分」（中科管理局，2007b）。表面上，這個風險評估計畫涵納民眾所關心的排放水、廢棄物、土壤等面向的問題，不過，細究整個風險評估的採樣設計，是透過三次對廠商在竹科及龍潭的廠房進行煙道檢測所得之平均值，模擬評估廠商未來的排放氣體，其擴散至植物、土壤及水中，對人體可能造成的風險。這樣的評估計畫假定了單一的風險來源——煙道排出的廢氣，忽略了如灌溉水污染對農作生態的食物鏈影響等其他可能的風險源。健康風險評估在開發單位的預設議程中，鎖定在空氣污染的排放檢測範疇，並依此編列相關檢測經費。

執行此健康風險評估的研究成員坦言，這樣的評估在有效性與預測性上有其限制，但在商業機密與計畫合約經費的束縛下卻難以突

破。而為能進行煙道檢測，學者更簽署限期的研究保密合約，以換取資料完整提供與進入工廠的管道（受訪者 SW）。看似客觀的科學評估，其實是在種種的限制條件下進行，並且必須面對許多不確定因子。例如，科學園區未來進駐的具體產業類別與廠家，可能隨著政治經濟的發展而充滿變數，就算進駐廠家確定，不同廠房所引進不同世代的製程，仍弱化了目前使用風險評估方法的可預測性：

> 風險評估應等廠商確定了再來做……因為現在做的你也不是根據它（進駐的廠）做的……是根據……同樣類型的工廠去測煙臭味，不是實際的進駐廠商，所以那不確定性都太大了。（受訪者 SH）

（二）環境運動的「科學」瓶頸

雖然科學專業的風險評估存有許多問題，但環境倡議中強調居民在地知識經驗提出的警訊，以及非數據方式呈現之環境變化事實，卻排不進官方的風險評估議程。當公部門提出科學數據，強調「合法等於沒風險」，民眾的經驗性推論回應「如果你（中科科管局人員）敢喝的話，那我就認為你（中科）真的是零污染……」（受訪者 K），卻常被行政人員認為沒有科學根據而置之不理。前文前桃園縣環保局長告誡民眾符合放流水標準不代表有魚有蝦的說詞，正顯示了感受經驗不足為法律與風險評估憑據的官方說法。

面對污染影響健康的疑慮，在地居民往往要求更多的風險評估。然而，如上節討論高科技風險評估中的科學侷限，專業性的數據立論，常受限於委外計畫研究標的設定、計畫經費與委託關係、以及各

方利益角力的影響。公部門所謂的科學評估，雖受到環境倡議者的挑戰，但受限於資源的短缺，民間團體也尚未能在科學證據與論述的生產上取得有利位置，進而撼動主流風險論述與評估模式。

以霄裡溪污染事件為例，有研究指出霄裡溪下游測得濃度頗高的全氟有機物，[37] 其中一類全氟辛烷磺酸（perfluorooctyl sulfonate, PFOS）更是聯合國《斯德哥爾摩公約》下的持久性有機污染物審查委員會（Peritent Organic Pollutant Review Committee, POPRC）列入管制的物質。當民間團體據此對環保署提出全氟化物問題時，廠商在2008年底被動地委外檢測，並在因應對策專案小組會議中表示沒有測到上述物質。在主管機關沒有進一步追究求證，環保團體也無能力資源進行檢測的情況下，廠商的檢測結果在會議中被默認，全氟有機物的風險議題也再度消失。

一位居民表示，數據舉證能力不足，使他們在風險評估中並無太多可以發揮力量的地方：

> 因為我們數據真正要取得的話，只能取得他們（官方）所做的出來的，啊我的數據……只能很片面的去取得，我們的數據當然要舉證到真的傷害身體，還有一點落差。因為這涉及到以後損害賠償，這個舉證的部分，你一定要是很明確的證據，你才有能力啊……。（訪談者C2）

面對科學政治的角力問題，不依賴開發單位的獨立研究經費設置與研究議程設定，或許是改善目前一面傾斜的科學數據生產的條件之一。一位地方代表提到：

牛稠坑溝、中科大雅這邊的，他們都有報告來，我看一看都是符合標準呀！政府的我是不相信，如果我們自己有一個監督委員會，自己有專業人員、儀器，那我就相信。（訪談者 K）

不過，環境運動所遭遇的「科學」瓶頸，或許還有背後更大的制度框架問題，如本文的文獻探討所指出，科學與科技發展無法跳脫社會脈絡的影響，深受產官學資金扶持的高科技電子產業，也深深影響了科技政策、特定專門領域的發展，以及社會、教育投資的方向，某個程度限制了哪些科學議程可以被執行而哪些不能。如果缺乏科技與社會相互影響間的批判反省，持續臣服於產業發展趨力邏輯的宰制，那麼，再多的科學性評估，也無法解決新興科技的風險課題。

六、結論

高科技製造的污染問題一向不受產業界與公部門的重視，在「高科技」、「進步」、「乾淨」的包裝下，相關風險問題長期被輕忽放縱。本文分析產官面對高科技污染的典型回應策略，表現在沒有科學證據就無規範、沒有違規就無風險的論述建構，而窄化、片段的科學評估議程設定，使污染的風險判定充滿爭議。本文也指出環境倡議行動呈現在地環境事實，挑戰科學專業評估以及揭露了風險放任問題。

不過，我們似乎無法樂觀地認為高科技污染的處理獲得制度性的變革。中科三期與霄裡溪的環境問題得以彰顯，行政程序上有明顯

---

37 根據羅兆君（2008）研究，其在霄裡溪沿岸下游測得濃度分別為 11.3、82、58 與 17.3ng/L 的全氟癸酸（perfluorodecanoic acid, PFDA）、全氟辛烷磺酸（perfluorooctyl sulfonate, PFOS）、全氟壬酸（perfluorononanoic acid, PFNA）與全氟辛酸（perfluorooctanoic acid, PFOA）。其中 PFOS 和 PFOA 具有生殖毒性、誘變毒性與發育毒性。

瑕疵為其主因。而即便公部門相關單位在風險問題處理上備受批判，依賴顯著性統計數據作為科學佐證的風險評估，以及據此訂定的法規標準，仍是目前高科技園區設廠擴張環境影響評估所奉行的準則。霄裡溪問題的解決方案中，看不到相關單位對於污染風險可能轉移的警覺；而不久前在爭議聲中通過環評的中科四期二林基地的開發，仍遵循舊有的評估模式。換言之，環境倡議行動雖然可以針對個案中的行政缺失、科學證據生產不確實等提出質疑，迫使公部門在一些做法上的補救與修正，但整體而言，還未大幅度地撼動產官的風險論述結構，顛覆傳統環境風險管理思維。而風險論辯中的科學舉證弱勢，成為倡議評估變革的阻礙。

　　環境運動在科學證據與論述的生產上仍處於不利的位置，而此劣勢與現行科學發展的社會脈絡與政策制度息息相關。環境倡議行動突破劣勢的做法，應不是陷入科學證據生產的競賽中，而是不斷地挑戰科學生產的制度性失衡問題，包括議程設定、資金來源與政策方向等，並嘗試從批判中提供一套較為完整的科學研究與風險評估論述。上文分析指出，看似嚴謹的科學性評估，受到議程設定、經費投入與研究方法等影響，評估結果具有高度不確定性，風險詮釋更充滿爭議。這樣的風險評估，並無面對「科學」在環境檢測中的侷限，並以狹隘地認定一種研究結果所得到的事實，忽略考量其他方式取得的事證。當產業界與公部門睥睨地方經驗性的事實陳述，要求資源人力缺乏的環保團體出具更多科學數據證明有害關聯，在這樣的科學論述場上，環境倡議將永遠位居弱勢。

　　面對新興科技風險所涉及的科學不確定性與治理問題，國際間發展預警原則，透過制度與價值的典範轉移，嘗試解決傳統風險

評估的困境，值得我們進一步學習與思考。1992 年的《里約環境與發展宣言》中的第 15 項原則，即提到「為保護環境，若人類行為會帶來嚴重或傷害無法回復的後果，各國政府應廣泛地採取預警行動，不應以科學證據不足為由，延緩採行符合成本效益之介入行動」（United Nations, 1992）。1998 年由 Science and Environmental Health Network（1998）在 Wingspread 召開的預防原則會議，更廣泛地對此原則討論定調，指出「預警原則為當某行為或某物質可能對人體健康或環境造成危害時，即使原因與結果之間沒有完全的科學性證明，也應當停止此行為或使用此物質。此種情況下，證明的義務應由行為製造者進行，而不在受害者或一般大眾。預防原則的過程應當公開、透明並民主進行，可能受影響的團體皆須參與討論，並尋求替代的方案」。

爾後，預警性原則成為環境政策的新概念，在國際公約或國家政策中相繼出現，並落實於制度的變革上。2006 年歐盟推動通過的「化學物質的註冊、評估、授權和限制規定」（Registration, Evaluation and Authorization of Chemicals, REACH）指令，即體現了預警原則精神。其制度設計強調建立完整的化學物質資料以維護健康與環境，[38] 限制使用有害物質或轉為更安全的物質使用，[39] 並將舉證責任轉移至製造者本身，不再由政府履行對龐大化學物質的評估責任。由於行政機構必須在高度複雜且資訊有限的環境中進行管制作業，這樣的規範要求在生產鏈中的廠商須主動闡明基礎毒物資訊以及風險降低

---

38 REACH 強調藉由註冊、評估、授權的過程，所有年產量 1 噸以上的化學物質均需要通過註冊程序，其中年產量 10 噸以上者須對人體及環境的風險進行評估，並針對其風險提出如何適當管理的化學物質安全報告書。

39 REACH 對可能造成人體或環境有害的物質，不須如同以往由反覆精密的科學證據來取得該物質與毒性的確實關聯性，只要提出可能造成危害的關聯性者皆經授權制度禁止或限定使用。

策略（Führ and Bizer, 2005）。美國環保署於 2009 年 9 月亦發表化學物質評估原則，指出其 1976 年訂立的《毒性物質控制法》（Toxic Substances Control Act，簡稱 TSCA），已非規範既有化學風險的合適工具，進而師法歐盟預警原則重新塑造《化學管制法案》（U.S. Environmental Protection Agency, 2009）。

一些研究指出，預警原則肯認科學研究所得知識的侷限，而政府常常必須在科學證據不明確的情況下進行風險管理，因此強調需要廣納各方的考量以及在地提出的早期警訊作為評估決策的依據（Myers and Raffensperger, 2006）。在此制度架構下，風險的接受度是社會價值折衝的結果，重要的程序包括目標設定、價值、倫理的討論，以及替代方案的評估、舉證責任轉移、資訊透明度與公眾參與等（Myers, 2006），著重跨領域研究的整合，以及發展環境民主諮詢的新方法。這種增進決策中的風險溝通、反轉舉證責任歸屬、依民主透明方式來決定健康與環境的管理政策（Kriebel and Tickner, 2001; Barrieu and Sinclair-Desgagne, 2006），迥異於我國新興科技政策僅重科學評估之風險管理模式（周桂田，2000, 2004），應較能解決本文案例中所呈顯之評估內涵扭曲或責任迴避之爭議。而在此原則基礎上，科學議程設定與風險詮釋可以不過於依附產業發展邏輯，使 Hess（2007）所提的科學與產業的替代性路徑有更好的發展機會。

此國際發展趨勢提醒我們，新興科技的風險評估需要進行制度性的典範移轉，強調跨域研究的整合性架構及民主諮詢，才能從根解決問題。這樣的思維，對照出臺灣目前面對高科技污染風險的狹隘詮釋、輕忽態度與制度困境，顯示國家科技政策調整與治理策略轉換的重要性。而這樣的經驗，也提供未來環境倡議行動一個思考的方向。

附錄一：訪談資料

訪談對象來源	代碼	訪談日期
政府官員	PC	2008.1.31
地方居民	C1	2007.12.3
	C2	2009.2.26
地方民意代表	K	2008.1.24
學者專家	SH	2008.11.6
	SW	2009.9.27

資料來源：作者自行整理

參考文獻

中科管理局，2007a，《中部科學工業園區后里園區開發計畫第二次聽證會會議紀錄》。台中：中科管理局。www.ctsp.gov.tw/files/f4af1270-3e34-4b88-904a-8d6443914328.pdf。2008/05/03。

———，2007b，《中部科學園區第三期發展區（后里基地—七星農場部分）開發計畫 2009 年 3 月 17 日健康風險評估民眾說明會議紀錄》。台中：中科管理局。

王尹軒、張國仁，2008，〈法院撤銷中科七星基地環評，若環保署不再上訴，后里七星基地將面臨停止開發〉，《工商時報》，2 月 2 日，版 B2。

公共電視，2008，「還我清淨霄裡溪」，「我們的島」第 462 集，2008 年 7 月 11 日。http://www.pts.org.tw/php/html/island/list.php?pbeno=1184。2009/12/16。

臺灣自來水公司第三區管理處，2008，《臺灣自來水公司第三區管理處訊》。新竹：臺灣自來水公司第三區管理處。http://www.water.gov.tw/pda/02news/news_b.asp?no_g=1331。2009/12/16。

行政院環境保護署，2000a，《中華映管股份有限公司申請龍潭工業園區報編計畫環境影響說明書》（環署綜字第 0026728 號）。台北：行政院環境保護署。

———，2000b，《中華映管股份有限公司申請龍潭工業園區報編計畫環境影響說明書——第一次專案小組會議記錄》（環署綜字第 0026728 號）。台北：行政院環境保護署。

———，2002，《宏碁智慧園區開發計畫變更案環境影響說明書》（環署綜字第 0910088386 號）。台北：行政院環境保護署。

———，2006a，《中部科學園區第三期發展區（后里基地—后里農場部分）開發計畫環境影響說明書》（環署綜字第 0950019388 號）。台北：行政

院環境保護署。

———，2006b，《中部科學園區第三期發展區（后里基地—七星農場部分）開發計畫環境影響說明書》（環署綜字第 0950060540 號）。台北：行政院環境保護署。

———，2007a，《高科技產業廢水水質特性分析及管制標準探討計畫》（EPA 96-G104-02-222）。台北：行政院環境保護署。

———，2007b，《高科技產業廢水水質特性分析及管制標準探討計畫第三次專案小組委員會議 2007.11.30 簡報》。台北：行政院環境保護署。

———，2007c，《「宏碁智慧園區開發計畫環境影響調查報告書」及「中華映管股份有限公司申請龍潭工業園區報編計畫環境影響調查報告書」專案小組審查會議紀錄》（環署綜字第 0960094089 號）。台北：行政院環境保護署。

———，2008a，《河川水體水區劃定檢討結果》。台北：行政院環境保護署。

———，2008b，《「宏碁智慧園區開發計畫及中華映管股份有限公司申請龍潭工業園區報編計畫因應對策暨差異分析報告」2008 年 9 月 24 日專家會議紀錄》。台北：行政院環境保護署。

———，2009a，《中部科學工業園區后里園區開發計畫環境影響評估審查結論執行監督小組 2009 年 3 月 17 日第十次會議資料》。台北：行政院環境保護署。

———，2009b，〈環評資訊查詢系統〉，行政院環保署網站。http://ivy5.epa.gov.tw/EiaWeb/0x.aspx。2009/12/16。

朱淑娟，2009，〈華映友達廢污水，改排老街溪〉，《聯合報》，1 月 16 日，版 C2。

朱漢崙、孫彬訓，2009，〈救茂德，行庫推信保基金跳火坑〉，《工商時報》，1 月 16 日，版 A4。

李俊宏、王漢泉、吳嘉玲、王正雄，2002，〈新竹縣地區事業廢水生物毒性

試驗研究〉，《環境檢驗所環境調查研究年報》，9: 157-186。

李淑惠、袁顥庭，2009，〈友達上季虧損 265 億創紀錄〉，《工商時報》，1 月 23 日，版 A3。

余學俊，2002，〈友達廢水排溪，環局首次查驗，日排四千噸，地方深恐污染，廠方強調符合環保規定，當場測試尚合格〉，《聯合報》，7 月 31 日，版 20。

杜文苓、彭渰雯，2008，〈社運團體的體制內參與及影響——以環評會與婦權會為例〉，《臺灣民主季刊》，5 (1): 119-48。

宋健生、蕭君暉，2006，〈友達后里廠傳暫緩投資〉，《經濟日報》，12 月 7 日，版 A3。

周志恆，2009，〈無法整併就會倒閉〉，《經濟日報》，1 月 16 日，版 A3。

周桂田，2000，〈生物科技產業與社會風險——遲滯型高科技風險社會〉，《臺灣社會研究季刊》，39: 239-83。

———，2004，〈獨大的科學理性與隱沒（默）的社會理性之「對話」——在地公眾、科學專家與國家的風險文化探討〉，《臺灣社會研究季刊》，56: 1-63。

邱金蘭，2009，〈不救將掀金融風暴？〉，《經濟日報》，1 月 16 日，版 A3。

范玫芳，2008，〈科技、民主與公民身份——安坑灰渣掩埋場設置爭議之個案研究〉，《臺灣政治學刊》，12 (1): 185-227。

洪鴻智，2002，〈科技風險知覺與風險消費態度的決定——灰色訊息關聯分析之應用〉，《都市與計劃》，29 (4): 579-597。

徐睦鈞，2009，〈過了這關，整併才是大難關〉，《聯合晚報》，2 月 16 日，版 A2。

張淑珠，2005，〈中科帶動中部整體發展〉，《臺灣新生報》，7 月 30 日，

版 10。

許舒翔、李建宏、徐正能、吳豐帥譯，Walter A. Rosenbaum 原著，2005，《環境政治學》。台北：五南。

陳素姍，2007，〈中科七星案最新發展〉，臺灣環境行動網等主編，《全球治理，在地行動——綠色矽島的環境挑戰》，頁 21-24。台北：臺灣環境行動網等。

陳權欣、楊宗灝，2008，〈水污染送桶應急，被批捨本逐末〉，《中國時報》，12 月 31 日，版 C4。

彭淵燦，2008a，〈霄裡溪水不能飲用，新埔驚疑〉，《聯合報》，4 月 24 日，版 C2。

———，2008b，〈水利會檢測溪水導電度偏高，無法證明影響農作〉，《聯合報》，4 月 24 日，版 C2。

新竹農田水利會，2008a，《2008 年新竹農田水利會進行霄裡溪主要污染源採樣與檢驗工作成果報告》。新竹：新竹農田水利會。

———，2008b，《竹農水管字第 0970002350 號》。新竹：新竹農田水利會。

新竹縣環保局，2008，《96 年度第 4 季河川水質監測結果》。新竹：新竹縣環保局。http://www.hcepb.gov.tw/ContentPages/F4_EnvironmentalInfo/Detail.aspx?key=172。2009/12/16。

———，2009，《鳳山溪流域網頁》。新竹：新竹縣環保局。http://w3.hcepb.gov.tw/hcepb/02_information/plan_all/Water/FongshanRiver/P02/P02_right.htm。2009/12/16。

監察院，2008，《097000034 華映友達排污水案糾正案文》。台北：監察院。

劉愛生，2003，〈華映龍潭廠廢水外流，污染霄裡溪，官民會勘協調，廠方答應一周內改善，居民揚言逾期將圍廠抗爭〉，《聯合報》，12 月 23 日，版 B1。

———，2006，〈偷排廢水污染霄裡溪？華映否認，龍潭鄉民赴園區抗議，

促業者賠償並簽訂復育計畫，不歡而散〉，《聯合報》，5 月 12 日，版 C1。

羅兆君，2008，《電子業放流水中全氟化物流布之研究》。台北：國立臺灣大學環境工程學研究所碩士論文。

Barrieu, Pauline, and Bernard Sinclair-Desgagne, 2006, "On Precautionary Policies." *Management Science*, 52 (8): 1145-1154.

Beck, Ulrich, 1992, *Risk Society: Towards A New Modernity.* Newbury Park, CA: Sage Publications.

Brigden, Kevin, Iryna Labunska, David Santillo, and Adam Walters, 2007, *Cutting Edge Contamination.* The Netherlands: Greenpeace International.

Breyer, Stephen G., 1993, *Breaking the Vicious Circle: Toward Effective Risk Regulation.* Cambridge, MA: Harvard University Press.

Byster, A. Leslie, and Ted Smith, 2006, "The Electronics Production Life Cycle. From Toxics to Sustainability: Getting Off the Toxic Treadmill." In Ted Smith, David A. Sonnenfeld, and David N. Pellow (eds.), *Challenging the Chip: Labor Rights and Environmental Justice in the Global Electronics Industry.* Philadelphia, PA: Temple University Press, pp. 205-214.

Catholic Agency for Overseas Development, 2004, *Clean Up Your Computer: Working Conditions in the Electronics Sector.* London: CAFOD.

Chang, Sheng-Lin, Hua-Mei Chiu, and Wen-Ling Tu, 2006, "Breaking Silicon Silence." In Ted Smith, David A. Sonnenfeld, and David N. Pellow (eds.), *Challenging the Chip: Labor Rights and Environmental Justice in the Global Electronics Industry.* Philadelphia, PA: Temple University Press, pp. 170-180.

Davis, Devra, 2002, *When Smoke Ran Like Water: Tales of Environmental Deception and the Battle Against Pollution.* New York, NY: Basic Books.

Fischer, Frank, 1998, "Hazardous Waste Policy, Community Movements and the

Politics of NIMBY: Participatory Risk Assessment in the USA and Canada."
In Frank Fischer and Michael Black (eds.), *Greening Environmental Policy: The
Politics of a Sustainable Future*. London: Paul Chapman Publishing Ltd., pp.
165-182.

────, 2003, *Citizens, Experts, and the Environment*. Durham, NC: Duke
University Press.

Führ, Martin, and Kilian Bizer, 2005, "REACh as A Paradigm Shift in Chemical
Policy-Responsive Regulation and Behavioural Models." *Journal of Cleaner
Production*, 15 (4): 327-334.

Hawes, Amanda, and David N. Pellow, 2006, "The Struggle for Occupational
Health in Silicon Valley: A Conversation with Amanda Hawes." In Ted Smith,
David A. Sonnenfeld, and David N. Pellow (eds.), *Challenging the Chip: Labor
Rights and Environmental Justice in the Global Electronics Industry*. Philadelphia,
PA: Temple University Press, pp. 120-128.

Hess, David J., 2007, *Alternative Pathways in Science and Industry Activism,
Innovation, and the Environment in An Era of Globalization*. Cambridge, MA:
The MIT Press.

Intel Cooperation, 2009, "Moore's Law: Made Real by Intel Innovation." Intel
Cooperation. http://www.intel.com/technology/mooreslaw/index.htm (accessed
December 16, 2009).

Jussawalla, Meheroo, 2003, "Bridging the Global Divide." In M. Jussawalla and. R.
Taylor (eds.), *Information Technology Parks of the Asia Pacific*. Armonk, NY: M.E.
Sharpe, pp. 3-24.

Kriebel, David, and Jole Tickner, 2001, "Reenergizing Public Health Through
Precaution." *American Journal of Public Health*, 91 (9): 1351-1355.

LaDou, Jaseph, 2006, "Occupational Health in the Semiconductor Industry." In

Ted Smith, David A. Sonnenfeld, and David N. Pellow (eds.), *Challenging the Chip: Labor Rights and Environmental Justice in the Global Electronics Industry*. Philadelphia, PA: Temple University Press, pp. 31-42.

Mazurek, Jan, 1999, *Making Microchips: Policy, Globalization, and Restructuring in the Semiconductor Industry*. Cambridge, MA: MIT Press.

Michaels, David, 2005, "Manufacturing Uncertainty: Contested Science and the Protection of the Public's Health and Environment." *American Journal of Public Health*, 95 (1): S39-S48.

Myers, Nancy, 2006, "Precautionary Procedures: Tools of Analysis and Intention." In Nancy Myers and Carolyn Raffensperger (eds.), *Precautionary Tools for Reshaping Environmental Policy*. Cambridge, MA: The MIT Press, pp. 29-52.

Myers, Nancy, and Carolyn Raffensperger (eds.), 2006, *Precautionary Tools for Reshaping Environmental Policy*. Cambridge, MA: The MIT Press.

Pellow, David, and Lisa Park, 2002, *The Silicon Valley of Dream: Environmental Injustice, Immigrant Workers and the High-Tech Global Economy*. New York, NY: New York University Press.

Renn, Ortwin, 2005, "Risk Perception and Communication: Lessons for the Food and Food Packaging Industry." *Food Additives and Contaminants*, 22 (10): 1061-1071.

Saxenian, AnnaLee, 1991, "Institutions and the Growth of Silicon Valley." *Berkeley Planning Journal*, 6: 36-57.

Smith, Ted, David A. Sonnenfeld, and David N. Pellow, 2006, "The Quest for Sustainability and Justice in a High-Tech World." In Ted Smith, David A. Sonnenfeld, and David N. Pellow (eds.), *Challenging the Chip: Labor Rights and Environmental Justice in the Global Electronics Industry*. Philadelphia, PA: Temple University Press, pp. 1-11.

臺灣風險公共性考察

Science and Environmental Health Network, 1998, "Wingspread Conference on the Precautionary Principle." Science & Environmental Health Network. http://www.sehn.org/wing.html (accessed December 10, 2009).

Tu, Wen-Ling, 2005, "Challenges of Environmental Governance in the Face of IT Industrial Dominance: A Study of Hsinchu Science-Based Industrial Park in Taiwan."*International Journal of Environment and Sustainable Development*, 4 (3): 290-309.

──────, 2007, "IT Industrial Development in Taiwan and the Constraints on Environmental Mobilization." *Development and Change*, 38 (3): 507-527.

Tu, Wen-Ling, and Yu-Jung Lee, 2008, "Does Standardized High-Tech Park Development Fit Diverse Environmental Conditions: Environmental Challenges in Building Central Taiwan Science Park." Paper presented at the Conference on Proceedings of the 2008 IEEE International Symposium on Electronics and the Environment, San Francisco, CA, May 19-21.

United Nations, 1992, "The Rio Declaration on Environment and Development." United Nations Environment Programme. http://www.unep.org/Documents. Multilingual/Default.asp?DocumentID=78&ArticleID=1163 (accessed December 16, 2009).

U.S. Environmental Protection Agency, 2009, "Essential Principles for Reform of Chemicals Management Legislation." EPA. http://www.epa.gov/oppt/existingchemicals/pubs/principles.pdf (accessed December 16, 2009).

Wild at Heart Legal Defense Association, 2006, "EIA Review Commissioners' Joint Statement." Wild at Heart: For the Earth. http://en.wildatheart.org.tw/archives/eia_review_commissioners_joint_statement.html#more/ (accessed December 16, 2009).

Williams, Eric, 2003, "Environmental Impacts in the Production of Personal

Computers." In Ruediger Kuehr and Eric Williams (eds.), *Computers and the Environment: Understanding and Managing Their Impacts*. Dordrecht, The Netherlands: Kluwer Academic Publishers, pp. 41-72.

Wynne, Brain, 2005, "Reflexing Complexity: Post-Genomic Knowledge and Reductionist Returns in Public Science." *Theory, Culture and Society*, 22 (5): 67-94.

從污染受害者到環境巡守者：
大寮空污事件之後的社區參與

何明修

摘要

　　自從八〇年代中期以降的反污染抗爭，臺灣政府迅速地制訂了一系列管制措施，以因應各種環境危機與社會不滿。然而，在各種制度設計中，社區的參與向來是明顯地不足。由於官方與業者的不信任，工業區鄰近居民被充分告知的權利往往被限制。在平時，居民無法了解他們日常面對的各種污染威脅與風險；一旦污染事件產生之後，他們只能用體制外的抗爭，來尋求救濟與賠償。在 2008 年 12 月爆發的大寮空污事件中，既有環境監督制度顯然無法因應這一類的危機。無論是地方環境稽查員、公害陳情專線，抑或是中央政府所特別設置的臨時監測系統，都無法明確指認出污染排放的廠商，使得居民權益一再受損。特別值得注意的是，在大寮抗爭之後，原先民間自發組織的社區巡守隊開始獲得政府的承認、訓練與補助，他們能夠直接進入廠區採樣污染事證。本文將以田野研究的方式，來理解大寮環境巡守隊的實際運用狀況，並且評估其民主務實主義作為一種環境治理典範之可能性。

關鍵詞：反污染抗爭、社區參與、民主務實主義、環境運動、衝突解決

＊ 本文初稿曾發表於「重大開發案設置衝突與環境影響評估制度檢討」研討會。台北：中華經濟研究所，2009 年 10 月 9 日。筆者感謝蕭代基、徐世榮的指教意見，與湯京平的邀約。本研究使用國科會研究計畫（NSC-97-2410-H-110-052-MY3）所提供的資源，黃俊豪所提供的各種研究協助，一併致謝。

本文全文轉刊自《公共行政學報》第 35 期（2010 年），頁 119-141。

一、社會與環境衝突的民主務實主義解決

在目前種種生態危機的挑戰下，我們是否能夠找到化解環境與社會的對立的可能？對於這個問題，不少環境社會學家是持悲觀的態度。在目前的環境社會學討論中，「生產的苦力磨坊」（treadmill of production）是一個常用概念，它將當代社會比擬成為一部巨大的機器，不斷地掠奪自然資源，以滿足經濟擴張的需要。在這部機器中，企業、勞工、消費者與政府形成了一個支持成長的政治聯盟，所創造出的環境風險則是由更弱勢的族群或階級成員所承受（Gould, Pellow & Schnaiberg, 2004）。從這個觀點來看，任何公共政策的介入，例如環境立法等，都沒有真正挑戰到生產的苦力磨坊之核心預設，亦即更多的自然資源之投入是不可避免的；相對地，形形色色的環境制度之作用，即是使得這部機器更平順運作（lubricating the treadmill），拖延立即而明顯的危險，緩和已經爆發出來的社會衝突（Schnaiberg & Gould, 1994: 92-115）。

對於生態馬克思主義者而言，資本主義的矛盾不只是在於資本家與勞工之間的階級對立，同時也展現在無止盡的資本積累以及有限的自然資源之對立。只要是資本主義的體制依舊維持不變，資本積累就是鐵的律則，利潤的追求就是持續導致環境的破壞。也因此，主流觀點總是試圖將「永續發展」的概念化約成為「永續成長」或是「永續資本主義」，但是這樣的作法只是掩蓋了真正的生態危機之起源（O'Connor, 1994）。

從環境社會學與生態馬克思主義的視野來看，唯有徹底的結構改造，例如拆解生產的苦力磨坊，或是消除資本積累的必要性，我們才

能取得環境與社會的終極和解。這樣的思考方式並不是沒有道理的，誠如 Dryzek（1997: 13-14）所指出的，這種論述背後採取了一種世界觀的假定，認為我們有可能重新塑造一套嶄新的社會體制，而不是從既有的現實出發。另一種的思考方式即是，從當下的現狀出發，逐一解決具有急迫性的環境議題，利用公共政策的介入來微調各種制度，引導出不同行動者之間的新遊戲規則。Dryzek（1997）將這種論述方式稱為「問題解決」（problem-solving），其中包括了「行政理性主義」（administrative rationalism）、「民主務實主義」（democratic pragmatism）、「經濟理性主義」（economic rationalism）三種主要的途徑。

　　簡單地說，行政理性主義是將科學納入決策，讓專家進行決定。面對不斷出現的各種環境問題，政府被視為一種需要與時俱進的學習型組織，強化其技術問題的專業性，利用各種政策工具來引導經濟發展的軌跡。在臺灣，行政理性主義是佔主導地位的問題解決模式。從七〇年代末期，政府開始規劃國家公園時，一項明顯的特徵即是大量採用高學歷的專業人士，委託政府外的專家學者（黃躍雯，2002: 148-149）。在 1987 年環保署成立之後，這種政治文化獲得了進一步的延續。在政府部門中，環保署官具具有相當高比例的博碩士人員，也因此他們向來傾向於用專業、科學的角度來處理環境爭議。因此，面對解嚴之後層出不窮的反污染抗爭，環保署所採取的解決之道即是「大量的環境立法」（葉俊榮，1993: 73-132）。從中油五輕案的爭議中，學者也指出，科技是化解地方環境抗爭運動的最好武器，如此一來，「那些政治及社會上的價值觀，如民主、公平及環境保護和生態均衡都被忽視了」（徐世榮，1995: 149）。

經濟理性主義則是相信市場的力量，環境問題可以透過價格機制，來獲得妥善的解決。從這個角度來看，政府的種種管制措施往往是一種粗暴的「命令與控制」（command and control），它通常是無效的，有時甚至是帶來更嚴重的反效果。在目前，各種關於污染者付費、公有地私有化、排放權交易、碳稅等提議都是符合這種論述的解決方案，原因在於它們是相對上順從市場法則的機制，較少涉及官僚機構的介入。在臺灣，經濟理性主義仍未成為具有霸權性地位的論述。儘管新自由主義的主張獲得越來越多的共鳴，而且若干環境政策也採用了一些污染者付費的原則（例如空污費），但是要求國家完全撤退的想法仍不是主流共識，也不太可能說服一般大眾。

就環境問題的實際解決而言，除了專家與市場之外，公民的力量也是值得重視的。在民主務實主義的論述中，公共參與被視為最重要的關鍵，政策對話、「訴訟外的紛爭解決」（alternative dispute resolution）、告知義務規定等制度是可以促成公民知能的提升，並且有助於他們形成集體共識。在理想的狀態下，公民參與是有可能符合「審議式民主」（discursive democracy）的設想，也就是說，參與的民眾可以以理性的對話，來調和彼此的差異；一旦民主共識形成了，所有的參與者也有義務要遵守所達成的承諾（Dryzek, 1992）。

作為一種政治價值，務實主義相信衝突是可以化解的，但不是依靠某種先規劃妥善的制度設計（例如市場），或是某種具有優越性的知識（例如專家知識）。務實主義者所看到的世界是充滿不確定性，我們需要不斷地從錯誤中學習，修正我們既有的遊戲規則。務實主義重視民主，因為民主容許更廣泛的公共參與，發揮集思廣益的作用。民主不一定立即帶來最好的決策，但是它可以確保錯誤的先前決

策能夠被發現、被改變。由於許多環境爭議是新浮現的，缺乏可以援用的先前案例，或是無法在既有制度下解決，因此，務實主義者認為，更多元的參與、更彈性的決策方式、暫時或局部性的解決方案是一種必然的現象。

民主務實主義重視公共參與，但是 Dryzek（1997: 99-100）也注意其潛在的危險。「社區參與」有可能只是污染業者的「綠色公關」攻勢之一，少數社區領袖有可能獲得個人好處，但是社區的集體處境並沒有獲得改善。此外，「讓人民決定」的理念也有可能忽略了社會不平等的現象，在現實中，總是有某些優勢群體有能力將其利益包裝成為「共同的」、「大眾的」，而使得弱勢群體的聲音被淹沒了。即便如此，這些現象仍是不符合民主務實主義的基本精神，至多只是其扭曲、虛假的誤用，而不是其必然後果。

在此，本文關切民主務實主義作為一種環境問題的解決可能。從臺灣過去的發展經驗中，有幾項理由凸顯了公民參與的重要性。首先，臺灣環境問題的呈現向來是透過環境運動所開展出來的。隨著民主化的風潮，這股來自基層的參與風潮普遍擴散，形成一股可觀的集體力量（何明修，2006）。因此，臺灣的環境問題之核心即是公民參與的問題，無論其所採取的形式是街頭抗爭或是體制內的協調。其次，為了回應民間的要求，近二十年來的官方也試圖制度化公民參與，將其納入決策管道之中。《公害糾紛處理法》（1992）、《環境影響評估法》（1994）、《環境保護基本法》（2002）都有相關的規定，但是到底這些設計是否能達到其宣稱的作用，仍是值得觀察的。第三，蕭新煌（1994）指出，反污染抗爭可以區分為「事先預防」與「事後補救」兩種類型。大致上而言，「事先預防」的抗爭主

要是居民反對設廠，其衝突格局具有零和遊戲的特性，不是居民成功地「捍衛家園」，就是業者順利地「排除了投資障礙」。在事先預防抗爭的類型中，居民不會關注公民參與的議題，因為他們最首要目標是維持現狀，拒絕外來的威脅。如果業者最終能夠進駐設廠，這往往意味著在地的動員能力已經被擊敗，他們很難再關切設備運作之後的監督問題。舉例而言，1987～1990 年的後勁反五輕運動，一開始即是採取堅決反對的姿態，等到後來政府一方面動員警力、情治單位、司法手段來打壓社區抗爭，另一方面提供 15 億回饋基金，自救會無法立即提出污染監督的訴求（Ho, 2005）。此外，在「事後補救」抗爭中，很少爭議焦點是放在污染監督。根據蕭新煌（1994: 558）對於 1980～1991 年的反污染抗爭分析，有 33.8% 的案件要求「污染改善」、16.5% 要求「賠償」，10.6% 要求「遷廠」，相對地，只有 1.3% 的案件提出了「監督」的訴求。基於上述的理由，大寮個案是有其深入考察的必要性。

　　本文試圖從大寮空污事件的個案，來探討臺灣環境問題的公共參與問題。在 2008 年 12 月，大發工業區連續發生了四次不明的空氣污染，緊鄰工業區的潮寮國中與國小直接受到波及，累計有上百名學生送醫治療。當地居民發動了好幾波的抗爭行動，他們曾包圍工業區服務中心，也動員北上抗議。在居民強大的壓力下，環保署被迫緊急回應，包括調派南區稽查大隊前往當地進駐、提供健康檢查、成立空氣污染查證小組、協調賠償事宜等。但是對於居民最關切的問題，亦即是到底哪一家廠商是製造污染的禍首，環保署的作法卻無法取信於民。在 2009 年 1 月初，環保署的空氣污染查證小組認定七家業者具有污染嫌疑，但是這種說法卻與居民的認知大相逕庭，因為他們從日

常經驗中直接認定，是緊鄰學校的污水處理廠所闖禍的。在缺乏完整的監測系統，環保署所委託的專家只能根據殘缺不全的資料進行比對與「緝兇」，但是這樣的處理方式不但不能取信於民，被指名的業者也不能接受，甚至也傳出業者要控告官方的情事。

很明顯地，在大寮空污事件中，行政理性主義的解決途徑暴露其貧困，官方宣稱他們可以透過科學的方式來鑑定污染，結果卻是引發更多的不確定性與紛爭。值得注意的是受害居民除了賠償的要求之外，也提出了（1）賦與社區巡守隊稽查權、（2）成立公害監督委員會的訴求。換言之，他們試圖從污染受害者轉化成為環境巡守者的角色。這種民主務實主義的策略在臺灣是否有實踐的空間，是本文所關切的問題。

在接下來的部分，本文首先就環境保護協定這項制度作為討論焦點，來探討既有的社區參與狀況。其次，知的權利也是社區參與的重要一環，因此，我將以林園工業區與大發工業區的個案來分析目前的環境監測公開狀況。本文最後回到大寮空污事件的後續處理，重點將放在社區參與是否有可能進一步制度化。

研究者是在 2009 年 3 月至 7 月之間，在大寮進行深度訪談，總計共訪談了 8 位在地居民（包括村長、巡守隊長）、2 位官員（縣環保局、工業區管理局）、1 位業者，合計 11 位受訪者。其中有 2 位在地居民是進行多次的深度訪談。研究者是採取立意抽樣的方式，也就是選擇與空污事件相關的地方領袖、負責官員進行資料收集。此外，在多次與當地居民互動的過程中，非訪談所獲得的觀察資料，也一併記載成為田野筆記。

二、被遺忘的社區參與：環境保護協定、責任照顧

在「有害廢棄物選址」（hazardous waste siting）的過程中，支持社區參與的觀點強調，這種途徑可以避免鄰避主義的困擾。如果能讓在地居民與進駐廠商透過事先協議的方式，決定未來回饋與居民監督的方式，這樣不但可以避免激化的對立，也更符合民主的精神（Rabe, 1994）。

在 1992 年通過的《公害糾紛處理法》中，有關於「環境保護協定」之規定，其立意在於，透過先前的協商，規範設廠後所可能引發的種種爭議。[1] 在臺灣，最早的環境協定是宜蘭縣政府與台泥蘇澳廠於 1992 年 3 月所簽訂的，至今仍是唯一成功的例子。台泥公司計畫將蘇澳廠四號窯汰舊換新，由 40 萬噸產能提升為 110 萬噸新窯。這項擴廠計畫引發居民的反彈，宜蘭縣政府利用行政程序中的核轉權，扣留地方政府轉呈省及中央的擴建申請書，而向台泥要求簽訂環境保護協議書。經過了三年多的延宕，台泥終於同意簽署這項文件（宜蘭縣政府，1992）。

自從環境協定簽署之後，縣府與業者爭議便消失了。擴廠後的蘇澳廠與居民關係大致上保持良好，並沒有再傳出環境抗爭的事件。[2] 由於協議書明文規定使用費的用途與比例，所以地方回饋的方式也隨之制度化，少有爭議產生。其中最重要的關鍵在於監督委員會設立，成員包括縣政府、台泥公司、縣議會、鎮公所、律師公會、環保團體、公正人士。如此一來，不只是回饋經費的使用透明化了，而且監督委

---

1 以下部分修改自何明修（2002: 51-58）。
2 訪談記錄，宜蘭縣環境保護局第一課課員，1999/6/4。

員還可以行使入廠調查權，台泥公司不得拒絕。

由於當初推動台泥環保協定的主事者是縣長陳定南，後來其在立委任內便積極推動這項制度，在他的努力下，《公糾法》也納入這項地方政府所開創的新制度。但是儘管有這樣的規定，環保署卻沒有積極落實環保協定的意圖。在一項早期的研究中，學者就已經發現，石化業者普遍認為地方政治太過於複雜，因此簽訂環境協定的意願不高。環保署的立場也是順著業者的態度，並不打算積極推行（邱昌泰，1995: 94）。在 1995 ～ 1996 年期間，台泥花蓮廠擴廠與台化新港 ABS 廠設廠兩件爭議案中，地方人士都曾試圖要求與廠商依法簽訂環保協定，但是由於業者的反對、環保署的消極以對，最後都沒有獲得通過。

在花蓮廠爭議的過程中，縣政府原先已經允許台泥以汰舊換新名義申請擴建工程。等到 1995 年居民反對聲浪浮現後，縣政府不得不下達停工令，後來民眾的抗議減弱，再暗中准許復工。儘管在地的環保人士曾提出宜蘭模式的構想，要求與台泥簽訂環保協定，但是縣政府始終不接受。[3] 同樣地，台化 ABS 廠事件中，新港文教基金會曾試過中介居民與業者的衝突，他們根據環保署規定的格式，製作了一份環保協定。但是台化也是堅決反對，公司高層斥責環保協定是「賣身契」，要台化向地方居民「磕頭」。[4]

在花蓮與新港的爭議中，地方政府都不支持環保協定的策略，中央的環保署也沒有積極介入。基本上，環保署傾向於將環保協定定位為道義約束的君子協定，主要是看當事人的自主意願，視雙方協商合意結果而決定。因此，在 1997 年的一項行政解釋之中，環保署也基於相同的理由，反對在環評審查結論中規定業者要與民眾簽署環境

協定。[5] 將環保協定視為自願性的產物，就等於是賦與廠商否決權，而他們通常是不會主動採取這項措施。因此，《公糾法》第 30 條的相關規定至今乃只是徒具形式，問題正是在於環保署的消極不作為。環保協定這一類公民參與「徒具形式」，誠如學者所指出的，其根源即是來自於「菁英專家與專業主義的主導」（林子倫，2008: 255）。

值得注意的是，在大寮空污事件爆發之後，環保署捉不到污染源的窘境畢露，在居民強大的求償壓力下，環保署急忙地推出了這項備而不用的制度。直接受害的潮寮、過溪、會結三村村民，準備在 2009 年 1 月 16 日發動大規模的北上抗爭。在籌備遊行的前夕，環保署派稽查總隊總隊長南下勸阻，他提出了環保協定的構想，希望居民不要前往台北。在無法說動居民的情況下，環保署又向當地村長表示，「叫他們不要去抗爭，去台北玩一玩，吃吃喝喝然後所有開支算政府的」。[6] 換言之，對於中央官員而言，環保協定只不過是用來勸阻抗爭的工具，與政府招待的「吃吃喝喝」具有一樣的作用。在其後來公布的新聞稿中，環保署強調已經請「經濟部工業局促成大發工業區廠商聯誼會經由登記成為社團法人，以具備簽訂協定之法律效力」。[7] 但是實際上，一直到 2009 年底為止，環保協定仍沒有正式簽訂。

簡而言之，臺灣的環保協定是一項向來被企業界排斥、被官方忽略的既有制度。在大寮事件的危機發生之後，工業區的廠商不得不

---

3 訪談記錄，花蓮縣環境保護聯盟理事長，1999/8/19。

4 《經濟日報》，1995/12/20, 1996/1/6。

5 環保署環署管字第 53496 號函（1997/9/15），見環保署網站：http://www.epa.gov.tw（取得 1999/11/12）。

6 訪談記錄，大寮鄉潮寮村長，2009/3/13。

7 引自苦勞網，http://www.coolloud.org.tw/node/34460（取得 2009/9/26）。

放低姿態面對受害的社區，更重要的，備受指責的官方也不得不採取更積極的作為來因應，在這個少有的關鍵時刻，環保協定儼然成為了化解日後衝突的可能選項之一。只是十分可惜地，在環保署的過度工具化操作心態之下，這一個有可能形塑未來先例的機會之窗已經錯過了，也因此，臺灣的環境決策之社區參與也沒有向前更邁進一步。

除了環保協定之外，另一項有可能容納社區參與的制度即是所謂的工業「責任照顧」（responsible care）。責任照顧的概念是來於加拿大、美國的石化業者，他們透過更公開的工業安全管理，來向公眾表達環境保護的承諾。到了八〇年代，責任照顧更擴散成為全球性跨產業的運動。值得注意的是責任照顧運動也試圖納入鄰近社區的參與，因此其理念也包括了組織「社區諮詢委員會」（community advisory panel），以確保民眾可以知道自己所關心的環境問題。在臺灣，責任照顧的理念是在 1991 年由美商公司引進，獲得了國內若干廠商的響應，並且在 1998 年成立全國性的化學工業責任照顧協會（潘文炎，1999）。

如果說環保協定是來自於政府法令的推動，那麼責任照顧則是來自於業者自願性的努力，兩者都有可能促成更全面性的社區參與。然而，在臺灣，社區諮詢委員會仍是處於低度發展的狀態。有幾項證據顯示，社區參與仍未進入本土責任照顧運動的議程中。首先，在化學工業責任照顧協會所提供的「承諾聲明書」中，完全沒有提到社區參與。業者所宣誓公開溝通的部分，僅只限縮於「公司的活動計畫，並公布執行績效」，而不是與民眾健康安全密切相關的風險議題。其次，就目前若干積極業者所公布的資料，例如南帝化工（黃瑞源，1999）、新和化學（馬志明、楊瑞豐，2000），也沒有發現任何業

者主動設置的社區參與管道。大部分國內業者仍是將責任照顧運動
理解為污染控制、廢棄物減量、工業安全等項目。相對地，外商公
司對於社區參與的推動比較積極，有些廠商會舉行 OPEN HOUSE
（開放廠區）的活動，讓民眾有機會來參訪工廠。目前唯一有設立社
區諮詢委員會制度的是位於桃園縣觀音鄉的美商杜邦公司（鄭允豪，
2006）。即便如此，到底民眾能夠從這些活動中獲得哪些訊息，仍是
有待觀察的。

　　充分的資訊揭露是社區參與的前提，如果廠商都不願意公開他
們的實際營運狀況，那麼任何有意義的參與都是不可能的。化學工業
責任照顧協會強調，他們將會「鼓勵會員公司與協會告知大眾有關業
界在績效數據、成就與挑戰等方面的所作所為」。[8] 但是在實際上，
許多臺灣的業者都不願意遵守既有的規定，依法報備污染狀況。在這
種情況下，要期待他們能夠自願遵守責任照顧的精神，來對於周遭揭
露資訊，根本是不切實際的。[9] 針對這一點，化學工業責任照顧協會
指出，「民眾對於石化工業都相當的敏感，很難做比較理性的溝通，
所以目前很難推動」。因此，儘管「廠商其實是有誠意想要推動與社
區之間的相互諒解」，但是協會本身並「不會積極的推動會員去建立
社區諮詢委員會」。[10]

---

8 化學工業責任照顧協會，http://www.trca.org.tw/about/care.asp（取得 2010/3/25）。
9 舉例而言，台塑公司也有加入化學工業責任照顧協會，然而在 2010 年 3 月所爆發的仁
　武廠地下水滲漏案卻顯示，公司主管早在 2002 年就得知廠區地下水污染的狀況，卻沒
　有依法報備。他們的解釋是，「自家發生污染，怎麼可能四處張揚呢？」（http://www.
　libertytimes.com.tw/2010/new/mar/24/today-fo3.htm，取得 2010/3/31）。換言之，如果
　業者對於既有的法律都不願意遵守了，又要如何期待他們自願地向社區公開資訊？在整
　個事情中，化學工業責任照顧協會也沒有發表任何公開聲明，這似乎顯示，這項業者所
　發起的運動很可能只是企業界的「漂綠」（green-washing）手法之一，對於實質的環境
　保護並沒有太大的助益。
10 訪談記錄，化學工業責任照顧協會祕書長，2010/3/26。

有研究者建議政府可以多推廣社區諮議委員會，以協調、化解業者與社區之間的紛爭（朱斌妤、蘇明敏，2000）。然而，有鑑於大部分的國內業者對於社區參與仍抱持著排斥的態度，因此只憑業者的自願性努力，這項制度仍是不容易落實。

三、環境監測的公眾告知：林園與大發的實例

從民主務實主義的角度來看，各種「告知權利的立法」（right-to-know legislation）是有助於社區的環境參與，因為只有當公民獲得了必要而充分的訊息時，他們才能夠做出理性的判斷（Dryzek, 1997: 91）。有鑑於當代日常生活不斷地受到各種新科技的衝擊，學者也指出，「確保充分受告知而同意之權利」是科技公民身份不可或缺的一環（范玫芳，2008: 204-205）。在美國，八〇年代興起的環境正義運動挑戰了將廢棄物丟放在少數民族社區的作法，並且要求相關當局要公告相關的訊息。在 1994 年，環境正義的訴求獲得了聯邦政府的支持，美國總統下令調查廢棄物對於貧窮社區的影響（Pellow, 2002: 71）。在臺灣，2002 年公布的《環境保護基本法》也宣示，「各級政府應建立嚴密之環境監測網，定期公告監測結果，並建立預警制度，及採必要措施」。然而在現實上，工業區鄰近居民的告知權利是否有真正落實，是值得重度懷疑的。在這一節中，筆者就以大發工業區與鄰近的林園工業區來描述目前的環境監測現況。

位於大寮鄉的大發工業區與位於林園鄉的林園工業區，都是在七〇年代末期正式開發完成，但是兩者的規劃與使用卻是截然不同。大發工業區一開始是為了收納在高屏溪畔進行廢五金露天燃燒的回收業者，後來則是演變成為一個綜合性的工業區。目前有五百多家的

業者，分別從事金屬、石化、機械等產業，其中有很大一部分是中小企業規模的廠商。林園工業區則是十大建設中所規劃的石化專業園區，因此產業性質高度集中，廠商規模也較為龐大，其中包括中油、台塑、中美和等大廠。

在林園工業區，從 1993 年開始，工業區服務中心就設置噪音、空氣的監測站，隨時掌控最新的污染情況。但是在大發工業區，政府則是完全沒有投入相關的心力，一直到 2008 年的空污事件之後，政府部門才意識到這個問題的嚴重性。因此，環保署緊急設置臨時監測站，調派監測車進駐，工業區服務中心也才開始設置「環境監測系統」。不可否認地，工業區性質之差異影響了政府投資監測系統的意願。林園工業區的廠商規模大、數量少，容易協調出一致的集體行動；相對地，在大發工業區推動全面性的監測之困難度較高，誠如一位受訪者官員所指出：

> 我們沒辦法叫工業區全部的廠商去做這個監測，因為有些工廠也沒有開工，它只是做囤積貨物的倉庫。舉個例子，華東路這邊全部都是堆置場。那是屬於別人的儲放場，沒有製程，要怎麼有污染。[11]

儘管工業區的產業性質不同，不可否認地，政府設置監測系統的決定仍是取決於民眾抗爭的因素。在林園，1988 年所爆發出來的大規模圍廠抗爭，以及日後所付出的鉅額賠償，是促成全面性監測的關鍵。相對地，大發工業區從來沒有經歷這樣的抗爭，也因此沒有迫

---

11 訪談記錄，大發工業區服務中心職員，2009/4/28。

使政府進行監測的理由。

2008 年年底，大發工業區爆發的空污抗爭，給予了當地民眾要求政府設置監測系統，並成立監測委員會的機會。雖然截至 2009 年 7 月底前，因監測系統尚未建置完成，所以並未處理監測委員會之成員組成與監測標準等事宜。但大體來說，地方上對此是抱著過度樂觀的態度。大發工業區巡守隊隊長就直覺地認為委員會的組成一定要包含村長、社區協會理事長、鄉代表等地方上有公信力的人，且其運作必然得以「公開」、「公正」為原則。[12]

然而，設置監測系統並不必然意味著地方民眾在這場抗爭中獲得被告知的權利，充其量只能視之為另一個戰場的開闢。事實上，監測系統的存在不等同於當地居民可以隨時了解他們所承受的環境風險。從林園的經驗來看，該工業區的監測資料是連當地環保局都無法取得的，更遑論鄰近的居民。一位受訪的官員就如此指出：

> 這些監測數據一般都不對外公開的，也不會送上去環保局或是工業局，那些都是監測中心委託代操作單位在控管。那些環保團體憑什麼來監測，我請問你，你也來，阿貓阿狗也來，李四王五也來各說各話，這不是亂了嗎。這個環境品質是要由主管單位來負責，像高雄縣環保局、環保署。這不能一堆阿貓阿狗跑來說要監測就監測，而且要聽誰的，一般的老百姓也沒這方面的素養。像噪音，早上幾分貝，下午幾分貝，晚上幾分貝，靠近工廠幾分貝，住家幾分貝，這些誰搞得清楚啊！那是因為我們有在接觸這些，多多少少搞得清楚，一般老百姓哪懂！[13]

對於在地居民而言，不公開的監測資料就等於完全沒有監測，現行的作法無異是「裁判兼球員」。[14] 很明顯，從主事官員的角度來看，一般民眾不具有專業能力，因此不能享有告知的權利。正由於這種保守官僚的心態，環境公民參與的理念才一直無法獲得實現。

在無法取得完整的環境監測資訊下，居民的安全只能依靠地方政府的公害陳情專線與例行的環境稽查。臺灣的環境稽查體制從1992 年正式上路以來，在制度設計上就出現了種種業績評定、協調分工的問題（邱昌泰，1995: 63-65）。在目前的情況下，居民所受到的保護也十分有限。一方面，地方政府的資源有限，往往無法處理轄區內的大大小小公害案件。就以整個高雄縣來說，整個縣也只有一台空氣監測車，「一三五是來林園，二四去仁武大社」，結果那些工廠就是利用空檔來排放廢氣。[15]

另一方面，第一線的稽查人員是否會受到政商的不當壓力，因此縱容污染情事，導致民眾權益的受損？從既有的研究資料來看，這種情形是普遍存在的。湯京平（2002: 167）的調查指出，有近四成北高兩市的稽查員同意「來自社會的人情壓力會影響執法工作」。曾子旂、何明修（2008: 186-189）也發現，不少國營事業經理人員認為，稽查員往往是針對比較「乖」的國營企業開罰單，而不敢處理私營企業的違法事項。業者對於環境稽查制度的公平性，也多所質疑（蕭新煌、蔣本基、劉小如、朱雲鵬，1993: 159）。

在這種情況下，居民對於地方環境稽查人員很難產生信任，而

---

12 訪談記錄，大發工業區巡守隊隊長，2009/07/31。

13 訪談記錄，林園工業區服務中心職員，2008/10/17。

14 訪談記錄，林園鄉公所主任秘書，2008/10/3。

15 訪談記錄，林園鄉反公害護家園協會會員，2008/11/22。

且高度懷疑有密切的官商勾結。一位大寮鄉村長就這樣認為：

> 環保局以前的處理方式，是一再拖延時間，等到空污都消散了
> 才出現。所以這些年來從沒有成功抓到過……從高雄縣的鳥松
> ［註：縣環保局所在地］開車過來，我們只要 20 分鐘，他們都
> 要花 40 分鐘，也不知道他們是如何開車的。[16]

　　理所當然，受害的居民感到很憤怒，他們直接認定是官員特意
包庇。也因此，後來他們採取另一種十分特別的因應之道，一旦「看
到某家廠商在排廢水就故意報錯地址，然後去那個錯的地方抓環保局
的人過來稽查」。[17] 換言之，他們的意圖即是要避免稽查人員事先通
風報信，掩蓋原有的污染事證。

　　總結來說，目前臺灣工業區鄰近居民的告知權利是沒有被正視
的。在承平時期，他們根本無從知道自己每天所面對的環境風險；一
旦公害產生了，他們也無法獲得應有的救濟。無疑地，2008 年的大
寮空污事件就是這種扭曲結構下的產物，其抗爭風潮也帶來強化社區
參與的壓力。

四、大寮空污事件之後的社區參與

　　對於潮寮、會結、過溪三村的居民而言，2008 年連續四次的空
污事件讓他們承受到很大的傷害，同時他們直接目睹了無能解決問題
的官員窘態。受害村民向政府提出了十一項的要求，主要可以區分為
下列幾種類別：

　　（一）物質性賠償，其中包括潮寮國中、小之免費營養午餐、

為兩校設每年 30 萬元獎學金、發給居民每人 2 萬元慰問金，病重學生 30 萬元、政府補償三村居民每人 10 萬元。[18] 在這些要求中，營養午餐、獎學金已經獲得了政府的同意。但是在醫療費用與賠償的部分，卻沒有達成共識。不少受害就醫的民眾直接拒絕繳納自費部分，他們要求要由政府來買單。至於金錢賠償的部分，政府堅持不使用「賠償」的名義，而要求改以「敦親睦鄰」的名義來進行回饋，但是金額一直到 2009 年夏天仍沒有獲得共識。[19]

（二）環境風險，包括調查三村流行病學和健康風險評估、成立職病專家為病重學童診療。後來政府僅協調高雄醫學院在當地設置臨時的門診中心。

（三）工業區污水廠遷廠，這其實是居民第一優先的訴求，原因在於他們認定污水廠是污染的元凶，但是它卻不在環保署所公布的七家涉嫌廠商中。居民認為，污水廠緊鄰兩間學校，對於當地學童傷害太大，更重要地，他們從日常經驗都知道，污水廠的安全管理是大有問題的。好幾次巡守隊員都發現，裡面的員工上班時間在喝酒，而有些人已經是明顯喝醉了。[20] 因此，居民對於其安全性十分質疑。然而，官方並沒有同意這項訴求。

（四）社區參與的環境監測，包括一年內設置空氣監測中心、設置大發工業區公害監督委員會、補助潮寮村與過溪村巡守隊 60 萬元。事實上，這些想法是環境運動人士（地球公民協會、林園鄉反公

---

16 訪談記錄，大寮鄉潮寮村長，2009/3/13。
17 訪談記錄，大發工業區巡守隊隊長，2009/3/21。
18 《聯合報》，2009/1/4。
19 訪談記錄，大寮鄉潮寮村長，2009/7/20。
20 訪談記錄，大發工業區巡守隊隊長，2009/3/21。

害護家園協會）所提出來的，他們在事後立即前往大寮鄉，向當地村長提議。這些提議獲得了官方的首肯，也因此出現了朝向社區參與的難得新契機。[21]

　　由於空氣監測系統仍在設置之中，公害監督委員會也因此無法運作，在此，本節就集中於討論社區巡守隊的轉型。潮寮村與過溪村的社區巡守隊在 2001 年成立，一開始純粹是因為地方治安的問題，希望能夠減少夜間的失竊率，例如專門針對田寮裡的馬達的竊賊即引發居民很大的困擾。這種情況在鄉下地區十分普遍，因此在整個大寮鄉 25 個村中，就有 11 個村設有巡守隊。在起初，設備、餐點等費用都是由鄉公所提供的，後來工業區的廠商也有提供部分的經費。在大寮，不少比較有規模的廠商都提撥固定回饋的經費，平常用於廟會活動、村裡的紅白帖等，因此贊助巡守隊也是不令人意外的。巡守隊的成員是由當地村民所組成，他們都是自願參與的。

　　在事件爆發之後，當地巡守隊不但獲得了縣政府的正式補助，同時也在其同意下，以社區巡守隊為班底，正式成立「大發工業區污染源民間稽查小組」。這個小組一共 16 位成員，潮寮、過溪村各派 8 位隊員，每一天輪 2 個人，平常 24 小時待命。[22] 此外，巡守隊也接受了縣環保局的授課，學習科學採樣的相關知識。換言之，在事件之後，社區巡守隊開始從純粹的民間自發性組織，朝向準官方的方向發展，逐漸與體制內的稽查人員分享相同的權利。如果這種創新的制度能運作良好，那麼社區參與的理念或許就可以獲得初步的落實。

　　潮寮與過溪兩村的社區巡守隊逐漸將其功能擴展至污染防治，他們很自然地就認為，捉污染廠商的道理就像是捉偷田寮馬達的小偷，誰發現了就可以立即動手捉賊。大發工業區巡守隊隊長在談到巡

守隊是否有權力處理污染問題時表示，「一般巡守隊會抓到，一定是現行犯，那現行犯是任何人都可以抓的，這沒有公權力的問題」。在起初，居民對於巡守隊的期望很大，希望他們能夠取代公信力飽受質疑的環保局官員。從巡守隊的角度來看，既然他們獲得了官方的補助與承認，他們就應該享有勘查廠商、採樣的權力。然而，縣政府顯然還是抱持保留的態度。

從相關的法律條文來看，《水污染防治法》第 26 條規定，主管機關有權派員對疑似污染廠商進行稽查工作，廠商不得妨礙或拒絕；而其《施行細則》第 9-1 條，則規定主管機關得將該查證工作委託於該特定區域內的相關團體、法人。《水污法》及其《施行細則》傳達了兩個重點：首先，地方上的團體，如巡守隊，確實有參與污染防治的法源依據；其次，不管是母法，還是施行細則，都未明定主管機關對於團體或法人的委託之授權範圍與程度，使其成為地方政府的自由裁量權，而非被授權的團體所能置喙。

在大發工業區的空污案中，官方對於巡守隊的授權範圍顯然是相當限縮的。巡守隊僅被期待在發現異狀之後，能夠立即通知稽查人員，再以「會同」的方式來進行檢查。換言之，官方認為，巡守隊只是幫忙打電話報案，至多是在旁觀察稽查人員的採樣工作。因此，民間巡守隊的授權範圍一直是官民之間所爭執的焦點。

社區巡守隊知道官方的立場之後，他們退而求其次，不再要求

---

21 儘管專業環境組織很快地介入大寮案件，並且提出了社區參與的建議，但是他們沒有發揮持續的影響力。在後續民間稽查小組的爭議中，他們是沒有參與的。在此，有兩個原因，第一，專業環境組織資源有限，無法長期鎖定某一個地方個案。其次，大部分的居民仍是重視立即的金錢補償，而不是參與監督的權利。關於環境組織對大寮案件的參與，有一份完整的記錄，見李根政的部落格，http://leekc-95kh.blogspot.com/2009/01/blogpost.html（取得 2010/2/27）。

22 訪談記錄，大發工業區巡守隊長，2009/5/20。

百分之百的稽查權。在目前他們所採取的作法是，如巡守隊發現污染，他們會立即通知環保局。如果稽查人員能夠立即前來現場，就一同進行聯合勘察的工作；如果巡守隊員認為污染之證據有隨著時間被消滅之虞，則會向環保局人員作報備，再進入廠區進行採樣的工作。一般而言，廠商是願意接受巡守隊員的進入，因為環保署有正式行文給當地廠商。一旦進入了廠區，巡守隊必須全程將其過程錄影，並且依環保局所教授之標準程序來進行採樣，並將之交由隨後來到的環保局人員。

官方的保守態度也表現在他們如何兌現「聯合稽查」的承諾。根據本文的田野觀察，原先居民獲得官方的同意，可以共同參與針對環保署公布的七家涉嫌廠商之未預警的稽查。聯合稽查當日，在走訪廠商的過程中，實際進行採樣的都是環保局人員，而同行的巡守隊員、村長卻是與環保局的長官一同被請到辦公室泡茶聊天。環保局的長官更在每家廠商稽查結果出來時，請地方人士提出意見，並將這些意見寫在稽查結果上。美其名是尊重地方意見，但實際上卻是希望這些地方頭人來為其結果背書。因此，原先應是一個能夠讓巡守隊實地操作採樣程序的機會，卻在官方的有意隔離下，使地方不僅被排除於外，更要被迫擔當稽查結果的保證人。

社區民眾看得很清楚，他們敏銳地察覺到官方處處阻撓的手法。當日出席聯合稽查的大發工業區巡守隊長就曾嘆說「我們有去跟沒去，沒有太大差別」。[23] 然而，當巡守隊進入了官方的遊戲中，即便獲得了較以往大的權力，卻也不得不遵守官方的遊戲規則。即便有所抵抗，卻也往往僅是消極的不作為。例如在聯合稽查過程中，地方提出了希望工業區在大排水溝附近能多裝設監視器的意見，在廠商與工

業區服務中心一陣推託之後，現場環保局官員就建議，過溪的社區發展協會發公文到環保局來申請。這個看似四平八穩的決議，實際上卻是將廠商與服務中心不願負擔的責任推到地方來。因此，原先提案的協會理事長感到心灰意冷，在聯合稽查結束後將近一個月，仍不願送出公文。[24]

從民主務實主義的角度來看，平等的參與是最首要的價值。就這一點而言，民主務實主義與審議式民主是十分接近的，兩種理論都主張，公開而平等的參與可以「達到共善為目的的共識結論」（蔡宏政，2009: 7）。然而，就上述的觀察而言，居民、官方、業者之間顯然沒有產生公共利益的共同認知。一連串的程序上的阻撓、行禮如儀，加深了居民的挫折感，也降低了其參與的願意。

除了官方的抗斥之外，巡守隊是否能滿足社區居民的期待，甚至是獲得他們的信任，也是值得觀察的面向。自從巡守隊開始負擔污染防治的任務之後，一個明顯的現象即是，原先會打給環保局公害專線的居民，開始直接向巡守隊「報案」。[25] 這個現象顯示，在居民的心目中，巡守隊已經開始獲得類似官方的地位，而且更重要地，他們寧願相信在地子弟保護家園的熱誠，而不是屢次讓他們失望的政府官員。儘管如此，社區巡守隊本身仍是面臨了專業能力、自我組織、地方信任三項因素的挑戰。

首先，即使巡守隊員接受了環保局的課程訓練，也獲得官方所提供的設備，知道如何進行標準化的採樣工作，但究竟巡守隊是否能夠正確地辨識、判斷污染，也並無絕對的把握。潮寮村長就坦承：

---

23 訪談記錄，大發工業區巡守隊隊長，2009/7/31。
24 訪談記錄，大發工業區巡守隊隊長，2009/7/31。
25 訪談記錄，大發工業區巡守隊隊長，2009/5/20。

污染防治是專業的東西，在空污方面，我們可能比較沒辦法；我們是比較著重在水污，只要有偷排，都會看得出來，不管是水的顏色不一樣，還是強酸強鹼都會有異味，我們可以會同環保局跟廠商來看。空污的部分，如果是排很明顯的黑煙，我們也可以錄影，再由環保局來請廠商改善，只是比較沒有時效性，至於到底有沒有污染，就看監測系統。[26]

因此，到目前為止，民間稽查小組只能針對水污染的部分加強監督，至於空污，他們只能寄望未來完成的監測系統，以及公害監督委員。

此外，要落實完善的社區參與，村落的自我組織能力也是重要的。潮寮、過溪，會結三村雖然都在空污事件中受害，但是只有前兩村事先就成立了巡守隊，而會結村卻一直沒有這樣的組織。因此，事後官方的補助自然就略過了會結村，而僅給潮寮與過溪兩村。如此一來，會結村民的安全就沒有獲得巡守隊的保護，過溪的社區發展協會理事長便表示，「現在是非常時期，我也不想管會結那邊是怎麼巡守了，現在是隨人顧性命的時候了」。為何單獨只有會結村沒有巡守隊呢？原因即是在他們的自我組織較弱，不願意以集體參與的方式來解決社區所共同面臨的問題。會結村長如此表達了村民的考慮，萬一巡守隊沒有防止偷竊行為，村民一定會大罵，「在巡鬼啦，巡酒瓶啦，巡到睡著了」。[27] 因此，村民普遍認為多一事不如少一事。[28]

最後，要維持能夠持續運作的巡守隊，也是需要穩定的經費來支持。除了官方所承諾的補助，巡守隊目前也依賴工業區廠商的捐款。對於業者而言，每年編列固定的公關經費來贊助地方活動，是行

之有年的慣例。然而一旦巡守隊的工作從單純的捉小偷，擴大成為捉污染，那麼是否有可能出現不肖業者以公關名義，行收買巡守隊之實，也是值得觀察的。事實上，也有些居民認為，巡守隊本身的公信力是有待提升的。地方上就有傳言，某一家資源回收業者經常被警察檢查，因為常有「民眾」報案說那邊有贓貨，其原因即是「沒有給巡守隊贊助，而遭到修理」。[29]

到底大寮鄉民是否能從污染受害者轉變成為環境巡守者，這項角色轉換目前仍是有各種的困難。在目前看來，社區巡守隊是否能夠突破官方的保守心態，並且取得當地居民更堅實的信任，將是最重要的挑戰。

在此，新竹科學園區的制度化參與（1999-2005）之經驗（Tu, 2007: 516-519），是值得參考比較的。相對於大寮，新竹市原先就有專業的環境運動團體（新竹公害防治協會），大學教授的介入也有助於運動者取得參與的正當性。在九〇年中期以降，竹科種種污染情事逐漸曝光，在環境運動者的要求下，主管科學園區的國科會在1999年同意設置「環保監督小組」。與大寮的社區巡守之草根路線不同，竹科環保監督小組著重於污染的調查與監督；然而，在經過了幾年的運作，社區居民與環境運動者都對此感到失望。原先環境運動者所期

---

26 訪談記錄，大寮鄉潮寮村長，2009/7/20。

27 訪談記錄，大寮鄉會結村長，2009/4/9。

28 根據我們的觀察，比較關心污染問題的居民是長期居住的在地人，自外地移入者的社區參與度比較低。潮寮、會結兩村都是以在地人為主，而過溪村則是有相當多的外來人口（田野筆記，2009/6/19）。然而，人口組成的差異並無法解釋為何以在地人為主的會結村沒有在事先就組織了社區巡守隊。從我們與三個村的領袖接觸與訪談中，原因很可能是主事者的態度與意願。如果村長不積極爭取資源，動員居民，自發性的社區參與是很難形成的。

29 訪談記錄，大寮鄉過溪村民，2006/6/19。

待的流行病學研究，沒有獲得官方的經費支持，對於民眾所反應的污染案件，主管單位的配合意願也並不高。最後到了 2005 年，環境運動者不再參與這個官方的小組，宣告制度化參與的實驗正式結束。

此外，2009 年底高雄縣市交界大坪頂地區所爆發的毒鴨事件，也是民間團體自行發起的環境監測行動之一。台南社區大學有一群環境義工，他們關切南臺灣有害廢棄物的流向，在之前，他們已經成功地促成政府正視台鹼安順案的污染案。由於他們積極的追蹤，同時也擁有檢測戴奧辛含量的儀器，所以才能夠揭露這起事件，並且引發官方的相關行動。[30]

從這些個案來看，政府部門的保守態度無疑是阻礙民主參與的最大因素，官方的拖延、消極抵制都會使得民眾的參與意願降低，產生對於既有制度的不信任。竹科與大坪頂的個案也呈現這樣的特色，如果要迫使官方採取積極行動，民間是需要一定程度的專業能力，他們至少需要有辦法拿出具體的、可被科學上檢證的事證。然而，相對於其他地區具有充沛的社會資本（環境運動團體）、人力資本（大學教授），臺灣大部分的工業區周遭社區都是比較接近大寮的狀況，社區的自我組織能力是明顯不足的。大寮的個案即呈現了這樣的問題，也因此社區巡守隊面臨了種種的內部挑戰。

五、結論

自從 1994 年政府提出社區總體營造的政策之後，強調由下而上的參與、官民夥伴關係的思維逐漸擴展到各個議題領域。從一開始的文史保存、到九二一之後的災區重建，以及地方產業的振興，都可以發現社區參與的成分是越來越明顯（陳錦煌，2009）。然而，在污染

防治方面，社區參與的發展相對而言卻是落後的。其原因是不難理解的，在文史保存、災區重建、地方產業等議題上，所涉及的利益衝突比較不明顯；相對地，污染的問題則不可避免地是一種零和遊戲，污染者之所得，即是被污染者之所失。

本文指出，在以往行政理性主義的典範主導下，官方對於基層民眾抱持著不信任的態度，阻礙了社區參與的制度化。環保協定並沒有獲得官員的重視與提倡，環境監測系統不是沒有建置，就是其測量結果沒有公開。因此，在廠商與社區居民不對稱的關係下，後者持續受到污染的威脅，他們的聲音只能透過激情的抗爭才能獲得重視。用通俗的話來說，過度膨脹的行政理性主義即會帶來「專業獨裁」的扭曲現象。就以晚近眾所關注的中科三期爭議為例，最高行政法院的判決撤銷了環評報告，但是環保署仍無視於司法體制的要求，宣稱七星農場開發案沒有必要停工（邱花妹，2010；黃丞儀，2010）。這個例子顯示，在臺灣環境問題的治理，行政理性主義已經儼然成為無視社會輿論、合法性的巨獸；在這情況下，民主務實主義所重視的參與原則，自然會受到高度的排擠。

在 2008 年底所爆發的大寮空污事件，呈現了行政理性主義的不足。由於政府無能根除污染，甚至指認出污染廠商的情況下，社區參與的要求被提出來了，而且也獲得了官方某種程度的接納。理所當然，我們不能過於樂觀地期待，一個地方性的社區參與之實驗要促成全面性的典範移轉，是有相當的困難。到底這個災難後萌生的民主務實主義之芽苗，是否有可能普遍化成為臺灣環境治理的新典範，仍是有需要克服的內外種種障礙。

---

30 見 http://163.26.52.242/~nature/modules/tadnews/index.php?nsn=178（取得 2010/3/25）。

參考文獻

朱斌妤、蘇明敏,2000,〈臺灣石化社區關係發展之方向:社區諮議委員會的建立〉,《國立台北大學學報》,2: 182-215。

何明修,2002,〈衝突的制度化?公害糾紛處理與環境抗爭〉,《教育與社會研究》,3: 35-64。

何明修,2006,《綠色民主:臺灣環境運動的研究》。台北:群學。

宜蘭縣政府,1992,《宜蘭縣政府、臺灣水泥股份有限公司蘇澳廠環境保護協議書》(未出版之官方資料)。宜蘭市:宜蘭縣政府環境保護局。

林子倫,2008,〈從抗議到審議:臺灣環境治理的變遷與挑戰〉,載於王宏仁、李廣均、龔宜君編,《跨戒:流動與堅持的臺灣社會》,頁239-260。台北:群學。

邱昌泰,1995,《臺灣環境管制政策》。台北:淑馨。

邱花妹,2010,〈中科三期應速停工〉,《中國時報》,2月6日,版A14。

范玫芳,2008,〈科技、民主與公民身份:安坑灰渣掩埋場設置之個案研究〉,《臺灣政治學刊》,12 (1): 185-227。

徐世榮,1995,〈試論科技在地方環境抗爭運動中所扮演的角色:以後勁反五輕運動為例〉,《臺灣社會研究季刊》,18: 125-152。

馬志明、楊瑞豐,2000,〈緊急事件準備與應變之推動經驗談:新和化學公司高雄廠〉,《環境管理報導》,17: 17-20。

陳錦煌,2009,〈十年社造我們學到什麼〉,《中國時報》,9月21日,版A14。

曾子旂、何明修,2008,〈高雄縣市永續發展總體檢:打造綠色工業〉,載於蕭新煌、紀駿傑、黃世明編,《深耕地方永續發展:臺灣九縣市總體檢》,頁173-214。台北:巨流。

湯京平，2002，〈環境保護與地方政治：北市兩市環保官員對於影響執法因素的認知調查〉，《臺灣政治學刊》，6: 138-183。

黃丞儀，2010，〈環評案樹立司法新標竿〉，《中國時報》，3月2日，版A14。

黃瑞源，1999，〈南帝化工公司推動責任照顧之經驗：廢棄物管理與減量〉，《工業污染防治》，71: 65-179。

黃躍雯，2002，《築夢荒野：臺灣國家公園的建制過程》。台北：稻鄉。

葉俊榮，1993，《環境政策與法律》。台北：月旦。

潘文炎，1999，〈臺灣責任照顧制度的沿革與展望〉，《工業污染防治》，71: 124-130。

蔡宏政，2009，〈公共政策中的專家政治與民主參與：以高雄「跨港纜車」公民共識會議為例〉，《臺灣社會學刊》，43: 1 42。

鄭允豪，2006，〈永續經營的基石：杜邦的安全文化〉，http://proj.moeaidb.gov.tw/cesh/data4/59-07.pdf（取得 2010/3/3）。

蕭新煌，1994，〈臺灣地方環保抗爭運動的性格與轉變：1980-1991〉，載於臺灣研究基金會編，《環境保護與產業政策》，頁 550-573。台北：前衛。

蕭新煌、蔣本基、劉小如、朱雲鵬，1993，《臺灣 2000 年》。台北：天下文化。

Dryzek, J. S., 1992, "Ecology and discursive democracy: Beyond liberal capitalism and the administrative state." *Capitalism, Nature and Socialism*, 3 (2): 18-42.

Dryzek, J. S., 1997, *The politics of earth: Environmental discourses.* Oxford: Oxford University Press.

Gould, K. A., D. N. Pellow, and A. Schnaiberg, 2004, "Interrogating the treadmill of production." *Organization and Environment*, 17 (3): 296-316.

Ho, Ming-sho, 2005, "Protest as community revival: Folk religion in a Taiwanese antipollution movement." *African and Asian Studies*, 4 (3): 237-269.

O'Connor, J., 1994, "Is sustainable capitalism possible?" In M. O'Connor (ed.),

Is capitalism sustainable: Political economy and politics of ecology. New York: Guilford, pp. 152-175.

Pellow, D. N., 2002, *Garbage wars: The struggle for environmental justice in Chicago.* Cambridge, MA: MIT Press.

Rabe, B. G., 1994, *Beyond nimbyism: Hazardous waste siting in Canada and United States.* Washington D. C.: Brookings Institute.

Schnaiberg, A., and K. Gould, 1994, *Environment and society: The Enduring conflict.* New York: St. Martin's Press.

Tu, Wen-ling, 2007, "IT industrial development in Taiwan and constraints on environmental mobilization." *Development and Change*, 38 (3): 505-527.

科技、民主與公民身份：
安坑灰渣掩埋場設置爭議之個案研究

范玫芳

摘要

　　公民身份（citizenship）的概念在晚近的科技與環境爭論中逐漸受到重視。本文旨在介紹科技公民身份的理論，並探討台北縣新店安坑一般事業廢棄物與灰渣掩埋場設置爭議個案，藉以對照呈現我國具科技爭議的環境決策運作問題。個案凸顯現有專家政治與科學理性的霸權，以及公民身份的實踐受到壓抑的問題；環境影響評估與決策過程缺乏對總污染量的全面考量以及對在地知識與經驗的肯認（recognition）；地方行動者挑戰了既有權力結構與決策的正當性，並捍衛科技公民的權利與其所追求的美好生活。本文主張授能（empower）公民檢視和質疑技術官僚與專家所主導的決策過程與框架，公民在地知識和經驗受到肯認，以及利害關係人之間真實的對話機制，將有助於改善風險治理並促進公民身份的實踐。

關鍵詞：公民身份、公民權、公民參與、在地知識、風險治理、掩埋場設置

＊ 作者感謝國科會專題研究計畫（NSC 95-2414-H-032-004）的補助。本文初稿曾發表在 2007 年臺灣社會學會年會「科技與風險」場次（11 月 24-25 日，臺灣大學）與陽明大學科技與社會研究所系列演講，感謝邱花妹、周桂田、吳嘉苓、傅大為與王文基教授的評論與建議，以及匿名審查人與期刊編輯委員會提供的寶貴意見。本文如有疏漏，作者當負全責。
本文全文轉刊自《臺灣政治學刊》第 12 卷第 1 期（2008 年），頁 185-228。

一、前言

2005 年 6 月 4 日，四百多位來自台北縣新店市安坑（或稱為安康）的居民來到南投縣水保局審查會議現場，[1] 以表達反對在其家園設置一般事業廢棄物與灰渣掩埋場的立場。這些自救會成員拿著書寫「堅決反對掩埋場」以及「我們要美好未來」等標語的牌子表達其訴求，並演出了一齣名為「六四天安門在安坑」的行動劇。其劇情是：掩埋場強行要在安坑興建，滿載廢棄物與灰渣的卡車恣意駛入安坑掩埋場，手拿紅旗的居民以肉身阻擋卡車，最後只在地上留下了胎痕與受難者，以及書寫「環境人權」與「居住安全」的鮮紅印記，居民則是痛苦的哀號（大紀元時報，2005）。此一抗爭事件反映出了科技社會中的什麼問題呢？他們要爭取的究竟是什麼？這些公民行動代表什麼意義呢？

許多針對潛在環境與科技風險的抗爭或動員常被視為是鄰避現象（Not In My Back Yard, NIMBY）。居民所反對的開發案經常被專家或技術官僚認定為技術上並無問題。那些對廢棄物處理設施表達反對立場或進行抗爭的居民，往往被污名化為自私與不理性的（范玫芳，2007）。事實上，奠基於實證主義的觀點一直主導著政策脈絡，科學因此被視為是客觀、普世且具有權威的。民眾對科學正當性危機的認知或質疑，往往被視為是民眾無知、不理性及對科學的誤解（public misunderstanding of science），針對民眾知識上的缺陷或不足則主張透過科學教育或單向訊息傳遞彌補，以增加民眾對科技發

---

1 新店市大部分的住宅密集區、商業區、行政中心集中在被稱為「大坪林」的新店溪東岸部分。

展的接受度（Irwin, 1995; Leach and Scoones, 2005），這樣的論述正不斷受到挑戰。技術界定的風險並不能涵蓋風險的社會經驗，民眾對危險物質的回應實際上是受到既有價值、態度、社會互動與文化認同的影響（Renn et al., 1992）。常民知識（lay knowledge）與經驗在科技與社會領域中的貢獻逐漸受到重視（例如：Allen, 1992; Irwin, 1995; Wynne, 1996, 2003）。[2] 地方居民對科技風險的判斷所展現出的對社會與政治價值的敏感度卻往往被專家所忽略（范玫芳，2007; Fiorino, 1990; Slovic, 1999）。[3]

在環境與科技發展議題上，由個人、社區與組織所發動的草根性行動，與全國性和全球性的運動，正挑戰政府的治理能力以及我們對公民身份與民主的理解（Moore, 2003）。治理主要涉及參與的擴大，以及讓利害關係人能共同對公共事務的管理負責，不僅包含國家角色，同時能容納私部門與公民社會於決策過程中（UNDP, 1997）。風險治理實際上是具有多重面向並涉及多元行動者的風險過程，必須考量制度設計、政治文化與不同風險認知等相關因素（Renn, 2005）。根據風險社會學理論，周桂田（2004）認為，主流科學觀點壓抑了具有爭議的生態與社會理性，進而擴大了公眾、國家與科學家之間的鴻溝。公眾缺乏對科學家與科技風險治理的信任，而科學家與專家則對於政府缺乏風險溝通機制感到不滿意，這將會導致科學研究正當性的危機。近年越來越多學者主張將科學民主化（democratisation of science），提倡在風險脈絡中的科技決策增加更多公民參與（例如：Irwin, 1995; Leach et al., 2005）。針對公民對科學專家與國家權威的懷疑態度，Beck（1999）則抱持樂觀看法，並肯定積極的公民參與。他建議擴大參與民主，並認為公民抗爭運動對於打破科技對社會的支

配是必要的。

　　有關科學與公民的論述以及公民身份（citizenship）的概念在科技與社會爭論中逐漸受到重視。公民身份是一多元概念，主要涉及公民的權利、責任、參與和認同（Delanty, 1997）。傳統公民身份的概念受限於國家界線，將公民身份侷限在人類，並將公私領域截然劃分。這樣的觀點隨著全球化流動及跨國界的環境與科技的風險和影響日增而受到挑戰。傳統上被排除在考量之外的生物與自然生態（例如：動物、鳥類、河川與森林等）如何能容納在決策過程中，以及能否涵蓋在公民身份之實踐上，皆為具有爭議性的問題（Christoff, 1996; Dobson and Bell, 2006; Moore, 2003）。目前有關公民身份的文獻較少著眼於環境行動者的主張與觀點（Moore, 2003），實有必要針對實際案例中公民的經驗、訴求與行動探究公民身份的實踐。

　　有別於自然災害與疾病，我們當前的風險大多來自於人類高度發展的科技與現代科學，這些在本質上是新型態的風險。以長遠和全球性的角度觀之，環境風險與每個人切身相關，不管是富有或貧困的階級都無法逃離這樣社會性、根本性與全球性風險的影響（Beck, 1992）。Frankenfeld認為當前環境的危險已無可避免地創造出某種形式的公民身份或社會契約（social contract）。以美國相關環保法規而言，像是環境保護法、毒物控制法、資源保育和復育法、資訊自由法等，對於公民權及公民義務履行的規範都可以視為是科技公民身份（technological citizenship）概念的體現。科技公民身份的理論架構有助於讓常民（laypersons）實際成為科技社會公民（1992: 477）。

---

2 例如：對設備排放的煙塵與氣味、以及對動物的異常健康等問題，地方居民所做的觀察。

3 例如：風險與利益分配不公平的認知，非自願地承受風險。

本文旨在介紹科技公民身份的理論，並以新店安坑灰渣掩埋場設置爭議為個案，藉以對照呈現我國具科技爭議的環境決策運作問題。本文以 Frankenfeld（1992）所提出的科技公民身份的理論架構為基礎，探討下述問題：地方行動者如何展現（perform）其公民身份？公民身份的實踐有何限制？個案爭議與公民行動有何政策意涵？本研究採取文件分析與深度訪談蒐集資料。[4] 田野調查主要在 2006 年 9 月進行，以地方反掩埋場組織為主要觀察與研究對象，並透過滾雪球方式選取受訪者，受訪者包括安坑反掩埋場大聯盟、自救會、美麗安坑工作室、牛伯伯生態蝴蝶園等當地組織之成員。在介紹公民身份於科技決策上的不同學理觀點與個案脈絡之後，本文將檢視公民身份在風險爭議中如何展現，包括公民權如何實踐與受限，以及公民義務、認同與轉變的興起。最後，則針對公民身份實務上的困境提出改善科技風險治理的建議。

二、公民身份、科技與參與

　　公民身份的概念在當代的政治論述中受到相當矚目。近年來因應新領域的政治與社會運動的關懷與訴求，所產生關於既有公民身份理論的討論眾多，例如：科學公民身份（Goven, 2006）、電子或網路公民身份（梁文韜，2006）、環境或生態公民身份（Dobson, 2003; Dobson and Bell, 2006; Fan, 2008）、文化公民身份（王俐容，2006；陳其南、劉正輝，2005）、企業公民身份（宋曉薇，2005）、消費公民身份與全球公民身份（Szerszynski and Toogood, 2000）。公民身份是一具有爭議性的概念，依據不同政治哲學傳統產生不同的理論內容，這樣的連結使得公民身份的概念更趨複雜。本文不欲針對公

民身份的概念與理論作全盤回顧，僅著眼於科技爭議中公民身份和民主、參與的關連性。國內已有一些研究強調公民在科技爭議中之角色，或不同形式的參與在風險爭議決策過程中之重要性（例如江家慧，2003；林國明、陳東升，2005；杜文苓等，2007；范玫芳，2007），但皆未針對公民身份的概念進行理論與實務上的研究。西方研究的介紹，可作為個案於理論與實證上延伸討論的基礎。

　　根據 Leach 和 Scoones（2005）的觀點，有關公民身份觀點的建構有三種主要的思考路線，分別對應於不同的參與途徑與傳統理論。首先，自由主義（liberal）觀點將公民視為能理性促進其利益的個人，國家的角色在於保護並落實此類權利。公民具有平等且普世的權利，權利的行使被視為是一種選擇。從自由主義觀點看科技爭議，國家應透過管制、風險管理等方式降低不確定性以保護人民。長久以來自由主義的民主仰賴科學技術與專業知識，使技術官僚與專家主導決策過程與風險的規範。既然科學專業與專家觀點被賦予決策上的重要地位，公民對科技與風險相關政策的懷疑被視為是人們知識上的缺陷及對科學理解的不足，必須經由教育和有效的科學溝通，才能增進公民的理解及其對官方科學專業知識肯定與接受。自由主義的公民身份觀點構成了科技與政策研究中「欠缺模式」（deficit model）的基礎，傾向於將科技政策與風險爭議歸因於民眾知識的欠缺或不足。此模式將公民參與侷限於個人在許多選項與服務中作選擇，而非扮演政策議程制訂或科技發展的重要角色。

　　第二種思考路線為社群主義（communitarian），其觀點著重「社會鑲嵌性的公民」與社群的成員資格（Sandal, 1998），主張個人的

---

4 例如：環境影響評估報告書、推動計畫、行動聯盟所印製的文宣資料。

認同包含在群體之中，且對共善（the common good）的追求應高於個人意義。所謂「社群」往往被建構為像是具有界線性與同質性的（homogenous），人們可以為共同目標而行動。以社區為基礎的自然資源管理途徑為例，社群主義觀點將知識視為是社群所擁有的，知識成為界定群體認同與和諧性的重要角色。此觀點承認常民知識的存在，將之視為具有文化鑲嵌性與地理特殊性。Schumacher 所提倡「小而美」的哲學與另類科技的想法實際上即奠基於社群主義觀點。此外，「全球思考與在地行動」觀點的提出亦然。九〇年代隨著永續發展議題而興起二十一世紀議程的倡導，公民參與日漸受到重視（Leach and Scoones, 2005）。

第三種思考路線為市民共和主義（civic republican），其觀點連結自由主義與社群主義的傳統，承認社會中的多元利益並假設公民會形成小型團體。所謂的共善乃經由自由公民的理性辯論興起，在這當中不同訴求應被表達但仍願意遵守集體決定。既有的「公民科學」（citizen science）的文獻植基於市民共和主義觀點，因共同科技與風險經驗形成的團體會基於其經驗性知識主張其權利。由於科技爭議中涉及不確定性與社會及倫理判斷，因而需要透過對多元觀點的包容與審議過程達致具社會合理性可接受的決策。然而，審議與包容性的過程仍舊處在主流科學論述的勢力、問題框架與論證模式中（Leach and Scoones, 2005）。Leach 和 Scoones（2005）指出審議的論壇仍然侷限在特定架構中，由掌權的主流框架所主宰，隱沒了其他觀點與議程。[5]

Ellison（1997）將公民身份重新界定為社會與政治的實踐與參與，由興起的社會凝聚（emergent social solidarities）抵抗各種因社會

變遷產生的威脅。Leach 和 Scoones（2005）認為將公民身份視為經由興起的社會凝聚而來的「實踐的參與」（practised engagement），有助於概念化當前公眾對科技與風險的回應。此一公民身份概念與參與式民主互相連結，公民能將他們的經驗觀點帶到公民參與過程中，而非僅能受限於主流的專家框架中進行理性辯論。Leach 和 Scoones（2005）認為許多有關參與和審議的討論過於主張一個靜態的與本質論觀點的「公民」、「群體」、「國家」與「知識」，因而主張「實踐的參與」之公民身份概念較切合當代全球化脈絡，以打破固有的國家與治理的疆域界限。

以上的論述顯示公民身份是具有爭議性的概念（contested concept）。這些政治哲學傳統對於個人與社群、公民與國家以及公民參與等議題各持不同觀點。有別於以上諸多思想的一般性論述，Frankenfeld（1992）特別著眼於科技社會以及科技政體（technological polity）中科技公民身份概念的探究，並將科技公民身份界定為「複雜性的新社會契約」（new social contract of complexity）。複雜性被視為是晚期現代社會的一項明顯特徵。現代社會發展到一種分化程度，以致於我們無法說社會有所謂單一中心，亦即並沒有一個單一的權力中心能夠反轉科技所帶動的負面發展（Luhmann, 1981; Zolo, 1992）。複式危害之複雜性（complexity of complex hazards）產生了不同的專業知識、專家與政治不公平的情境。科技公民身份的模式是奠基在科技的基礎上。科技將現代性重新排序，其在本質上具有政治性。[6] 科技增加人們對世界與對他人的影響、人們互動的廣度與

---

5 例如：公民陪審團、公民共識會議與願景工作坊。

6 有關科技具有政治性的討論，可進一步參考方俊育與林崇熙譯（2004）。

豐富性、以及政治的溝通，並且創造出權力（Frankenfeld, 1992）。Frankenfeld 所提出科技公民身份的理論模式作為風險研究的規範性架構，實際上確實有助於釐清當前風險社會中之爭鬥以及多元的詞彙。科技公民身份涵蓋公民在科技政體（technological polity）中所具有的權利與義務。科技政體的界限（boundary）一般是由科技的影響界定。科技公民身份將風險與環境研究從原本所關注的問題，像是「到底危險物如何才是安全的？」以及「什麼程度的安全才是安全（how safe is safe enough）？」，轉移到是「由誰來掌控（who controls）？」以及「是依據什麼權利（by what right）？」的問題（Frankenfeld, 1992: 459-460）。

　　Frankenfeld 將科技公民身份界定為「平等的成員資格」、參與以及個人在受科技影響的領域或政府所治理的科技中之地位。此地位是由一組受到拘束的平等權利與義務所界定，主要意圖在平衡科技不受限的發展可能帶給人類的利益或潛在的傷害或破壞。科技公民身份同時涵蓋常民與專家的自主性，強調人類自由、自主、尊嚴以及人群間與生活世界之間的非異化關係（1992: 462）。Frankenfeld 主張科技公民身份必須提供公民平等的權利以獲得多種的政治資源以促進公民平等的地位。他認為有四種科技公民身份的權利可適用在同世代或代際之間：（1）獲得知識與資訊的權利；（2）參與的權利；（3）確保充分受告知而同意（informed consent）的權利；（4）限制集體與個人遭受危害總量（total amount of endangerment）的權利（1992: 465）。對 Frankenfeld 而言，科技公民身份的義務是比較微小的，有以下三種：（1）學習並使用知識的義務；（2）參與的義務；（3）運用科技智能與科技公民美德（technological civic virtue）的義

務（1992: 473-475）。這些公民權利與義務之內涵將在檢視個案時進一步討論。

Frankenfeld 所提出的科技公民身份架構提供了清晰與明確的規範性模型，有助於處理有關「應該如何治理複雜的危險」與「為什麼」的問題（1992）。此一理論架構引起不少有關科技治理與民主參與研究的討論與運用（例如：Abraham and Sheppard, 1997; Zimmerman, 1995）。關於公民身份的討論有必要累積更多實際個案經驗，透過具體發生的情境與行動者豐富公民身份的意涵以加深對此概念的深入了解（Moore, 2003）。本文以 Frankenfeld（1992）所提出的理論架構為基礎，探討新店安坑掩埋場設置個案所呈現當前科技爭議中公民身份的實踐與環境決策的問題。

三、研究脈絡

行政院環保署自 1991 年推動以「焚化為主、掩埋為輔」的垃圾處理政策，針對垃圾焚化灰渣之處理，目前採行「再利用為主，最終處置為輔」政策，輔導焚化灰渣進入資源再生利用體系。未落實灰渣再利用前，以及灰渣經再利用後產生的殘渣與無法再利用之物質，則涉及最終處置場掩埋的問題。環保署自 2001 年 5 月推動「鼓勵公民營機構興建營運一般事業廢棄物（含垃圾焚化灰渣）最終處置場計畫」，以補助地方政府與民間廠商共同合作解決各縣市垃圾焚化灰渣與一般事業廢棄物最終處置的問題。此一計畫鼓勵地方政府採「興建－營運－擁有」（Build-Operate-Own, BOO）或「興建－營運－移轉」（Build-Operate-Transfer, BOT）的方式，由民間業者自行備妥土地投資興建。政府提供定額保證處理量，於民間機構興建完成並

開始營運後，由中央的環保署補助地方政府委託處理費（行政院環保署，2005）。

垃圾焚化灰渣又分為底灰與飛灰，過去在焚化爐的管理上並未將二者分開處理，底灰與飛灰集中蒐集後混合貯存於灰燼貯坑，再由卡車運至掩埋場處理。但由於飛灰中含有重金屬，其重金屬溶出測定常超過管制現值，環保署規定於 1994 年 11 月 24 日之後設置之大型焚化爐，必須將飛灰與底渣分開貯存，並加以固化或採其他有效的中間處理方法。美國將飛灰歸類於有害廢棄物，管制較為嚴格，必須送往專用的有害廢棄物處理廠，或經過適當處理後才可運至一般掩埋場（劉暐廷，2005）。至 2004 年 10 月底，環保署已核定最終處置場的縣市共有 11 個，其中台北縣、基隆市、桃園縣、新竹縣與苗栗縣等五縣市已完成公告招商，然而灰渣掩埋場的設置開發案卻面臨地方居民的強烈抗爭（行政院環保署，2005）。現階段在政府管制與監督機制不夠周延的情況下，有害廢棄物有可能與一般事業廢棄物一起進場，加上毒性溶出檢驗的過程並非每一批飛灰都檢測，而底灰並未規定必須受檢測，但卻曾發現焚化爐底灰重金屬含量超出標準（受訪者Y）。

目前一般事業廢棄物的處理存在著任意棄置的問題。台北縣政府認為由中央政府補助地方政府「民有民營」之方式興建灰渣最終處置場是解決垃圾灰渣與一般事業廢棄物問題的可行辦法，乃鼓勵民間機構自行提供土地並提出申請。民間機構甲股份有限公司（代稱）於 2000 年 12 月向台北縣政府提出一般事業廢棄物掩埋場設置申請，並檢送環境影響評估說明書。台北縣環保局依據前述環保署最終處置場設置計畫及《促進民間參與公共建設法》及相關法規，於 2001 年 9

月 12 日辦理預公告公開徵求民間機構投標。經過甄審委員會資格預審與綜合評審後，甲公司被評定為最優申請人，並在 2003 年 4 月 30 日簽訂投資契約（李長平，2006），同年 7 月 7 日舉辦掩埋場動工前的環境影響評估說明書公開說明會。然而多數地方居民對於開發案所得到的資訊非常有限，且未參與決策過程，一直到廠商將要動工前才得知此一開發案（受訪者 S）。

台北縣新店市傍山近城且風景優美，為台北市郊區主要的新興住宅地區，捷運通車後更吸引不少人口遷入。安坑是新店市範圍內位於新店溪西岸的山谷狀地區，此地區人口稠密，共約有十三萬居民。其對外聯繫交通要道僅有安康路，居民常受塞車之苦，掩埋場預定地距離重要道路則僅數百公尺，其實際位置在車子路、安康路及五重溪便道交會的牛伯伯安康蝴蝶生態學區入口處到中和烘爐地的交界地帶。新店安坑自 1994 年開始已有一座薏仁坑焚化爐運轉，掩埋場預定地與該焚化爐相距不到五百公尺。2003 年 6 月 4 日蝴蝶生態園區散發有關掩埋場即將動工的傳單，引發社區居民的關切。有立法委員召開掩埋場公聽會，並有學者與居民代表對環境影響評估以及台北縣政府與環保署的決策過程提出質疑（黃泓文，2005）。

反對掩埋場的組織與聯盟相繼成立，展開一連串的抗爭行動。有別於臺灣過去八〇年代的反公害污染自力救濟事件，新店安坑的行動者許多是高知識份子，[7] 其中女性行動者佔相當比例並扮演重要領導者。[8] 換言之，行動者豐富的社會經驗與多元性，使得安坑地方組織針對掩埋場爭議所採取的框架、論述與行動具有其獨特性。許多抗

---

7 例如：退休的教師、公務員與專業人士。

8 例如：美麗安坑工作室的創立者、反掩埋場大聯盟的會長。

爭事件與衝突引起了不少媒體的注意與報導。公共電視「我們的島」系列有關臺灣生態的節目在 2004 年 8 月 11 日播放「斯土安康」的影集，呈現新店安坑掩埋場爭議事件的經過、居民與自然的和諧關係以及居民的擔憂與抗爭行動。影片最後呈現牛伯伯蝴蝶園漫天飛舞的蝴蝶與天真的孩童勾勒出的自然和諧景象，卻問道：「下一個中獎的是哪裡？」以喚起人們的危機感（王景平、廖學誠，2006）。媒體報導與公共電視節目的播放多少引起社會關注，讓民眾獲得灰渣場興建所涉及的利害衝突和風險的相關訊息，此有助於促進公民的省思與行動。

四、公民權與風險評估之不對等關係

科技公民身份同時涵蓋權利與義務，為了避免科技與環境風險爭議帶來不正義，需要更多重視權利的主張並捍衛民主與平等。這部分以 Frankenfeld（1992）所提出規範性科技公民身份架構為基礎，從四種科技公民身份的權利檢視安坑灰渣掩埋場設置爭議，以及公民與技術官僚、專家在風險評估中的衝突與不對等關係。

（一）獲得知識或資訊的權利

獲得知識或資訊的權利意指受科技影響範圍的公民有權利獲得清晰且易理解的相關科技資訊，包括工廠或廢棄物最終處置場所要處置的所有化學物名稱及數量，技術的危險性、運作方式及不確定性，誰來掌控，及監督機制類型等。這些有意義的知識擴散與汲取乃是專業風險溝通的目標（Frankenfeld, 1992）。針對掩埋場開發案相關資訊，政府提供給居民的資訊傾向於以正面影響與效益為主。在社會效

臺灣風險公共性考察

248

益方面，政府透過民間力量開發最終處置場以解決一般事業廢棄物處理與任意傾倒的問題，進而改善環境品質，並強調環保主管機關會善盡對社會監督之責。在經濟效益方面，政府機關強調開發案能創造出高土地附加價值、帶動相關產業並創造就業機會。在政府財務效益方面，台北縣政府省掉原先二分之一經費興建最終處置場，且採行興建完成後分三到六年補助灰渣處理費，以減少政府一次性建設費與土地費之支出。政府強調政府機關工作團隊（例如：環保局、農務局、工務局等單位）的完善整合協調機制與效率辦理過程的法令依據，以及掩埋場所能帶來的地方建設獎勵金與回饋經費的使用（李長平，2006）。

相對地，對於掩埋場設置可能帶來的負面影響，政府立場則是輕描淡寫。安坑一般事業廢棄物掩埋場全區共 58 公頃，鄰近當地牛伯伯蝴蝶生態園區，但環保局指出實際掩埋區約只有 20 公頃，其他範圍的面積開發單位已先規劃為一處苗圃生態園區，並將設置隔離綠帶以減少對當地生態的衝擊，甚至可擴大蝴蝶園區的生態範圍。環保局也強調掩埋場處置的是「一般性、無毒、無臭、不適燃之廢棄物」，並指出附近居民「對一般掩埋場先入為主之觀念」乃至於對灰渣場的設置有所擔憂，使得開發案進展困難，「須努力再與民眾溝通，化解民眾誤解，取得諒解與信任」（李長平，2006）。環保官員則一再強調掩埋場設置合於相關法令規定，所採取的預防措施與監督機制在科學上是可靠、安全且沒有問題的。官方傾向於假設一般民眾若能具備較多的科學知識或理解，打破「先入為主的觀念」，將會對涉及科技爭議的開發案有較高的接受度與支持。這與目前有關環境爭議的討論多數傾向採取「民眾無知」與「民眾不理性」的模式是類似的（Irwin,

1995）。

　　地區居民最關切的則是掩埋場設置可能帶來的負面影響。由於決策過程主要由技術官僚主導，不透明決策過程造成自救會成員懷疑政府可能試圖隱瞞負面訊息。附近的在地居民指出，業者在新店房市看漲的早期就買了土地，即現在的掩埋場預定地，打算興建高級住宅。後來因林肯大郡等事件發生使山坡地興建住宅的法令趨於嚴格，掩埋場的預定地因坡度大於一定標準且有土石流問題而無法興建住宅。居民對於山坡地興建掩埋場的安全性產生懷疑，並認為未充分被告知攸關其安全與健康的不確定性。例如：颱風季節與暴雨是否會造成滲漏與水源污染，如何確保地震不會影響斷層所經山坡地與礦坑，且不至於發生崩塌危機等（安康居民保家自救會文宣；受訪者Ｕ）。居民質疑：

> 他說「業者」防水布一共要鋪六層，如果說被扎破，會自動修護啦！我們不相信有那麼好。可是有什麼用，你埋了那麼多幾百萬噸的東西在這個山上，是一個漏斗型，那重量加上含水量若滑落下來，我們這一堆人要怎麼辦？跑到哪裡去？這邊這麼密集的人口！（受訪者Ｓ）

　　有關獲得資訊的權利，所指的資訊並不侷限於掩埋場開發案本身，而是所有相關連的訊息。受訪居民指出，他們已經承受社區附近焚化爐的負面影響，而實際上他們所獲得的資訊卻很有限，也認為政府或業者不會將負面或不利於管制單位的訊息告知民眾。例如：受訪者Ｐ小姐指出：「有時我會聞到焦味，像烤肉烤焦掉的那種味道。

他們也經常有所謂流動的偵測台會到各地，可是我常常在想，他到各地時，是不是可能會避重就輕，因為是人喔！業者很清楚地知道在怎麼樣的風向、怎麼樣的季節、去哪裡偵測是對他們有利。」另一位受訪者則呼應到：

> 對業者的訊息我會比較打個問號，因為我感覺自己已經受到傷害了。我們日常生活中看到的變化是日積月累的，大概是在焚化爐運轉以後的七、八年這段時間，剛開始時沒有那麼大的感受度。同樣地，我們會以這樣的心態看掩埋場——現在產生的後遺症可能是十年、二十年以後。在這個一點一滴的傷害累積當中，人就是在不知不覺當中受到傷害，這個傷害我如何避免？（受訪者 P2）

居民對現有焚化爐設施未能獲得充分資訊，這影響他們對於掩埋場開發案的認知，因此居民不僅主張獲得更多資訊，同時質疑檢測與監督的相關資訊：「如何檢驗這個東西有毒或無毒？今天要掩埋的東西都說是無毒的，我們有任何儀器可檢測所有東西都是無毒嗎？重點是要如何監督，我們並不清楚」（受訪者 P）。

安康居民保家自救會與其他反對掩埋場組織聯盟認為掩埋場設置案有重大行政程序缺失。根據三次環評審查會記錄，幾位環評委員對於「居民溝通」、「交通影響」與「環境影響」等三項重大議題有所顧慮並建議「進行第二階段環評」。但縣政府以「一般事業廢棄物之處理問題緊迫」、「迫切需要權宜之計」為由，有條件核准環境影響說明書。「安康居民保家自救會」提出「十五問」並將傳單廣泛發

送，他們的疑問包括：為何如此對環境有重大影響的案件仍能通過環評？縣府是否成立督察小組委員會？為何開發單位未能依據環評會指示與當地居民溝通？以及居民權益何在（安康居民保家自救會文宣）？

目前有關掩埋場設置的政策方案與環境影響評估制度的設計，缺乏健全的民眾參與機制，民眾不易取得開發案的全面資訊。主流科學理性與科技引領經濟發展的思維，以及不對稱的權力運作關係，造成技術官僚隱匿風險資訊的管制文化（范玫芳，2007），公民在知的權利之實踐上受到限制。

（二）參與的權利

參與的權利包含有權利擁有同意與否決的管道、參與討論有關複雜危險物或污染的介紹、管理、監督與整治。這些管道也包括針對科技設施或是否要使用或拒絕某項創新技術在技術評估中舉行公投。儘管公民沒有直接參與，但至少有權利選出代表控制這些環節。這涉及國家所提供的政治資源、常民與專家在組織能力中所涉及的不平等，亦即效能感的問題，以及在議題形塑上具有公平性的能力（Frankenfeld, 1992）。目前臺灣有關風險的規範與管理主要是由技術官僚所主導，缺乏民眾的實質參與和雙向溝通。臺灣的《環境影響評估法》在 1994 年立法完成，對相關開發案加以規範並將評審過程作業標準化，但公民參與在決策過程中受限。環境影響評估審查委員會針對對於環境具有重大影響之虞的開發案，經過第一階段審查結論確定後，會要求繼續進行第二階段環境影響評估，且業者必須召開公開說明會，揭示環境影響說明書的內容。針對通過第一階段環評且不

需進入第二階段審查的開發案，業者僅需召開公開說明會向民眾公布
開發案內容後即可動工。公開說明會的形式僅具象徵性意涵。

此一開發案事前並未廣泛諮詢民眾意見，整個過程主要由技術
官僚主導，且有條件地通過第一階段環境影響評估，將地方居民排除
在決策過程之外。動工前的公開說明會僅告知居民相關資訊，並未賦
予公民同意或否決之權利。為了不讓業者將環評第一階段的法定程序
順利完成，居民成立反對掩埋場設置的組織如「美麗安坑工作室」、
「新店安坑反掩埋場全民大聯盟」與「反掩埋場自救會」等，廣泛傳
遞訊息並動員居民反對。業者在 2003 年 7 月 7 日舉辦說明會的當天，
在兩千多位居民強烈抗議下迫使說明會進行短暫六分鐘即草草結束，
實際上等於未召開說明會，未完成應有程序。但卻發生會後業者函送
不實會議記錄報告，引起居民不滿並質疑該公司偽造文書，經「新店
安坑反掩埋場全民大聯盟」一再向縣政府舉發，環保署才確認該動工
說明會無效（黃泓文，2005）。反掩埋場的組織與不少民意代表要求
開發案必須進入第二階段環評，納入地方居民的聲音，部分民代與組
織成員進而主張以諮詢性公投作為動工依據。

安坑居民的質疑與行動凸顯當前環評制度的缺失，使公民在充
分受告知與參與的權利實踐上受限。環評制度過於強調專業主義與專
家審議而缺乏對在地居民知識與經驗的重視，環評報告書往往由開發
業者委託民間顧問公司或學者專家撰寫，報告書的立場與內容很容易
受地方居民質疑。加上環境影響評估委員會的組成又以行政官員以及
自然科學背景的專家學者居多數，審查會的進行通常僅根據開發單位
所提供的資訊為依據。常民或社區居民所具有的在地知識、特殊的生
活經驗、對於美好生活的認知、以及與自然的密切互動關係等特殊性

往往被排除在既有決策體制之外。既有環評法有關說明會程序的規定似乎僅具單向訊息傳遞的功能，未能創造一個利害關係人之間溝通與辯論的場域，也未授能公民影響或改變第一階段即通過環評的決策。

居民採取多元的抗爭行動捍衛他們的權利，例如：舉行車隊遊行，表達反對掩埋場立場；向縣政府、總統府、行政院、立法院與監察院提出陳情；向台北高等行政法院提起行政訴訟並向行政院提起訴願（黃泓文，2005）。反掩埋場聯盟成員也參與由全國性與地方性環保組織在 2005 年 10 月一同主辦的全國廢棄物掩埋場政策檢討及監督機制研討會：「反掩埋救臺灣——給孩子一個乾淨的未來」。成員將掩埋場開發案爭議與鄉民的行動完整呈現，並與其他行動者分享經驗。除了採取政治與法律行動實踐其參與權，「美麗安坑工作室」和「新店安坑反掩埋場全民大聯盟」成員也在可能與掩埋場開發業者有關連的公司及股東大會上舉辦「安坑舞台」以抗議設置掩埋場。成員透過在場外發傳單、演行動劇和路人交談進而帶給業者壓力，並在會場內理性遊說公司股東不要支持該項開發案。[9] 同時也有成員對該公司相關服務採取抵制立場（受訪者 S）。公民行動展現在政治、社會與經濟領域試圖影響決策，同時隱含要求業者實踐「企業公民身份」，並多傾聽地方聲音。

（三）確保充分受告知而同意之權利

特定的相關科學社群與受影響的常民（laypersons）必須對危險或科技的作用有充分理解（comprehend）以做出「知情的」決定（informed decision）。在科技爭議中，價值觀念的形成與同意之自主性應該受到保障，而公平的程序和演繹推理（syllogisms）將是有

效的科學辯論的關鍵（Frankenfeld, 1992）。充分受告知而同意的權利在有關科技爭議與風險承擔上是重要的倫理概念或原則，特別在生物醫學倫理成為重要法則，強調居民出於自願的接受並確保自主性。民主的國家必須仰賴受治理的人民同意，重要的倫理問題在於政府政策是否提供有利的條件或情境讓公民取得充分被告知後同意的權利，必要的條件包括其資訊揭露、理解、且是自願性與有能力的。換言之，風險的施加者必須將風險完全清楚地揭露，必須讓潛在風險承擔者或潛在受害者能了解，且使他們自願並有能力地表示同意或不予同意。「風險揭露」（risk disclosure）與「知的權利」（rights to know）在倫理上達成「告知同意」之必要條件。風險揭露必須涵蓋專家已經知道的資訊，同時還要包含該科技相關的不確定性（uncertainties）與無法知道的事（unknows）。

如果人們沒有獲得相關風險資訊的揭露，他們可能就無法對該項科技的風險（例如奈米科技毒性）的決策表達同意或反對（Shrader-Frechette, 2007）。

在安坑的個案，多數居民一直到開發案通過第一階段環評才得知相關資訊，他們質疑掩埋場可能帶來的危害與不確定性，特別是掩埋場的防止滲漏與灰渣處理技術是否能承受暴雨或天災威脅而不至於發生崩塌。對居民來說，風險與不確定性並未被適當揭露。第一階段動工前說明會召開的制度設計並未提供一條件讓公民有能力表示同意或否決以影響決策，居民乃透過動員與抗爭表達其不同意。

---

9 此一行動引起媒體的注意，但該公司表示與掩埋場開發業者之間並無任何投資關係。

（四）限制危害總量的權利

Frankenfeld（1992）所提出「限制集體與個人遭受危害總量的權利」主要關注「危害程度的限制」（limits on levels of endangerment）。此權利彰顯對人類價值與尊嚴之尊重，提供個人與集體資源確保安全與自我保護，以防止不平等情形發生。針對有潛在不確定危險的科技，有兩方面值得留意。第一是不斷反思知識或發展的關鍵開端是否侵害他人權利以及是否具有不可挽回性。第二是管制程度是否隨著受影響的程度而共同擴張，國際機構像是國家原子能源署IAEA（International Atomic Energy Agency）對於全球發展核能的管制即是一個例子。此一權利同時連結跨世代權利（transgenerational rights）。當代人們有責任限制科技或建設所帶來的不可回復性（irreversibility），並提供資源監測危害物的生命期，以及有責任審慎行事並留給後代一個可以控制的世界（controllable world）。Frankenfeld 的觀點與國際上所提倡「預警原則」（the precautionary principle）的宗旨相呼應。

在科技與環境知識的爭議中強調訴諸通用的或普世的安全標準或安全程序，可能實際上卻是無法敏銳回應地方情勢或可能將不正義的結果合理化（Yearley, 1995）。安坑掩埋場開發案顯示若僅訴諸一致的科學標準以正當化掩埋場的設置位置是很有爭議的，必須更多考量當地已有的設施或污染。有關受訪居民所覺知受到既有焚化爐的長時間累積影響的侵害與 Frankenfeld（1992）所提出「限制集體與個人遭受危害總量的權利」是相連結的。掩埋場的開發過程並未重視當地居民對既有污染來源的感受，居民的抗爭正在主張此項權利。居民指出安坑地區人口稠密且已有一座大型焚化爐，再設置掩埋場將使污

染量超過環境容受力（黃泓文，2005）。居民的顧慮實際上反映其對後代子孫權利的主張，以及重視不可回復性的問題。居民質疑政府是否考慮到後續二十年或五十年以後可能發生的問題，及要如何處理環境污染與居民健康的問題。他們無法接受一再強調「絕對沒有問題」的資訊或回答（受訪者 L 先生），而是能夠讓在地經驗、察覺與知識受到重視，確保其具有自我保護的能力與自主性。

現行有關掩埋場或焚化爐設置與運作的環保規範，並未體現 Frankenfeld 所主張的危害總量限制的公民權利觀點，以及在國際上日趨受到重視的預警原則。當前專家審議、政府公告的決策方式過度依賴強調客觀與不帶有價值評斷的量化科學研究，而將基於特殊社會與文化脈絡的觀點邊緣化。Wynne（1996）指出，科學家的研究目的、模型預設以及整個研究過程中常面對衝突、不確定性與價值判斷，但在最後科學研究報告中卻未將這些爭議呈現。Corburn（2005）針對美國環保署環境風險評估的探討正呼應此論點，其在紐約的研究發現，有關個人、族群以及地區的異質性（例如：特殊族群的飲食習慣、城市的生活形態）往往被專家所忽略，而將平均值套用在所有研究對象上。當地居民在地生活經驗與知識實際上有助於專家重新定義問題以及在研究的操作。特定污染排放物的認定、傳送過程與最終到達處、對目的地與人類的衝擊具有不確定性（Bromley, 1989）。就空氣污染而言，不見得靠近污染源的居民才會受影響，風向與風速的不一樣，會使空氣污染物飄到不同的地方，有可能是較遠的居民會受到較大的影響（高正忠，2007）。這顯示管制污染總量的重要性，以避免一體適用的管制標準不利於具有特殊人文條件或環境敏感的地區以及有上呼吸道問題的居民。

以上的分析顯示公民權在科技與風險爭議中是受限的，這四項權利之間是環環相扣與相互關連的。絕大多數居民從政府與業者得到的資訊有限，明顯偏向正面經濟利益與安全性的資訊，且並未被賦予權利表示否決。此外，當前國土利用並未事前做好全盤的規劃，安坑地區已呈現過度開發的問題。安坑地區的特殊性與已承受焚化爐的風險並未獲得重視，在地的情境知識（situated knowledge）亦未受到肯認，公民參與實際上是受到限制的。

五、公民義務、認同與轉變的興起

公民身為科技政體的成員不僅享有權利，同時必須承擔對社群與社會的義務。積極與豐富的公民身份之展現在於公民權利與義務之融合一體（Frankenfeld, 1992）。根據 Frankenfeld（1992）的規範性架構，科技公民身份的義務有以下三種：（1）學習並使用知識的義務；（2）參與的義務；（3）運用科技智能與科技公民美德（technological civic virtue）的義務。前文提及 Frankenfeld 認為科技公民身份的權利適用於同世代與代際之間，這牽涉到後代子孫權利以及代際正義的概念，意味著當代公民同時擔負對所歸屬的社群以及後代子孫的義務與責任。[10] 除了公民權利的主張，安坑行動者的論述與行動過程中，也展現了他們對後代子孫與自然生態的關懷（例如：牛伯伯蝴蝶園中的生物），及所衍生的土地情感與義務，和看管或守衛職責（stewardship）的概念。以下將進一步檢視個案中公民義務如何展現，及其認同和轉變的興起。

首先，「學習並使用知識的義務」（obligations to learn and use knowledge）是指科技公民有義務知道危險物（hazards）為何、危險

程度、存在原因以及有何方式可以終止。當人們學習了解該危險物，能促進公民形成觀點與想法，以組織、作決定並更努力地控制該項複雜的危險物或設法減少其量。要讓人們能履行此義務，國家必須提供公民必要的政治資源以保護並確保他們自身安全。為達到公民身份的自主性，公民並不需要取得一個物理或化學博士學位，或覺得是個負擔，而僅須學習了解存在他們周遭的危險物，其可能的傷害與監督方式（Frankenfeld, 1992）。

王俊隆在探討竹南焚化廠設置爭議中指出，政府透過宣傳與傳播媒體建構出「焚化爐神話」，讓一般民眾以為焚化方式可一勞永逸解決垃圾問題，且「燒出來的東西都很乾淨」。這樣的論述確實影響不少民眾的認知，也造成反對運動者在動員民眾參與抗爭中的困難（2004: 67, 71）。這凸顯出目前國家並未提供全面或完整的資訊以及充分的管道以讓公民能掌握風險設施的資訊與知識，並以此作為採取行動的依據。那些參與公聽會或反掩埋場聯盟所舉辦活動的公民，實際上展現了他們學習灰渣與掩埋場設置相關知識的義務，進而作為他們實踐捍衛家園與後代子孫義務的根基。公民透過參與行動可以獲得更多的資訊，有助於促進他們形成對掩埋場的判斷觀點。反對掩埋場設置的組織和成員設立網站和部落格以提供相關訊息並表達觀點，例如：「孫老師工作室」網站、「永保安康」網站以及「毒害臺灣」的部落格等。網路和其他管道可以促進公民取得相關資訊，並進行意見交流與學習。另外美麗安坑工作室也有發行《安坑反灰渣掩埋場戰報》，詳實報導開發案的發展經過、居民的質疑與抗爭活動，並鼓勵民眾傳閱或張貼。其他的環保團體也在網站與刊物（例如：荒野快報）

---

10 例如：增加其福祉，以及避免帶來不可回復性的傷害。

上報導開發案爭議。另外，居民也寫信給安坑各社區的管理委員會，讓社區與街坊鄰居也能扮演訊息傳遞的重要角色（美麗安坑工作室，2003）。透過這些訊息傳播管道，公民可以學習了解存在他們周遭的危險物、可能的傷害、偵測與監督的必要性，促使公民有能力監督最終處置場的運作以及監督委員會的組成是否能達成功能。

其次，「參與的義務」是指科技公民有責任參與有關科技與危險物的治理過程。此一責任包含了避免基於偏見（prejudicial basis）而進行的抗爭，而公民在發動抗爭前必須思考的問題包括：相關訊息受到隱匿的可能性、自我偵測的困難性、是否存在其他合理的作法、危險物存在的時間性與可回復性等（reversibility）。再者，「運用科技智能與科技公民美德的義務」涉及到公民有能力考量人們行動所帶來的結果、人們之間相互依賴關係、科技可能帶來的影響以及相互依存關係以避免造成傷的道德責任。這涉及倫理的反思（ethical reflection），換言之，公民有義務抱持懷疑的態度並對相關危險物資訊的可能被操弄維持警戒，這樣的公民特質被稱為「批判性的信任」（critical trust）（Frankenfeld, 1992）。

在安坑掩埋場設置爭議，公民缺乏參與正式決策過程的機會，乃透過組織動員進行抗爭以影響決策，並實踐他們參與影響自身權益的科技之責任。「新店安坑反掩埋場全民大聯盟」的名稱與相關動員實際上反映出公民身份的論述。個人不僅履行參與的義務，同時也試圖影響其他公民一同參與。在寫給安坑地區社區管理委員會的傳單上則寫著「你我能不站出來反對嗎？美麗安坑、美麗家園，需要你共同爭取與努力！」（毒害臺灣網站，2005）。藉由強調「就差你一個」，「美麗安坑工作室」也呼籲更多義工投入擔任「安坑戰士」、「社區

發報員」與「社區特派員」。此外，反對聯盟也將內政部區域計畫委員會的委員名冊公開，讓居民能寫信給該委員會以表達其心聲（美麗安坑工作室，2003）。

　　地方公民行動的興起來自於公民對生活環境的關懷並展現他們以地方為基礎的價值（place-based value）。居民認為安坑已承受到焚化爐的影響，掩埋場的設置可能造成生態的破壞，且使居民承受不成比例的負擔，這同時涉及公平性問題。居民思考可能的後果並質疑：「如果大自然反撲時，山洪爆發或意外，這個責任誰來負責？如果我們這些居民受害，誰來負責？政府嗎？廠商與財團嗎？」（受訪者 P）許多在安坑居住很長一段時間的居民更展現強烈的地方感（sense of place）與認同。地方感是主觀的感覺以及個人或群體的經驗與記憶，是「社會、文化、歷史、環境、政治所建構的觀念」（蔡文川，2004）。人們感覺自己歸屬於某個地方或土地，這對他們而言意義重大。居民表達對安坑美麗山林的情感：「怎麼可以我們先在這裡住，你又再擺個垃圾在我們頭上，這個不合理嘛，我就喜歡這邊的山啊！我喜歡看山，可是他要把山破壞。」（受訪者 S）另一位受訪者也回應：「我家那邊後面也有個小山，有一次看到貓頭鷹飛到我家的落地門窗。我們那邊還有一些保育類青蛙，有螢火蟲，然後常常會有蟬鳴，而且蟬跟青蛙都不只有一種。牛伯伯那有個蝴蝶園，還有那個螢火蟲，這些都是很難得的東西！我們好不容易把這一部分維持成這樣子，掩埋場若做下去，整個環境都會受影響。」（受訪者 W）這種人與土地和諧而密不可分的關係在現有的環境影響評估流程中是被忽視的（王景平、廖學誠，2006）。

　　反對掩埋廠設置的組織成員認為掩埋場的設置並不僅是少數社

區、地方的問題，更是整個臺灣的問題，也涉及後代子孫的福祉與生態多樣性的問題（受訪者P）。在一場公聽會上，居民代表質疑環評報告書的內容。來自牛伯伯生態員的工作人員指出安坑地區有珍貴的物種，他們主動調查出當地有二十多種保育類的鳥類、昆蟲和哺乳類，但卻未列在環評報告書中，因而疾呼要「為荒野請命，為山林請命」（王景平、廖學誠，2006）。行動者的論點實際上挑戰現有政治上的公民身份之界線，超越相關同質性的「政府─國家」與「國家社群」之觀點，與一些提倡將其他物種與後代子孫的利益和福祉納入民主的考量過程相呼應（Christoff, 1996）。

居民的主張與行動反映出社會理性，展現批判性的質疑與反思者。然而政府傾向認為民眾是不太理性或自私的反對者，一位受訪者指出：「政府其實感覺好像刻意去忽略我們在地居民的聲音，而且他們常常用一個罪名直接冠上去說這是所謂的『鄰避設施』，被人家解讀為因為掩埋場要設在你家旁邊，所以你會反對。人民當然會有疑慮，放在你家旁邊你願不願意呢？這當然需要更多『努力』建立溝通的橋樑。」居民的質疑與爭論實際上奠基在理性的基礎上。「反掩埋場全民大聯盟」自2003年9月即籌設專組以負責研究環評會議記錄與環境影響評估報告書，他們指出環境評估審查會中，共有136項問題被刻意忽略，以有條件方式通過。縣府環保局對於要求之條件是否能達成未能追究，而以書面要求環評委員限期回覆，不回覆則視同是同意。反掩埋場組織認為此一環評審查程序過於粗糙，似乎偏袒業者（受訪者S）。

安坑居民實際上是相當多元的組成而非同質或呈現單一主張的。有些居民並未參與相關活動或表示意見。根據反對聯盟成員的看法，

有些居民住在安坑的時間並不長，有的僅因工作而暫居新店，並未對當地產生歸屬感。整個爭議過程，出現漠不關心的公民與缺乏參與的問題，一位受訪者採取較為批判的態度：「社會上有很多的利己主義者，他說他不知道這件事，實際上也反映他不關心自己居住的地方。只要覺得它不影響我的生活，我的生活繼續過就 OK 了。我想很多人都是這樣過日子的。」（受訪者 W）。也有受訪者指出他們發傳單的時候，有遇到民眾「一看到就當場丟」的情況。儘管如此，不少行動者仍認為個人有義務將訊息傳遞出去，讓更多人知道（受訪者 L）。由於資訊不透明，也有居民聽說掩埋場要停建，而未注意開發案進一步的發展（王俊隆，2004）。至於與掩埋場預定地距離較遠的住戶，也可能產生不同的風險認知。此外，反對聯盟成員指出，業者私底下運用資源影響居民立場，有的居民可能受脅迫，不想惹麻煩或捲入利益糾葛，這顯示地方權力結構關係也影響了其公民參與。

　　居民的抗爭行動與參與有可能被質疑是自利取向或基於多元的自利動機（例如阻止居住品質下降、房價下跌），將私利包裝在公益訴求之內，而與公民身份相衝突。儘管安坑反掩埋場自救會與聯盟的成員認為他們的行動是出於對環境、家園與對後代子孫的責任並展現出好的公民（good citizen）與積極的公民（active citizen）的特質，抗爭行動者在政策參與和充分被告知等公民權利的爭取上要比義務與責任的主張來得更顯著。通常在抗爭運動中，自認為是良善、積極的公民也往往被政府或業者視為是擾事、不順服的公民。根據 Parker（2002）的看法，公民身份是主觀的與變動的概念，涉及更多有關挑戰與抵抗而非僅是支持或順從國家與政府在政策上的執行。Barry（2006）也認為在尋求一個更永續、正義與民主的社會時，我們需要

「公民不順服」（civil disobedience）優先於順服，更需要「批判性的公民」（critical citizens）而非只是守法的公民。

　　這裡所要強調的是公民身份與認同並非一成不變的。當人們能分享某一認同的經驗，通常也能擁有多重的認同（multiple identities）（O'Neill, 2000）。Mead（1934）由實用主義觀點了解人的互動，認為認同是經由持續不斷的社會重新建構過程自我與社會的辯證產生。此一互動觀點認為認同是超越自由主義將自我優先於社會的觀點，以及社群主義——將社會視為是由個人所構成的觀點，而將個人與社會視為是辯證（dialectics）關係且能互相影響。在此一觀點，我們是社會與自然環境的一份子且參與其中。在此參與過程（engagement）中，個人可以經由與他人和自然的互動而轉變（transformed），而且有能力轉變我們所生活的社會與環境（Evanoff, 2002）。安坑地區的居民所建構出的認同是可以改變的，他們可以經由獲得更多資訊，與他人的互動、對話與聯盟建立而產生改變。個案中成員藉由參與在組織與行動當中而不斷學習，反思自己的身份與角色。安坑行動聯盟指出他們也曾提供資訊與協助同樣面臨設場爭議的新竹縣橫山鄉居民，助其採取行動並使該開發案暫緩。安坑行動者已將關注的焦點從安坑地區擴展至其他類似經驗的社區。公民行動促使開發案暫緩，而公民持續地參與也挑戰掩埋場開發案的運作模式。當居民獲得更多資訊，與其他居民有更多的互動，並願意更多參與在政治與社會中，將有助於帶來決策體制的轉變。

　　公民參與的過程實際上提供展現公民身份（performance of citizenship）脈絡，讓人們反思身為公民之意涵並進行社會與經驗性的學習（Leach et al., 2005）。不少研究發現公民透過直接行動、參

與在抗爭活動以及其他團體或組織的行動聯盟中（例如：社區居民、其他類似遭遇的社區、環保、婦女或勞工團體的加入），將會帶來更多反思個人與群體和社會之關連並挑戰既有的社會結構（例如：Cole and Foster, 2001; Schlosberg, 1999），此一實際變動過程有可能引起漠不關心的公民注意甚至帶來轉變。安坑未來的發展以及社群多元組成份子的互動，呈現一個動態與流動的過程而非靜態的，安坑爭議不斷進行的公民參與行動也可能使公民身份重塑。

在公眾健康與環境風險議題上，越來越多直接抗爭行動的興起，及公民對專家在決策上資訊提供能力的質疑，正凸顯出政府治理體系的問題（Parker, 2002）。抗爭聯盟並非無知、不理性或無法溝通的，他們透過行動挑戰既有國家與公民的關係，並尋求實質的民主參與和環評制度變革。BOO 政策方案主要尋求政府與私部門之間的夥伴關係（partnership），然而卻未賦予公民平等的地位參與在決策中並成為夥伴。為避免類似技術官僚與專家主導、公民抵抗造成開發案暫緩的模式或僵局一再上演，政府必須在制度上與作法上更加透明化與民主化，並改變長久以來將人民視為知識欠缺且須再教育的思維。在環境與風險決策上包容更多的公民參與之主張至少有三項立論：第一，實質上的立論強調公民有關風險與科技危險的合理判斷揭露其社會與政治價值的敏感度。第二，規範性的立論強調公民有能力去判斷影響其生活的決策。第三，工具性的立論認為讓公民參與在風險決策中能夠使政策更具正當性，能夠容納更廣泛的價值於決策中，也可能帶來較好的結果（Fiorino, 1990）。在許多科學爭議與環境衝突，技術專家與公民在認識論上有很大的距離。有必要發展開放性的對話，容納多元的聲音、在地經驗與知識（Carolan, 2006）。

安坑個案凸顯了現有專家政治與科學理性的霸權，未來在制度設計上，有必要將公民參與和利害關係人之間的真誠對話納入決策機制並肯定公民／在地知識的貢獻。協商與對話機制不應侷限於回饋或補償等政府預設的議程，而是在開發案提出與場址評選之前儘早就多元廣泛的層面全面諮詢在地居民。公民致力於科技爭議的審議過程中，其偏好有可能轉變（Dryzek, 2000），且有助於增進或修復公眾與政府間的信任關係（Kasperson et al., 1999）。民主審議以及多元開放的對話形式與學習過程能提供公民身份更多實踐的機會，並使科技社會逐漸朝向追求共識與公共利益的方向發展，也將有助於改善現有廢棄物與灰渣掩埋場設置的風險治理僵局。

六、結論

新店安坑掩埋場設置爭議凸顯公民身份的實踐受到壓抑的問題。公民的資訊權、參與權、充分受告知而同意權，以及受危害總量限制之權利間是緊密交纏的。更多有意義的參與實際上有助於改善資訊不對稱、被排除在決策過程以及承受不成比例負擔與侵害之問題。地方行動者與其他遭受類似經驗的社區（例如：新竹縣橫山鄉）建立聯盟並形成力量挑戰既有權力結構與決策的正當性。科技爭議中公民身份的權利與義務是相互連結與對應的。參與抗爭的公民同時認為他們的行動和參與是展現公民對土地與環境的責任，並為後代與其他物種發聲。公民未能實踐積極參與的權利或體現其義務，往往與缺乏充分資訊、相關機制及缺乏效能感有關。個案凸顯公民參與在科技與風險決策中的重要性，且良善的治理（good governance）必須鼓勵良善、積極與批判性的公民以實踐公民美德。

　　本文主張將利害關係人對話機制納入決策過程，並肯定公民參與和在地知識對決策的貢獻，以改善現有環境影響評估制度的侷限性和引發的紛爭。安坑爭議凸顯當前廢棄物與灰渣處理的 BOO/BOT 政策方案以及環評制度的問題，在於欠缺廣泛地涵蓋公眾價值與知識，以及文化與社會層面的多元關懷與複雜性。由業者自行出資提供土地向地方政府提出申請的運作方式，實際上窄化了可能的選項，更引起居民對於業者與政府官員能否負起責任的質疑。公民參與並不是僅在政府所預先界定的議程與既有的選項中做出選擇，而是要讓公民能設定或形塑議程，並有能力影響決策。除了選址或末端（end-of-pipe）處置的政策階段，公民參與也應涵蓋問題的根本爭議以及程序，例如廢棄物的生產與垃圾處理的方式，以及什麼是可以接受的行政程序或運作模式。

　　公民參與和利害關係人之間的對話能提供涉及風險或倫理爭議之政策更多元的觀點，同時有助於帶來決策正當性。此外，公民參與和審議可視為是一種社會學習，有助於科技公民身份的實踐。臺灣目前也逐步累積審議式民主的操作經驗，以 2005 年宜蘭社區大學所舉行的竹科在宜蘭設基地的公民會議經驗來說，有助於培養公民理性參與公共事務的能力，並促進高科技與經濟發展的主流論述和地方主體性進行對話（杜文苓等，2007）。公民參與在掩埋場決策與審議實際上提供了一個共識尋求的過程（consensus-seeking）。審議過程中，公民須公開地捍衛所提出的立場與理性並接受公開的審視，故必須立基於共同的利益。在此互動過程中，參與者可能超越他們原有的假定與偏好（Levidow, 2007）。公民參與的審議過程可能引起一些質疑，例如過程著眼於達到共識的目的或將審議化減到僅在公眾接受與

否的範圍上，而造成過程的偏頗或為促使朝向特定結果而將反對觀點邊緣化。儘管可能有這些問題以及需要經費與人力的投入，公民參與的審議過程被視為是達到預警原則所必要的。公民多元的觀點與知識實際上對於涉及不確定性的爭議能帶來管制與治理上的貢獻（Barrett, 2006）。

　　本文主張公民知識與經驗受肯認，並提供機制促進公民權利與義務的實踐以挑戰現有獨尊科學理性、專家宰制和不對稱的權力關係。理性審議與強調在地知識經驗的差異政治之間可能產生緊張或衝突，這裡涉及到共同性與差異的辯證（dialectics），正如 Miller（2002）所主張參與者必須以正義為導向，亦即參與者必須尋找平衡，一方面強調與其他參與者或聽眾具有共同處，以獲得他人的同理心，另一方面指出與他人有何差異而有特殊的需要或將會承受不利的負擔。科技研究的著名學者 Jasanoff 呼籲更多完整的對於公民的想像，當我們提升對於公民身份的論述，則可以帶來政治的新氣象並有助於治理（Leach et al., 2005）。國家有必要創造機制與情境，並授能公民檢視和挑戰專家所引導的決策過程、框架、走向和糾結的利益結構。對公民知識與經驗的肯認和尊重以及利害關係人之間真實的對話，將有助於增進風險評估的透明化、民主化與紛爭的解決，以及公民身份的充分實踐。

參考文獻

大紀元時報，2005，〈反垃圾掩埋場——新店安坑社區居民演行動劇〉，
　　http://tw.epochtimes.com/bt/5/6/4/n944274.htm（取得 2007/8/2）。

方俊育、林崇熙譯，2004，〈技術物有政治性嗎？〉，吳嘉苓、傅大為與
　　雷祥麟編，《科技渴望社會》，台北：群學。譯自 Langdon Winner, "Do
　　Artifacts Have Politics?" in *The Whale and the Reactor*. Chicago, IL: University
　　of Chicago Press, 1986.

王俐容，2006，〈文化公民權的建構：文化政策的發展與公民權的落實〉，《公
　　共行政學報》，20: 129-159。

王俊隆，2004，〈民眾參與鄰避設施過程之研究：以竹南焚化廠及新店安坑
　　一般事業廢棄物掩埋場為例〉。新竹：中華大學建築與都市計畫學系碩士
　　論文。

王景平、廖學誠，2006，〈公共電視「我們的島」節目中環境正義與媒體地
　　方感之分析：以「斯土安康」影集為例〉，《地理研究》，44: 1-21。

江家慧，2003，〈公民參與機制運用於政策規劃過程之研究：以雲林縣林內
　　焚化廠設置過程為例〉。台北：國立政治大學公共政策研究所碩士論文。

李長平，2006，〈台北縣政府鼓勵民間機構興建營運一般事業廢棄物（含
　　垃圾焚化灰渣）BOO 最終處置場設置計畫之執行經驗〉，http://60.248.
　　253.154/popp/web/file_down_word_C_axtpg.asp?no=84（取得2007/8/21）。

行政院環保署，2005，〈公民營機構興建營運垃圾焚化灰渣再利用廠及最終
　　處置場設置計畫〉。台北：行政院環保署。

杜文苓、施麗雯、黃廷宜，2007，〈風險溝通與民主參與：以竹科宜蘭基地
　　之設置為例〉，《科技、醫療與社會》，5: 71-110。

宋曉薇，2005，〈企業／公民身份之名與實：台資企業、地方政府與當地社
　　區互動關係〉。新竹：國立清華大學社會研究所碩士論文。

周桂田，2004，〈獨大的科學與隱沒（默）的社會理性之對話——在地公眾、科學專家與國家的風險文化探討〉，《臺灣社會研究季刊》，56: 1-63。

林國明、陳東升，2005，〈審議民主、科技決策與公共討論〉，《科技、醫療與社會》，3: 1-49。

毒害臺灣網站，2005，〈給親愛的安坑地區的管委會主委及鄉親們〉，http://blog.xuite.net/aldrich/poison/323538（取得 2007/8/2）。

美麗安坑工作室，2003，〈不要賤賣我們子子孫孫的環境正義——給區委會的一封信〉，《安坑反灰渣掩埋場戰報》，第3期，http://tw.myblog.yahoo.com/teachersun36/article?mid=145&prev=146&next=144（取得 2007/8/2）。

范玫芳，2007，〈風險論述、公民行動與灰渣掩埋場設置爭議〉，《科技、醫療與社會》，5: 43-70。

高正忠，2007，〈由新竹科學園區砷排放問題談民眾知的權利〉，環境資訊中心，http://e-info.org.tw/node/28295（取得 2007/12/3）。

梁文韜，2006，〈資訊時代下的公共治理：規範性電子公民身份論之初探〉，《政治與社會哲學評論》，19: 1-81。

陳其南、劉正輝，2005，〈文化公民權之理念與實踐〉，《國家政策季刊》，4 (3): 77-88。

黃泓文，2005，〈新店安坑反掩埋場過程報告〉，全國廢棄物掩埋場政策檢討與監督機制研討會，台北，10 月 15 日。

劉暐廷，2005，〈臺灣焚化灰渣處理策略〉，於幼華編，《臺灣環境議題特論》。台北：五南。

蔡文川，2004，〈地方感：科技共同的語言與對臺灣的意義〉，《中國地理學會會刊》，34: 43-64。

Abraham, J., and J. Sheppard, 1997, "Democracy, Technocracy, and the Secret State of Medicines Control: Expert and Nonexpert Perspectives." *Science,*

Technology & Human Values, 22 (2): 139-63.

Allen, R., 1992, *Waste Not, Want Not: The Production and Dumping of Toxic Waste*. London, England: Earthscan.

Barry, J., 2006, "Resistance is Fertile: From Environmental to Sustainability Citizenship." In A. Dobson and D. Bell (eds.), *Environmental Citizenship*. Cambridge, MA: The MIT Press.

Barrett, K. 2006, "Wrestling with Uncertainty: Genetically Modified Organisms." In N. Myers and C. Raffensperger (eds.), *Precautionary Tools for Reshaping Environmental Policy*. Cambridge, MA: The MIT Press.

Beck, U., 1992, *Risk Society: Towards a New Modernity*. London, England: Sage.

Beck, U., 1999, *World Risk Society*. Cambridge, England: Polity Press.

Bromley, W., 1989, "Entitlements, Missing Markets, and Environmental Uncertainty." *Journal of Environmental Economics and Management*, 17: 181-194.

Carolan, M. S., 2006, "Ecological Representation in Deliberation: the Contribution of Tactile Spaces." *Environmental Politics*, 15 (3): 345-361.

Christoff, P., 1996, "Ecological Citizens and Ecologically Guided Democracy." In B. Doherty and M. de Geus (eds.), *Democracy and Green Political Thought: Sustainability, Rights and Citizenship*. London, England: Routledge.

Cole, J., and S. Foster, 2001, *From the Ground Up: Environmental Racism and the Rise of the Environmental Justice Movement*. New York, NY: New York University.

Corburn, J., 2005, *Street Science: Community Knowledge and Environmental Health Justice*. Cambridge, MA: The MIT Press.

Delanty, G., 1997, "Models of Citizenship: Defining European Identity and Citizenship." *Citizenship Studies*, 1: 285-303.

Dobson, A., 2003, *Citizenship and the Environment*. Oxford, England: Oxford

University Press.

Dobson, A., and D. Bell, 2006, *Environmental Citizenship*. Cambridge, MA: The MIT Press.

Dryzek, J., 2000, *Deliberative Democracy and Beyond: Liberals, Critics, Contestations*. Oxford, England: Oxford University Press.

Ellison, N., 1997, "Towards a New Social Politics: Citizenship and Reflexivity in Late Modernity." *Sociology*, 31 (4): 697-717.

Evanoff, R., 2002, *A Constructivist Approach to Intercultural dialogue on Environmental Ethics*. Unpublished Ph. D. thesis, Lancaster University, Lancaster, UK.

Fan, M. F., 2008, "Environmental Citizenship and Sustainable Development: the Case of Waste Facility Siting in Taiwan." *Sustainable Development*, 16 (3): forthcoming.

Fiorino, D. J., 1990, "Citizen Participation and Environmental Risk: A Survey of Institutional Mechanisms." *Science, Technology, & Human Values*, 15 (2): 226-243.

Frankenfeld, P. J., 1992, "Technological Citizenship: A Normative Framework for Risk Studies." *Science, Technology & Human Values*, 17 (4): 459-484.

Goven, J., 2006, "Process of Inclusion, Culture of Calculation, Structures of Power: Scientific Citizenship and the Royal Commission on Genetic Modification." *Science, Technology & Human Values*, 31 (5): 565-598.

Irwin, A., 1995, *Citizen Science*. London, England: Routledge.

Kasperson, R., D. Golding, and J. Kasperson, 1999, "Risk, Trust, and Democratic Thoery." In G. Cvetkovich and R. Löfstedt (eds.), *Social Trust and the Management of Risk*. London, England: Earthscan.

Leach, M., and I. Scoones, 2005, "Science and Citizenship in a Global Context."

In M. Leach, I. Scoones, and B. Wynne (eds.), *Science and Citizens*. London, England: Zed Books.

Leach, M., I. Scoones, and B.Wynne, 2005, *Science and Citizens*. London, England: Zed Books.

Levidow, L., 2007, "European Public Participation as Risk Governance: Enhancing Democratic Accountability for Agbiotech Policy?" *East Asian Science, Technology and Society: An International Journal*, 1: 19-51.

Luhmann, N., 1981, *The Differentiation of Society*. New York, NY: Columbia University Press.

Mead, H., 1934, *Mind, Self and Society*. Chicago, IL: University of Chicago.

Miller, D., 2002, "Is deliberative democracy unfair to disadvantaged groups?" In M. D'Entrèves (ed.), *Democracy as Public Deliberation New Perspectives*. Manchester, England: Manchester University.

Moore, N., 2003, "Ecocitizens or Ecoterrorists? Environmental Activism in Clayoquot Sound, Canada." Paper presented at Citizenship and Environment Workshop, Environmental Politics Conference, University of Newcastle, England.

O'Neill, O., 2000, *Bounds of Justice*. Cambridge, MA: Cambridge University.

Paker, C., 2002, *Citizenships, Contingency and the Countryside: Rights Culture, Land and the Environment*. London, Egnland: Routledge.

Renn, O., 2005, *Risk Governance: Towards an Integrative Approach*. Geneva: International Risk Governance Council.

Renn, O., W. Burns, J. Kasperson, R. Kasperson, and P. Slovic, 1992, "The Social Amplification of Risk: Theoretical Foundations and Empirical Applications." *Journal of Social Issues*, 48 (4): 137-160.

Sandal, M., 1998, *Liberalism and the Limits of Justice*. Cambridge, England:

Cambridge University.

Schlosberg, D., 1999, *Environmental Justice and the New Pluralism: The Challenge of Difference for Environmentalism*. Oxford, England: Oxford University.

Shrader-Frechette, K., 2007, "Nanotoxicology and Ethical Conditions for Informed Consent." *Nanoethics*, 1: 47-56.

Slovic, P., 1999, "Perceived Risk, Trust, and Democracy." In G. Cvetkovich and R. Löfstedt (eds.), *Social Trust and the Management of Risk*. London, England: Earthscan.

Szerszrnski, B., and Mark Toogood, 2000, "Global Citizenship, the Environment and the Media." In S. Allan, B. Adam and C. Carter (eds.), *Environmental Risks and the Media*. London, England: Routledge.

United Nations Development Programme (UNDP), 1997, *Governance for Sustainable Human Development*. New York, NY: UNDP.

Wynne, B., 1996, "Misunderstood misunderstandings: social identities and public uptake of science." In A. Irwin and B. Wynne (eds.), *Misunderstanding Science? The public reconstruction of science and technology*. Cambridge, England: Cambridge University.

Wynne, B., 2003, "Seasick on the Third Wave?Subverting the Hegemony of Propositionalism." *Social Studies of Science*, 33: 401-417.

Yearley, S., 1995, "The Environmental Challenge to Science Studies." In S. Jasanoff, G. Markle, J. Petersen, and T. Pinch (eds.), *Handbook of Science and Technology Studies*. London, England: Sage.

Zimmerman, A., 1995, "Toward a More Democratic Ethic of Technological Governance." *Science, Technology & Human Values*, 20 (1): 86-107.

Zolo, D., 1992, *Democracy and Complexity: A Realist Approach*. Cambridge, MA: Polity Press.

臺灣風險公共性考察

當核能系統轉化為科技政體：
冷戰下的國際政治與核能發展

張國暉

摘要

本文透過科學史、科技史、科學與技術研究（science and technology studies）的發展趨勢評述近年來科技史對研究冷戰（Cold War）的一個新概念：科技政治（technopolitics），並藉此對東亞的核能發展進行初步分析。基本上，透過科技的權力展現即是科技政治，指涉一種利用科技的設計或使用，進而建構、執行及具體化某些政治目的的策略性操作。亦即，特定政治目標的達成必須實質性地仰賴這些物質性及人造性的產物。科技政治承襲及進一步發展了若干科技史重要概念，但在概念層次上與技術的社會建構論卻出現若干扞格，並恐欠缺技術內生政治性的考量。不過，科技政治當中關於「文化及政治脈絡」上的洞見，應可做為一個檢視福島核災的重要途徑。雖然目前東亞各國社會已因福島核災而對核能發展有更進一步的檢討，但除了技術性議題外，仍恐難帶給東亞各國政府與人民在文化及政治脈絡上的根本改變，亦即東亞各國的科學發展早已不只是手段，更是深化為國家目的。本文建議東亞的核能發展可跳脫東亞各國國內的架構，而從跨國角度檢討，進而發展更具歷史縱深及區域整合的觀點，並可藉科技政治的看法，檢視國際政經及歷史文化結構下的東亞核能「科技」及「科技家」是可能如何地扮演政治行動者。

關鍵詞：科技政治、科技政體、冷戰、核能、福島核災

＊ 本文原載於《科技、醫療與社會》第 16 期，頁 103-160，2013 年 4 月出版。特別感謝劉士永細心評閱，也感謝兩位匿名審查人及編委會提供具體且深入的修改建議，另黃于玲、蔡友月及陳力維亦提供寶貴意見，一併致謝。

一個無法對世界之科技進步有所貢獻的國家，其實並不能夠稱
之為國家。

　　　　　　　──前法國總統戴高樂（Charles de Gaulle）（Hecht,
2009 [1998]: 39）

如果六〇年代以來中國沒有原子彈、氫彈、導彈，沒有發射衛
星，中國就不能算是有重要影響的大國，就沒有像現在這樣的
國際地位。

　　　　　　　　　　──鄧小平，1988 年 10 月 24 日（王奐若，2000: 63）

一、前言

　　本文透過科學史、科技史、科學與技術研究（science and tech-nology studies, STS）的發展趨勢，評述近年來研究冷戰（Cold War）的一個新概念：科技政治（technopolitics），[1] 藉此對東亞的核武及核電發展進行初步分析。科技政治這個分析概念主要是由 Gabrielle Hecht 在 1998 年的成名作《法蘭西之光：二戰後的核能與國家認同》（*The Radiance of France: Nuclear Power and National Identity after World War II*）當中提出，[2] 意指一種利用科技的設計或使用，進而建構、執

----

1 基於本文脈絡，本文多將 "techno" 及 "technology" 一詞翻譯為「科技」，主因在文內所論核能科技多基於科學知識，但一般通用翻譯詞如「技術的社會建構論」則仍採「技術」一詞。然而，在此謹再簡要說明：科學知識並非 "technology" 的必要及充分條件，technology本身即可作為一種知識系統，且英語與其他歐語的 "technology" 內涵及演變過程亦有差異。因此，"technology" 一詞宜依使用脈絡的不同而認識及理解。請參考Leo Marx, 2010, "Technology: The Emergence of a Hazardous Concept," *Technology and Culture*, 51: 561-577；陳政宏（2002），〈工學院裡的咬文嚼字──談「科學」、「科技」、「技術」〉，http://myweb.ncku.edu.tw/-chenjh/articles/wen.html（取得2012/9/11/）。

2 《法蘭西之光》一書於 1998 年出版後，在 2009 年再版，兩者最大不同在於新增

行及具體化某些政治目的的策略性操作（2009 [1998]: 15）。在後來的一系列論文中，Hecht 以這個概念來刻畫冷戰期間複雜的政治與科技間之歷史，並重新檢視有關國族認同、國家發展、國際關係與核能發展之間的關係。關注的地域也從歐美國家，延伸到非洲與亞洲等前受殖民國家，以及國際組織如國際原子能總署（International Atomic Energy Agency, IAEA）（Hecht, 2001, 2002, 2006, 2009, 2011a, 2011b; Hecht and Allen, 2001; Hecht and Edwards, 2010; Edwards and Hecht, 2010）。

不同於其他多數冷戰史研究將核能科技、彈道飛彈及人造衛星等新科技視為一種外生的力量（意指這些科技是替政治人物預備好的工具），「科技政治」把科技視為帶有政治目的及策略的產物，因此除了必須檢視政治人物、科學家及工程師的互動外，還要觀察他們之間所存在的緊密合作關係，進而驗證國家的技術能力（technical capabilities）如何同時地創造及侷限了許多政治可能性（political possibilities）。另方面，「科技政治」也揭示科技能力替科學家及工程師自身擴張其政治影響力，贏取更多的經濟資源，使他們獲得管道而參與重要政治決策及政治發展（Hecht and Edwards, 2010）。

「科技政治」此一概念提出僅十餘年，但由於其能提供許多深入的分析，已逐漸獲得科技史、科學史及 STS 等學界的重視（Callon, 2009; Heyck and Kaiser, 2010）。[3] 然而，科技政治除引起這些領域間的對話外，也存在著相互詰難的批評，例如科技政治的提出被認為是科技史學界對 STS 的不滿，因為 STS 主流分析架構，如技術的社會建構論（social construction of technology, SCOT）及行動者網絡理論（actor network theory, ANT）等，低估或忽視了公共（the public）

或歷史脈絡對科技發展的影響力。當然也有 STS 學者 Patrick Carroll（2005: 318-320）反駁此批評，認為 STS 來自科學知識學之學術根源，本有不同關懷，因此建議若 Hecht 加入 STS 分析觀點，則可使其研究增加分析清晰度，更清楚地了解到行動者的作用，而不止是解釋文化或信念是如何地與技術互動。基本上，「科技政治」的分析概念已在學術界漸漸開展，而不只應用到更多地域的冷戰史（Mitchell, 2002; Lampland, 2011），更從上述的軍事科技範疇延伸到如廣播、高速鐵路及電腦之新興科技上（Stoneman, 2009; Guigueno, 2008; Hecht and Edwards, 2010）。

　　本文將先介紹「科技政治」的內涵及實例研究，特別是法國冷戰期間的核能發展，並說明法國自啟蒙時代以來緊密的科技與政治

Michel Callon 為其所做的序文（共 13 頁）及 Hecht 本人所做的後記（共 8 頁）。Callon 的重要觀點如註 3，而 Hecht 的後記主要是對 2007 年法國總統大選時有關核能政策的討論（見註 14），並簡述法國在二十一世紀初的相關核能議題，例如法國拓展國際核電廠市場至中國、北非及中東國家，特別是後者。另 Hecht 也在後記中提出未來更進一步的研究方向，包括法國與其他國家（如中東國家與中國）核能發展的比較等。除 Hecht，Mitchell（2002）也提出「科技政治」（Techno-politics）的概念分析埃及的專家治理，但 Mitchell 的科技政治與 Hecht 的有所不同。前者較從政治學的制度面分析，後者則是以科技史的關懷出發，並同時強調科技及政治的雙向作用。基本上，近年科學史及科技史研究所提之科技政治，多採 Hecht 的觀點。另 Mitchell 及 Hecht 均未引用彼此研究及論點，本文所評述的科技政治僅限 Hecht 及其相關歷史研究所用之概念。

3 Callon（2009: xi-xii）在為 Hecht 新版《法蘭西之光》一書序文提及，STS 的學術貢獻之一即是展現科技及社會之間的界線並非截然二分，它們的關係也不能僅被彼此所吸納；兩者應是一種「社會技術性」（socio-technical）的安排（arrangements）或組合（assemblages）。他認為這是 STS 對科技與社會間關係的除差異化（undifferentiation）工作，因而指出所謂現實是由科技及社會關係共同地及混合地創造出，彼此之間異質性地交纏，只不過這些種種的安排或行為被不同的人分別認識為科技的、社會的、經濟的或政治的。然而，Callon（ibid.）認為近十年來 STS 的研究則追問這些不同的認識何以可能，亦即這些多樣且可觀察到的差異仍然存在，而需要再深入探索這些差異的背後為何，因此 STS 有了進一步對「技術社會」（the socio-technical）從事再差異化（redifferentiation）的工作。他認為 Hecht 的研究即在此做出重要貢獻，原因在於她不僅進入科技的黑盒子，並企圖揭露這些差異處，更分析這些差異背後的思維根源，而她的「科技政體」（technopolitical regime）概念，即有效地分析這些差異之後設思維如何衍生出眾多被觀察到的「社會與政治間」之動態及多樣關係（詳見本文第二節）。

關係之脈絡。接著評述該概念在近年科技史、科學史及 STS 領域發展趨勢當中的位置，探討其與大型技術系統（large technological systems）、技術的社會建構論及有關科技的批判理論（critical theory）等概念之聯繫。由於歷來「科技政治」的分析相當程度地鎖定在冷戰期間的核能發展，因此本文第五節將透過「科技政治」概念及法國的經驗，比較目前東亞核能科技史與 STS 研究之成果，試圖為福島核災後的臺灣及東亞的核能發展，初步地提供一個有別於經濟、環保、社會運動及政策規劃取向的科技政治觀點。[4]

二、科技政治與冷戰

（一）科技政治與科技政體的分析概念

何謂「科技政治」？簡單地說是「透過科技的權力展現即是科技政治」（Hecht and Allen, 2001: 14）。其中，科技不只是科技物，更包含那些非硬體的系統性方法。即便若干科技物及系統：如法國冷戰期間核子反應爐的設計及運作（詳後說明），處處可見政治性地建構（politically constructed），然而這樣的科技仍不足以稱為科技政治。所謂科技政治並不是在科技本身當中，而是在政治過程中，為獲取特定政治目標時，利用這些科技所進行的種種實作（Hecht, 2009 [1998]: 15）。科技政治所指稱的政治，既不是政治的另一種名稱，也不侷限於一般政治運作；而是特指政治目標的達成，必須實質性地仰賴這些物質性及人造性的產物。也就是說，科技的設計不只要達成物質上的有效性，更重要的是這些物質的有效性會高度地左右現實政治目標的有效性。這意味著科技會發出特定的政治訊息，而科技專家則藉此同

時形塑兼具科技性及政治性的權威。這些專家並不像是一般所認知的政治行動者，如政黨成員或社會運動人士等。恰好相反的是，他們常利用「科技或科學中立特性」的說詞，主張他們的身份及行動是非政治性的。然而，他們基於專業知識參加、組織、甚至是監督那些看似極為專業的工作，卻政治性地替他們自己或政治人物創造或侷限了特定的現實政治目標（ibid.: 15-16）。

若由下而上來觀察，科技政治的運作可比擬為若干政體（regimes）間的競爭及合作。[5] 基本上，一個科技政體（technopolitical regime）當中會具有一些特定的制度運作，連結一群特定的團體，包括政治人物及工程師等特定專家，也涉及一定的政治／科技信仰，如科技官僚治理（technocracy），還有一系列的政治計畫等。不過，他／它們都如戴高樂宣示般地把科技發展視為建構現代國家的主要目的，進而建構出一種科技政治。[6] 然而，在同一科技政治範疇中，

---

4 有關臺灣核能的相關 STS 及歷史研究，胡湘玲（1995）雖也對臺灣核能提供 STS 分析，但主要是從社會學觀點（如風險理論）檢視核四的科學家與社會公眾間的知識對話，其與本文從科技史觀點出發有所不同。另黃德源（2001）、Albright and Gay（1998）、Greene（2008）、王奐若（1998）、吳大猷（1991）及楊翠華（2003）等也曾檢視臺灣核能發展史，探討政治脈絡（特別是前三者），但多主要從政治史角度切入，亦與本文強調「科技與政治」的緊密關係焦點有異。再者，翁寶山（2001）則是由技術層面探討臺灣核能科技，而朱敬一編（2000）則鎖定在核四計畫、安全及經濟等議題，都未涉及科技史的脈絡關懷。以上研究有助於理解臺灣核能發展過程，謹提供參考。

5 Hecht 指出她使用政體（regime）（感謝二位評審就此中文翻譯提供寶貴見解）一詞的原因，是基於該詞彙帶有政治性的語調，而意指一組被政體所治理的特定群體、他們的意識型態，以及他們操弄權力的種種方法。所謂「科技政體」一詞即企圖要展現其與政治體制的相關性，但強調科技形塑下的特色。此外，政體也帶有療法或藥方的意涵，亦即科技政體所要追求的不只是政策及實作，更是要形塑一種更廣泛的社會政治秩序（sociopolitical order），例如法國核子反應爐的設計其實再現及形塑更為全面且細緻的社會政治秩序（Hecht, 2009: 17）。因此，regime 一詞帶有規訓色彩。最後，由於不同regimes 間的關係強調著權力競爭的動態現象，因此 Hecht 採用這個詞彙來作為她所分析的對象（ibid.）。

6 Harrison and Johnson（2009）也指出國家（族）的建立需要現在及未來積極性地建構、創造及想像，而不只是尋找過去語言、文化及歷史等的身份認同。因此，科學及科技扮演了建立國家（族）的重要角色，不同的科學及科技追求會創造出不同的國家（族）。

不會只有一個政體，而是可能出現不同政體相互競爭。更擴張一步來說，不同的政體及其所建構的科技政治，其實含攝在範疇更大的社會技術組聚（sociotechnical ensembles）當中。亦即，借用 Thomas Hughes（1983, 1989a, 1989b, 1995, 1999）大規模技術系統的經典研究（下一小節將進行較詳細的分析）來看，不同的科技政體應是網絡性地連結了不同的政府機關、私人公司、實驗室、科技原料（如鈾礦）出處、大學、工廠等等社經政節點（Hecht, 2001: 257-258）。

（二）法國核能發展的科技政治
1. 冷戰期間的現實政經發展

以上的理論性分析，主要來自於 Hecht（2009 [1998]）對法國第五共和（1958-）初期核能發展的研究。基本上，二戰後的法國亟欲進行戰後重建，恢復以往強盛國力，因此法國領導菁英們重新思考國家在經濟發展上的角色，並特別希望透過工業、科技及科學發展的政策達成此一目標。許多重要的國家型科技機構即在戰後成立，並被賦予以上的任務，這些機構包括原子能委員會（Commissariat à l'Énergie Atomique, CEA）及法國電力公司（Électricité de France, EDF）。這樣的政策方向雖有法國長久以來特有的科技官僚治理根源，[7] 不過戰後科技家（technologists）已更進一步地透過參與中央政府的政治，積極加入如何重現路易十四或拿破崙治下偉大法國（French greatness）時代的討論。不同以往，戰後法國科技家不甘只為政治人物服務，更質疑傳統政治人物的貪腐、不實及無效率，所以他們除重新檢視自己的政治角色之外，更主張他們的專業追求才是真正地具備法蘭西本質（essentially French），而政治及科技之間的界線則應被

抹去，由科技家直接主導政治及經濟。簡言之，科技家的自我政治認同即是建築在批判傳統政治人物的基礎上（Hecht, 2001: 259-260）。

因此，如果說政治人物會建構出一個意識型態的法國，科技家的政治願景則是一個科技發達的法國。亦即，未來的法國應是透過其尖端的科技，在二戰後取得地緣政治上的影響力。不過，尖端的科技也不能是盲從的，也就是不能普通地追求一般先進國家所追求的科技，而必須是有特色的，否則將會失去其作為一種文化表現的假設。「從今而後，法國之所以能存在於世界的理由，即是在於法國人能用法國的科技及科學，對人類文明的進展蝕刻下難以抹滅的巨大貢獻印記」（Hecht, 2001: 260）。是以，科技物不再僅是科技物，而是再現政治及文化特質的人為象徵。法國國家認同因此有不同的詮釋，而這詮釋的策略即是科技家的政治性作為，因為如要界定何謂法蘭西認同，就必須透過獨特的法蘭西科學及科技（Hecht, 2001: 261-262）。

2. 核能科技政體的競爭

CEA 及 EDF 分別是兩個主要由科技家所組成的科技政體。Hecht 稱 CEA 是國家主義（nationalist）政體，而 EDF 則是國有化（nationalized）政體。兩者與其他政體們，包括法國中央政府，一同競爭著二戰後國家認同的論述主導權。如前述，戰後法國亟欲重整國家、追求經濟成長，而驅動發展的核心動力即在於充分的能源供給。因此，戰後法國政府即主張核能的和平利用，[8] 也就是提倡使用核能

---

7 請詳見二之（三）節說明。

8 由於擔心核武擴張可能帶來的危機，美國總統艾森豪（Dwight Eisenhower）於 1953 年提出核能的和平運用政策，並將此政策推銷到各國如法國及日本。然而，某種程度來說，該政策其實是掩護了美國的核武政策。詳請參考 Kuznick（2011）及 Krige（2006）。

供給經濟發展所需的能源。然而，CEA 的主事者擁抱戴高樂國家主義（Gaullist nationalism），因此在冷戰環境下，希望法國國力主要是透過軍事力量的提升來達成，所以他們給予自己的任務除了是利用核能提供充足的電力外，更包括透過核能發展核子武器。就此，CEA 主事者在選擇核能發電的反應爐型態時，即指定開發「氣冷石墨反應爐」（gas-graphite reactor），[9] 正因為此種反應爐有利於發展核子武器（Hecht, 2001: 262-272, 2009 [1998]: 60-65）。

其實，在確定開發氣冷石墨反應爐之前，CEA 必須先決定要採用哪種的核能原料：天然鈾（natural uranium）或濃縮鈾（enriched uranium），而 CEA 選擇直接用天然鈾做為反應爐的燃料。CEA 的理由有二，第一是法國及其非洲殖民地即富有天然鈾礦，況且自建新的濃縮鈾礦工廠來提煉天然鈾的成本著實太高，而若從美國購買濃縮鈾又恐使法國必須仰賴美國的供應。第二，若使用天然鈾進行核分裂，過程中將會產生能充作原子彈原料的鈽（plutonium），這正是 CEA 主事者所意圖在發展核電之餘創造的彈性；亦即一方面替法國獲得生產能源的自主權，另一方面又預留未來法國自行製造原子彈的可能。基於以上理由，使 CEA 在 1953 年決定自行設計氣冷石墨慢化反應爐，較成熟的型號稱為 G2（Hecht, 2001: 263-264, 2009 [1998]: 60-78）。[10]

雖然 G2 的主要目的是發電，但其核心設計概念卻不僅於此。換言之，G2 在發電的考量之外，必須使用天然鈾充作原料，並且要生產出「夠好的」鈽。因此，G2 的設計相當不同於其他形式的核子反應爐。基本上，雖然鈽是透過天然鈾所提煉，但夠好的鈽卻必須控制在鈾的核分裂初期，亦即若讓天然鈾核分裂的時間太長，將使具備製

造原子彈等級的鈽不易得到。因此，核反應爐當中的燃料棒組必須設計成具有快速抽出及送進的功能；然而，矛盾的是，在核能發電的過程中，快速取出燃料棒組的作法，其實是不利於發電效率及效能。若 G2 的核心設計理念是要發電，那麼燃料棒組必須是要待在反應爐當中越久越好，因為一方面能窮盡天然鈾原料的能源，另一方面維持高溫（使用石墨中介控制以避免過度高溫），得以持續且有力的推動發電機生產電力。因此，雖然 CEA 對法國政府及社會指出 G2 是其為發電所設計的原型反應爐，但 CEA 在當時並沒有把實情完整公布。就為了取得適於製造原子彈的鈽，又使核能發電維持效率及效能，G2 有著許多特殊的設計（Hecht, 2001: 266-267, 2009 [1998]: 71-73）。[11]

　　相對於 CEA 的 G2，作為另一個科技政體的 EDF 也自行設計了另外一種核反應爐：EDF1，而這個反應爐的設計目的即純粹是為了發電的需求。不過，EDF 畢竟只是電力公司，較缺乏 CEA 的專業能力，因此 EDF1 也運用著 G2 的若干基本設計，例如，EDF1 也採

---

9 氣冷石墨意指使用二氧化碳氣體冷卻，並以石墨做為核分裂的慢化／中介（moderator）機制，而對核分裂產生的熱能進行控制。另外，核能發電反應爐有多種的設計型態，包括輕水式（light water reactor）（其中含沸水〔boiling water〕及壓水式〔pressured water〕等兩種）、重水式（heavy water reactor）、高溫氣冷式反應爐（high temperature gas reactor）、快速孳生式反應器（fast breeder reactor）等等。

10 Hecht（2009）並沒有特別指出 G 代表為何，但數字則為型號，G2 為第二代的設計，之前有較小規模的 G1。根據 IAEA 相關文件的意涵（http://www.iaea.org/inisnkm/ nkm/aws/htgr/abstracts/abst_28008789.html，取得 101/3/8），G 可能是因其採用氣冷石墨（gas-graphite）設計之反應爐的簡寫，但此僅為作者根據相關文件所做的推測。

11 基本上，G2 看似是為核能發電的原型反應爐，但其實是為了取得更好的鈽。因此不只是燃料棒填充機制的設計，作為 G2 發電的熱能交換機制（heat exchangers）也較無效率的放置在距離壓力槽數公尺之遠，甚至更移到反應爐主體建築物之外，浪費了不少熱能。為了解決以上的問題，CEA 增加了一些特殊的設計，例如，為不讓快速取出的燃料棒設計妨害核能發電的效率，CEA 設計一種多組燃料棒的機制，讓不同組的燃料棒能輪流地放入及取出於核反應爐（Hecht, 2009 [1998]: ch. 5）。

用天然鈾原料及氣冷石墨反應爐。但是，EDF1 的許多關鍵設計都與
G2 不同。首先，EDF1 的熱能交換機制即與反應爐同在一個建築體
當中（G2 是分開的），以便快速有效地擷取核分裂所產生的熱能。
其次，燃料棒組的送取設計也沒有 G2 的複雜，顯示 EDF 希望每一
個燃料棒組都能夠被竭盡地使用，所以新的燃料棒組只會在舊燃料組
使用完畢，以及核反應爐停止運作之後，才會被送進爐中再啟動反
應，以便榨取最多的熱能。基本上，EDF1 反映了 EDF 政體的價值，
也就是 EDF 期待為法國經濟提供最多的能源，藉此促進最大可能的
經濟成長。而 EDF 之所以會有經濟成長的政治價值，其主要原因之
一即是後來的 EDF 領導階層逐漸地由經濟學家取代工程師（Hecht,
2009 [1998]: 78-90, 2001: 272-286）。

3. 核能科技政體的社會性系統

在 1950 及 1960 年代間，透過核反應爐的設計，CEA 及 EDF
都主張了各自對國家發展的看法。當 CEA 為法國爭取建立核武能力
的彈性，EDF 則認為經濟成長才是恢復法國榮光的正道。在此，有
一點值得提出的議題是，核反應爐雖僅是一較為巨大的科技物及知
識，但從反應爐設計連接到建構國家願景及認同的過程似仍顯遙遠，
引起論證有效性的質疑。可是，Hecht 引用 Hughes 的「技術系統」
洞見，指出核反應爐不僅只是單一的科技物及科技知識，甚至可以連
結到社會的許多角落。例如，CEA 在 G2 的研發及建造之後，致力
於燃料系統過程的垂直整合工作，因此採礦、燃料棒製造及核廢料處
理等等，都成為 CEA 扣連相關產業的聯繫點。特別是在採礦工作上，
CEA 需要與法國政府及前法國非洲殖民國家緊密的合作，從而把法

國的外交面也帶到這個系統之中，如到馬達加斯加（Madagascar）及加彭（Gabon）開採天然鈾礦（Hecht, 2002）。

EDF 的政治理念在於提升國家經濟發展動能，所謂「公共服務」（public service）是其經營的核心宗旨，因此 EDF 除了自我賦予提供充足穩定及廉價電力，促成民間產業蓬勃發展的責任之外，對於EDFl 及其核電廠的建造也主張應委由不同民間公司協力參與，以增加國內經濟動能，而不同於 CEA 採取委託單一廠商建造核電廠的策略（Hecht, 2001: 274, 2009 [1998]: 66 & 82）。

因此，由於 CEA 及 EDF 在核心價值上的差異，使得它們對於核電廠、核反應爐及核能發展上有不同作法及認知，更進一步讓這兩個政體分別與不同社會組織所共同建立的科技政體／科技系統之間形成界線。1960 年代末期以後，兩者之間的界線逐漸明顯，彼此的衝突也開始發生。主要的原因有二，首先是相對便宜及簡單的美國輕水式核反應爐終於在 1966 及 1967 年獲得打進法國市場的機會，[12] 雖然法國政府、CEA 及 EDF 都基於國家自主的政治價值，主張應維持使用氣冷石墨反應爐，但 EDF 管理階層基於公共服務的價值，認為替法國民間產業生產更為便宜的電力應被優先考慮。其次，EDF在位於 Chinon 的核電廠於 1959 年發生一些技術問題（Hecht, 2009 [1998]: 99-100），使得法國社會對較為複雜的氣冷石墨反應爐產生質疑。[13] 因此，EDF 的管理階層重整其科技政治論述，重新定義何

---

12 其實美國在 1950 年代即向法國鼓吹進口他們的輕水式反應爐，但法國政府始終不情願如此做。法國政府也知道輕水式反應爐較便宜，但擔憂美國的控制，所以自行研發氣冷石墨反應爐。不過法國也有輕水式反應爐，但卻是在 1960 年與比利時合作製造（Hecht, 2001: 290, Ft. 26）。

13 相關衝突的原因及文中所謂的技術問題都相當複雜，本文僅簡略說明，詳請參閱 Hecht（2009 [1998]: ch. 3）。

謂公共服務，而主張引進美國的輕水式反應爐。EDF 的作法是擬向美國購買製造執照，藉此來生產更為便宜的電力，而且可把製造過程分包給眾多的法國國內廠商，促進私部門的經濟發展（Hecht, 2001: 276-283, 2009 [1998]: 271-232）。

4. 大型技術系統間的衝突與磨合

　　EDF 購買美國輕水式反應爐製造執照的新策略，引起了法國政壇及社會的緊張關係。其中，CEA 及戴高樂都認為 EDF 的舉動將動搖國家的自主性，除了建造核反應爐技術需依賴美國外，核燃料也必須從美國進口濃縮鈾。不過，由於法國政府係雙首長體制，戴高樂政府的另一個重要政治要角：內閣總理龐畢度（Georges Pompidou），也握有相當的政治影響力。不同於軍人出身的戴高樂，龐畢度認為法國國力的展現應在於產業的國際競爭力，國家的認同是建構在活躍的經濟活動上，因此法國必須與其他國家相互依存，盡量提高經濟活動的質量，而不是自外於國際社會，固執地堅持自主性。就此，EDF 政體獲得相當程度的政治奧援，也進一步形塑法國國家的認同方向應往產業經濟發展的道路上，EDF 的核電策略將有效強化法國產業的國際競爭力（Hecht, 2001, 2009 [1998]）。

　　到了 1967 年初時，CEA 及 EDF 開始相互攻擊，進而形成科技政體間的戰爭。當 CEA 指控 EDF 位在 Chinon 核電廠的技術問題是導因於 EDF 不良的民間外包管理時，EDF 則反駁表示氣冷石墨核反應爐過於複雜，而指出問題的根源在於技術，不是 EDF 的管理。此外，CEA 也指出天然鈾的成本預估將可大幅降低，未來 EDF 的輕水式反應爐將會花較高的成本進口濃縮鈾，所以 EDF 的新策略不見

得能生產出較便宜的電。不過，EDF則又指出由於輕水式反應爐在美國已經標準化生產，除了可讓核電廠的興建成本有效降低外，核反應爐也將較氣冷石墨式的可靠。總之，CEA及EDF之間相互質疑，CEA一直強調國家自主的重要性，並論辯美國的科技移植到法國之後不會出現一樣的效果，而EDF則主張美國科學數據的正確及有效性。基本上，兩機構的總裁在「質化」及「量化」評估技術的有效性上不斷爭辯。然而，更重要的是CEA及EDF都各自主張它們的理念及策略才是真正符合法國利益，國家自主及產業發展似乎難以兼得（Hecht, 2001, 2009 [1998]）。

不過，1969年末時，CEA及EDF政體之間的衝突出現轉機，一個新的核反應爐設計或許有機會從紙上研究落實。CEA及EDF都期待中子增殖反應爐（breeder reactor）將會比美國輕水式反應爐更便宜、更有效率，而且更重要的是這種設計是更為新穎的，亦即其他各國（包括美國）尚無這種反應爐，若未來法國能先做出這種新的反應爐，則將標示法國科技領先美國，並且獨步世界。然而，新式的中子增殖反應爐技術還未成熟，在此之前仍須有過渡的方案，解決氣冷石墨反應爐的技術複雜及高成本的問題。EDF的策略是用輕水式反應爐作為過渡方案的方式，說服法國政府及社會，而CEA高層也因此對氣冷石墨反應爐的堅持有所動搖。後來的關鍵點在於因戴高樂於1969年初下台，龐畢度接任總統之後，EDF的方案終於獲得法國政府青睞。CEA也轉而接著支持EDF的方案，但是部分法國社會大眾及CEA員工對於終結氣冷石墨反應爐的發展仍感到質疑及憤怒。CEA、EDF及法國政府都花了不少策略企圖平息爭議，其中一個是CEA撰擬了一份報告，指出科技與政治不應混為一談，當科技能更

為有效率及效能時，不應讓政治阻擋科技的進步。諷刺的是 CEA 之前的所作所為都是主張科技即是政治，法國的認同建立在法國獨步的科技上，因此當 CEA 的報告拒斥政治干擾時，這策略才實則是政治性的。之後至 1973 年止，EDF 很快地興建了四座新的輕水式反應爐，而 1973 年由於石油危機，更促使法國政府決定兩年內再興建十三座，使核電發展迅速崛起，到了 1989 年時法國核能發電佔總發電比例已高達 70%（Hecht, 2001: 286）。2007 年時法國核電比例更增高到 75% 至 80%；但有趣的是，時為兩大黨總統候選人的薩科齊（Nicolas Sarkozy）及賀雅爾（Ségolène Royal）卻都錯誤地大為低估了真正的數字（Hecht, 2009: 341）。[14]

（三）法國科技與政治的文化脈絡

前述法國在二戰後的科技政治發展，其實可說是繼承了自啟蒙時代以來的文化脈絡。亦即，科技家本身建構自己對國家的政治願景並實際地介入政治過程，並非是二戰後才有的現象，而法國的政治人物及高級文官亦早有由工程師及科學家充任之傳統（Hecht, 2009 [1998]; Kranakis, 1989; Picon, 1992）。早在十八世紀時，法國哲學家聖西門（St. Simon, 1760-1825）除了被熟知為馬克斯（Karl Marx）的社會思想啟發者之一外，他的若干科學主義及菁英主義主張，更被認為是提供科技官僚治理最直接且最早期的具體來源，而其思想的追隨者（St. Simonians）也被認為是近代最早的科技官僚（technocrats）。[15] 具體來說，這些科技官僚多是 1794 年所建之巴黎綜合理工學院（École Polytechnique，巴黎理工）的教師、學生及畢業校友等（Armytage, 2007: 66-70; Pannabecker, 2005）。

1. 法國科技與政治結合的思想

不同於當時法國（如國立道路及橋樑學校〔École nationale des Ponts et Chaussées〕）及其他國家較早的工程學校，巴黎理工的學生必須先修習兩年的基礎科學，特別是數學，然後才能再繼續學習工程專業。因此巴黎理工可以說是第一個開始有工程科學（engineering science）這個現代概念及作法的教育機構，並深深影響了後來其他國家的工程教育，如美國幾個工程學院先驅，包括西點軍校（United States Military Academy at West Point）及壬色列理工學院（Rensselaer Polytechnic Institute）等。據此，巴黎理工的規劃被公認具有劃時代的重要意義：即在其創建之後，工程及科學才產生了高度的連結，之前的工程知識多來自於經驗累積及實務操作，而沒有數學推演及實驗設計等科學方法（Alder, 2010; Mitcham, 2009; Downey and Lucena, 2004; Picon, 1992）。[16] 巴黎理工不只坐享科學的知識光環，更由於

---

14 薩科齊及賀雅爾在總統選舉辯論中各回答了 50% 及 17%。其中，賀雅爾的 17% 其實是指核能佔總能源（含石油）的比例，而不是總發電，而薩科齊的 50% 則是即興的回答，沒有其他數據的根據。此外，他們也都錯誤地回答了有關核能發電的其他重要問題，例如對最新核反應爐（European Pressurized Reactor, EPR）的認識等（Hecht, 2009 [1998]: 341-342）。

15 其實在比聖西門的年代更早之前，法國哲學家伏爾泰（Voltaire, 1694-1778）及英國哲學家培根（Francis Bacon, 1561-1626）也算是曾對科技官僚及其治理概念提出較為具體想法的先驅者，基本上他們都期待把科學主義應用在社會運作上。不過，由於聖西門的宗教主張，使得他的想法較能為時任法國領導人的拿破崙所接受，而使其科技官僚思想顯得較前人為之突出。因為拿破崙當時企求以一種政教協約的方式建立新的法蘭西帝國，希望其統治正當性能出自教宗的認可（Armytage, 2007: 69）。此外，聖西門的國族主義式主張，透露出他對科學家治國的迷戀，比前人更為強烈。他曾經描繪一幅國家治理的藍圖，其中最高治理國會建議由 30 個科學家及 15 個人文藝術家或工業產業人士所組成（ibid.）。據其規劃比例可見，聖西門對科技官僚治理的主張相當明確，甚至是激進的。依據他的想法，科學不僅是人們探索自然世界所仰賴的途徑，其方法及價值更該被應用到管理人們自身的政治事務及社會關係當中（張國暉，2012）。

16 相對於十八世紀前的軍事工程師（特別是有關防禦工事的建造材料比例〔proportion〕）細膩計算那種經由實務經驗累積而來的工程參數，啟蒙時期的工程師則開始客觀化的探索這些參數的來源，也就是他們嘗試研究自然界的規律及定律，然後幫助他們解構及重構那些被計算的工程參數。不僅如此，他們甚至質疑以往許多經由經驗累積而來的工程

該校創建於國族主義氣氛昂揚下的法國，使該校的設立不僅受惠於軍事競爭的時代，同時也昭示了共和思潮時代的開端。因此，不難想見該校的畢業生多數進入政府或軍隊任職，日後更成為法國的右派菁英，領導整個國家的發展，其校風更影響其他公立工程及軍事學校，[17] 使它們的畢業生成為國家工程師（state engineers），擁有相當高的政治及社會地位（ibid.）。Antoine Picon（1992: 617）曾經如此形容國家工程師：

> 他們（工程師）拒絕「科技與人文」、「科技與語言」及「科技與社會」等的對立想法。對他們來說，一個理想的科技常是伴隨著社會計畫所發展出來，而試圖幫助人們與外在環境之間所出現的衝突。這些工程師最突破性的想法，即是要將社會（the social）溶入到科技（the technical）當中。亦即，為何不讓社會的運作像是一個大型又具科學性的工廠呢？

較為具體來說，啟蒙時期的法國工程師開始運用實驗尋找工程參數，他們分析物體材料本身的硬度及彈性等物理性質，同時也對了解動態的物理及社會現象感到高度興趣，例如物體撞擊、水體流動及勞動力消耗的情形等。不同於科學家的分析方法是從基本的感官去增長知識，工程師的分析則是將物理性質及自然要素連結到他們的複雜產物當中。也就是說，他們理解及分析自然現象，然後把這些經過實驗後的知識運用到社會生活裡。十八世紀之後，他們利用自然規律、定律及數學計算來彰顯他們的中立性，企圖表現出一種不偏頗於當時封建性的上層政治及社會或特定結構的態度，來設計及製造出工程

計畫及產物，而這樣的轉向則能確保他們可以提供公眾幸福。然而，如何能區分哪些工程師的設計是可以提供幸福，哪些又不能夠呢？例如，如果利用受迫的貧困農民勞工來築一條路，這條路或許在未來能增加整體的公共福利，但現在卻會增加這些勞工的負擔，這時國家工程師則必須藉助功利性（utility）的量化分析來幫助進行決策（張國暉，2011b）。

由於法國的工程師在十九世紀之前，即開始形成了一種工程師與公務員合體的傳統（Alder, 2010; Picon, 2009），因此到了啟蒙時期，法國的國家工程師除了必須指導該如何施作基礎建設之外，還必須做出是否興建該項建設的政策決定，而這個決定同時是政治性及經濟性的。另外，他們的影響範圍還從興建與否的決策，延伸到未來該如何維持這些公共基礎建設。如前述，法國國家工程師們藉用功利性的經濟計算來協助他們作決策，而這是一種從轉型後工程實作的實驗及計算分析，移轉成為公共政策制訂及決策依據的思維。也可以說，他們工程化了啟蒙時期甚至是之後的法國政治經濟體制，特別是在基

參數，其中有些可能是純粹人為的結果，有時更還帶有鞏固既存的階級性社會秩序的色彩，例如十七世紀及之前的古典法國建築物常會表現形式性及漸層性的裝飾及施作，藉以彰顯當時王公貴族較高的社會地位，這意味當時的建築師及工程師透過工程產物把身邊的社會秩序給合法化。除此之外，舊有以經驗性工程參數所施作的防禦工事，也開始無法抵擋因火砲武器的科學性進步所帶來的攻擊，即使它們是工程師仔細計算下所建築的。因此，在十七世紀結束前，法國工程師比較像是工藝家，他們的專業相對較接近建築師而不是科學家（張國暉，2011b）。

17 最早被認為具有顯著影響力的工程師是來自於軍隊當中，特別是指那些從事設計及建造防禦工事及戰爭武器（如投石器）的軍事工程師。在若干莎士比亞的劇作當中，工程師也常是士兵的同義詞，例如在 Troilus and Cressida 當中的阿基里斯（Achilles）即被稱作是一個少有的工程師。另外，早期的工程教育機構，均是由政府所籌建，而且都緊密地與軍隊合作，例如 1698 年由彼得大帝在莫斯科所建的軍事工程學院（Academy of Military Engineering）、在法國路易十五同意下於 1747 年所成立的國立道路及橋樑學校、由法國大革命國民大會在 1794 年所支持的巴黎綜合理工學院以及在美國傑佛遜總統（Thomas Jefferson）政府時於 1802 年所成立的西點軍校等。參見 Mitcham（2009）及張國暉（2011b）。

礎交通建設的政策上，扮演起像是社會價值的選定及排序的法官角色（張國暉，2011b）。

2. 二戰對法國科技政治的形塑

到了十九世紀初期，就數量及權力掌握來看，法國國家工程師已開始顯著的興起，他們逐漸在政府部門中佔據重要職位。然而，到1880年代之前，幾個重要的官方職務仍主要是由主張經濟自由的文官所掌握，他們主張擴張政府的赤字支出以從事國家建設，而這些建設計畫則是交由國家工程師來規劃及執行。不過，這些支出卻逐漸拖累法國財政，而且這些文官未有進一步的產業計畫，並忽視軍事武力的強化，許多國家工程師除對法國在一戰及二戰的積弱表現感到高度失望外，也更加對經濟及社會等公共事務產生更高的興趣。因此，二戰期間幾乎遭德國滅國的恥辱，使得法國國家工程師們更積極要求參與國家決策、參與政治，並主張法國必須重振軍事武力及科技發展，前述 CEA 及 EDF 之間的角力可說是在此脈絡下的重要一環。許多法國的國家機構，因此在二戰後成立（如 CEA 及國家高等文官學院等）或重組，無論是內部管理方式或對外政策主張，都以科學及科技為核心價值（Hecht, 2009 [1998]）。

三、跨國的科學、科技與冷戰史

在近期許多〔科學史及科技史〕的研究當中，科學漸被論證為「科技科學」（technoscience），科技則被認為是「科技政治」（technopolitics），而兩者都是重構自我認同及社會認識的重要分析工具（Heyck and Kaiser, 2010: 365）。

　　Hecht（2001, 2009 [1998]）對法國冷戰及核能史研究，除了讓自己進一步開拓至研究 IAEA 及若干非洲國家的冷戰、核能及後殖民史（包括南非、加彭、馬達加斯加等）之外（Hecht, 2002, 2006, 2011a; Edwards and Hecht, 2010），更啟發了其他學者藉由她的科技政治概念研究印度、俄羅斯、美國、德國、瑞典、中國、以色列、冰島、匈牙利、巴西、沙烏地阿拉伯等國冷戰史，特別是有關核能發展的歷史（Hecht, 2011b; Abraham, 2006; Lampland, 2011; Schmid, 2011; Mehos and Moon, 2011; Moon, 2007; Hecht and Edwards, 2010; Weinberger, 2001）。基本上，核能運用之所以成為冷戰中的核心要角，其原因不難理解，無論是從和平運用或軍事武力的角度來看。如法國，核能的和平運用被相當部分團體認為得以有效提供電力、刺激經濟發展，但也可作為毀滅性的武器，同時嚇阻敵人及提升國際地位。相當數量的國家領導人，無論是民主或共產國家，也深知核能及核武所帶來的政治力量，它們政府的正當性及它們的認同政治也正如文初戴高樂及鄧小平所說的必須建立在尖端的科技發展上。「現代國家已經無可避免地需要將統治合法性建築在大規模科技計畫當中：核子計畫是最主要的場域，因為它開拓了眾多的政治可能性」（Abraham, 2006: 64）。

　　其實，不論是從各國國內政治或國際關係的角度來看，[18] 有關核能科技的冷戰史議題一直是政治學及當代史的研究範疇。然而，

---

18 關於國內政治，請參考 David Holloway, 1994, *Stalin and the Bomb: The Soviet Union and Atomic Energy, 1939-1956*. CT: Yale University Press; Richard Rhodes, 1995, *The Making of Atomic Bomb*. NY: Simon & Schuster. 關於國際關係，請參考 Scott D. Sagan, 1997, "Why Do States Build Nuclear Weapons? Three Models in Search of a Bomb," *International Security*, 21: 73-85; Stephen M. Meyer, 1984, *The Dynamics of Nuclear Proliferation*. IL: University of Chicago Press.

若提升層次來看，科學、科技與（國際及認同）政治之間的緊密聯繫，卻因不同傳統學科領域各有不同的學術關懷，而欠缺了更為深入的跨界研究。[19] 據 Krige and Barth（2006b: 3-5）指出，當科學史及科技史學者較為努力挖掘科技專家在決策制訂過程中的角色時，政治學及歷史學者則多側重政治行動者的論述及作為。因此，當前者的研究忽略更廣泛及深遠的國際政治及歷史脈絡，後者則低估科學（家）及技術（者）所內含的政治價值及創造的政治可能性。然而，Krige and Barth 的觀察恐有限縮於歷史學角度之虞，因為如從 STS 角度來檢視，已有若干有關冷戰時期現實政治脈絡下的科技史研究，如 Donald MacKenzie 藉技術的社會建構論對導彈之相關研究。[20] 若較聚焦地來看「冷戰」之「國際政治」與「科技發展」間的關係，Krige and Barth 的觀察仍有其見解，畢竟跨國關係脈絡下的科技發展變遷（如科技輸入及輸出），仍因學科關注角度的不同而較未描繪到兩者的相互形塑關係。

　　近年來已有許多學者開始藉由跨學科的方式，重新檢視冷戰期間的科學史及科技史。他們與以往研究的不同觀點處，包括從跨國、跨區域及全球化的角度，同時觀察「國家政治認同及國際政治角力」與「國際科技移轉及科學交流」的複雜關係（Heyck and Kaiser, 2010; Harrison and Johnson, 2009; Van der Vleuten, 2008; Krige and Barth, 2006a; Downey and Lucena, 2004）。例如，科學史期刊 *Osiris* 即於 2006 年出版專號《全球權力知識：國際事務中的科學與科技》（*Global Power Knowledge: Science and Technology in International Affairs*）。該專號雖非僅以冷戰史為唯一主題（畢竟全球化的議題係在 1990 年代之後興起），但國際政治下的核能發展及科技移轉，已被認為是重要且

欠缺關心的學術課題，因此該冊嘗試同時檢視科技與政治相互創造及侷限可能性的情形（Krige and Barth, 2006a）。此外，*Osiris* 又在 2009 年出版《科學與國家認同》（*Science and National Identity*）專輯，該冊雖不以冷戰時期為限，但著重國家政治脈絡如何與國際科技移轉相互形塑。另一科學史期刊 *Isis* 也在 2010 年推出《科學與冷戰的新觀點》（*Focus: New Perspectives on Science and the Cold War*）專輯，除探討冷戰期間的科學、科技與國家發展史外，[21] 並對人文社會科學的發展趨勢與冷戰的聯繫關係進行重新檢討。[22] 例如，政治學及經濟學的理性選擇（rational choice）理論，在戰後除因軍工產業及國家安全目的而興起後，又如何的繼續在學界中多樣性地發展。[23]

---

19 另有關科學、科技與政治（理論及體制）的關係，可參考張國暉（2012）；Yaron Ezrahi, 1990, *The Descent of Icarus: Science and the Transformation of Contemporary Democracy*. MA: Harvard University Press; John G. Gunnell, 1982, "The Technocratic Image and the Theory of Technocracy," *Technology and Culture*, 23: 392-416; Sheila Jasanoff, 2004, "Ordering Knowledge, Ordering Society," in Sheila Jasanoff (ed.), *States of Knowledge: The Co-Production of Science and Social Order*. NY: Routledge, pp. 13-45.

20 請參考 Donald MacKenzie, 1993, *Inventing Accuracy: A Historical Sociology of Nuclear Missile Guidance*. MA: The MIT Press. 另此處感謝一位匿名評審人就此所提供之寶貴意見，評審人並指出科學知識社會學（sociology of scientific knowledge, SSK）亦有傳統的軍火史專家，如 Paul Forman、Ian Hacking、Evelyn Keller、Stuart Leslie、Brian Easlea 等人。

21 請參考 Zuoyue Wang, 2010, "Transnational Science during the Cold War," *Isis*, 101: 367-377; Kristie Macrakis, 2010, "Technophilic Hubris and Espionage Styles during the Cold War," *Isis*, 101: 378-385; Zuoyue Wang, 2007, "Science and the State in Modern China," *Isis*, 98: 558-570. 另 *East Asian Science. Technology and Society: An International Journal*, 6 (1), 2012，亦有相關論文探討東亞科學與國家發展史的議題。

22 請參考 David Engerman, 2010, "Social Science in the Cold War," *Isis*, 101: 393-400; Paul Ericson, 2010, "Mathematical Models, Rational Choice, and the Search for Cold War Culture," *Isis*, 101: 386-392; Rebecca Lemov, 2010, "Hypothetical Machines': The Science Fiction Dreams of Cold War Social Science," *Isis*, 101: 401-411.

23 請參考 Paul Ericson, 2010, "Mathematical Models, Rational Choice, and the Search for Cold War Culture"; Rebecca Lemov, 2005, *World as Laboratories: Experiments with Mice, Maze and Men*. NY: Hill and Wang; S. M. Amadae, 2003, *Rationalizing Capitalist Democracy: The Cold War Origins of Rational Choice Liberalism*. Chicago: University of Chicago Press; Philip Mirowski, 2002, *Machine Dreams: Economics Becomes a Cyborg Science*. NY: Cambridge University Press.

另外，《交纏的地域：全球冷戰期間的帝國與科技政治》（*Entangled Geographies: Empire and Technopolitics in the Global Cold War*）也是一本利用上述觀點重新檢視冷戰時科學、科技與政治關係的重要論文集（Hecht, 2011b）。該書特別之處在於採用了人類學及歷史學探索的方式，再次檢視冷戰時的國家發展，並特別關注國際組織所扮演的角色。其次，該書也不同於以往的冷戰研究多僅強調美蘇超強國家的角色，而更細部地檢視其他小國的國際及國內政治，還有它們與超強國家間的主體性關係。最後，該書也藉由 STS 當中有關科學與科技會如何深入影響政治運作的觀點，進一步分析科學、科技及醫療會變成（後）殖民行動及結構的一環（Hecht, 2011a）。[24]

從以上的冷戰科學史及科技史發展趨勢來看，科學、科技發展與政治脈絡必須同時觀照，因為科學及科技會對建構國家政治認同與國際政治角力發出重大的影響力。當政治認同會對國內政權要追求什麼樣的國際地位（如法國追求往日法蘭西榮光）產生影響時，國際政治角力則可能形塑國內政權如何建構政治認同的力量（如印度藉參加國際核武競賽鞏固政權正當性），而科學及科技（如核能發展）在這兩者都扮演極為重要的角色（Hecht, 2009 [1998]; Abraham, 2006）。更重要的是，誠如本節首段所引，如分別改以「科技科學」及「科技政治」認識當代科學及科技，除了能更掌握科學知識及科技物的發展之外，並應可對社會、國家及全球體系有更深入的了解。

四、科技政治與 STS

「科技政治」不僅提供一個冷戰史觀點，也為近代科學史、科技史及國際關係史增加新的議題。此外，由於這個新觀點的啟發，

STS 相關領域（如技術社會學與技術哲學）也加入對話。本節利用科技史及 STS 近年發展趨勢評述「科技政治」在這些領域中的相對位置，下節則藉此初步分析東亞的核能發展。

（一）科技政治與科技史

基本上，Hecht（2001, 2009 [1998]）的科技政治研究提供了一個重要的科技史視角，試圖對科技及政治作對稱性及互動性地探索。而這樣的研究途徑，應是進一步延伸了 John M. Staudemaier（1990）對科技史的學術史趨勢之觀察，亦即對科技的研究已漸從挖掘科技本身的內部途徑（internalist approach），轉向探索科技脈絡的途徑（contextualist approach），而將科技的重要背景結構一同納入認識的範疇。[25] 較具體來說，根據 Hecht（ibid.），她的科技政治概念源自於科技史學者 Hughes（1983）對美國、英國及德國的電力科技系統研究。透過跨國的比較研究，Hughes 所提出的無縫網絡（seamless web）概念：大型技術系統的社會、經濟及科技層面都是無法分割的連結著，為 Hecht 提供了一個研究法國核能科技的構想根源。

不過，Hecht（2009 [1998]: 8-9）也指出 Hughes（1983, 1989b, 1999）的概念並無法滿足她的核能研究，因為法國核能科技發展不只是牽涉到社經結構及企業家精神等要素，更是涉及法蘭西政治歷史及信仰。因此，Hecht 研究的另一個構想根源即是法國的政治及文化脈絡研究。藉此，並利用無縫網絡的概念，Hecht 企圖理解法國的政治

---

24 另外有關以跨國角度所做的科技史研究，亦可參考 Downey and Lucena (2004); Eda Kranakis, 2007, "Patents and Power: European Patent-System Integration in the Context of Globalization," *Technology and Culture*, 48: 689-728; Lyth and Trischler (eds.), 2004, *Wiring Prometheus: History, Globalization and Technology*. Copenhagen: Aarhus University Press.

25 亦請參考 Harrison and Johnson (2009).

及文化脈絡會如何地形塑它的大型核能技術系統。基本上，Hecht 及 Hughes 的研究都繼續延伸了 Staudemaier 所指出的科技史發展趨勢，但兩者有不同的側重層面，而為科技史提供不同的學術觀點。

（二）科技政治與技術建構／形塑論（social shaping of technology）[26]

當 Hecht（2009 [1998]: 8-10）一方面強調她的研究係延續科技史發展趨勢時，另一方面其實也隱性地指出她對技術的社會形塑論的批評。雖然 Hecht（2009 [1998]: 8-10, 350-351）[27] 也指出若干 STS 學者如 John Law、Wiebe Bijker 及 Bruno Latour 的研究都對她探索科技與社會的相互形塑關係有所啟發，[28] 但她除表示這些社會學及人類學學者的研究較少觸及科技與政治之間關係的議題外，[29] 更挑戰 SCOT 過於保守而欠缺政治層面的考量（Hecht, 2001: 12-13）。[30] 基本上，Hecht 似乎想傳達一個訊息：若要清楚認識科技與社會的互動，歷史及文化途徑仍然重要，且其能填補對科技、政治結構與文化脈絡間關係的了解，而不只侷限在 STS 社會建構論範疇內。因此，從 Hecht 較早期的研究來看，她主要還是與科技史及科學史學界對話；不過，如前述，她的研究已漸漸引起許多迴響，有些 STS 學者嘗試藉由她的科技政治概念從事研究。簡要來說，Hecht 的法國核能研究一方面雖強調歷史學傳統，但另一方面，許多後續的 STS 及科技史研究也開始對「科技政治」繼續進行概念化工作，而似乎有繼續發展出理論架構的可能。

雖然科技政治已逐漸被歷史及 STS 學界認為是重新檢視冷戰科學及科技史的重要概念之一，但如同近年從 STS 領域發展出來的一

些新概念／語彙所遭受的質疑，[31] 科技政治一詞雖提供了新角度，但似難更深入地建構出一個架構或理論，不易藉此來比較不同脈絡的科技發展型態。亦即，雖然 Hecht 以歷史研究為主，但若就社會科學的角度來看，科技政治似仍難被具體地概念化。究竟「透過科技的權力展現」的分析要項、型態、甚或是指標有哪些？如何進一步藉此建構出理論來「解釋」不同地區的科技政治，而不只是「描述」，可能更是 STS 當中偏向社會學專長的學者所好奇的。簡言之，從科技史發展出來的科技政治與 STS 的社會學傳統間，似出現相互扞格之處，因為當前者強調脈絡的重要性，後者則是提出像是 SCOT 或 ANT 等理論，[32] 而試圖提供具體架構解釋科技物的發展史，基本上前後兩者對研究科技物發展過程有不同取徑。[33]

---

26 技術的社會形塑及建構論（social shaping of technology; social constructions）所包含的內容較廣，除 SCOT 外，也可談 ANT，其他的建構論觀點可參考 Hughes (1999, 1995); Sergio Sismondo, 1993, "Some Social Constructions," *Social Studies of Science*, 23: 515-553; MacKenzie and Wajcman (eds.), 1985, *The Social Shaping of Technology: How the Refrigerator Got Its Hum*. Philadelphia: Open University Press; Williams and Edge, 1996, "The Social Shaping of Technology,"*Research Policy*, 25: 865-899；張國暉（2011a）及傅大為（2012）等。

27 請參考該文獻第 350 及 351 頁內之註 21、22。

28 如有關異質工程（heterogeneous engineering）、社會技術組聚（sociotechnical ensemble）及 ANT 等的研究。

29 Hecht（2009 [1998]: 9）指出少數的「科技與政治（脈絡）」的研究有：Donald MacKenzie (1993); Alder (2010); Paul N. Edwards, 1996, *The Closed World: Computers and the Politics of Discourse in Cold War America*. MA: The MIT Press.

30 有關近年對 SCOT 的批評與挑戰，請參考 Hans K. Klein and Daniel Lee Kleinman, 2002, "The Social Construction of Technology: Structural Considerations," *Science, Technology & Human Values*, 27 (1): 28-52; Langdon Winner, 1993, "Upon Opening the Black Box and Finding It Empty: Social Constructivism and the Philosophy of Technology," *Science, Technology, & Human Values*, 18 (3): 362-378；張國暉（2011a）；傅大為（2012）。

31 這些概念及語彙，如生物政治（biopolitics）、生物經濟（bioeconomy）、生物國族主義（bionationalism）、科技科學（technoscience）、共生（co-production）、操演性（performativity）、多樣跨科學領域（variable transscientific fields）、跨領域工作（boundary-work）和有限論（finitism）以及註 28 所提等。

32 請參考 Bruno Latour, 1987, *Science in Action: How to Follow Scientists and Engineers through Society*. MA: Harvard University Press.

33 本文所指社會學家僅侷限較偏向 STS 當中的社會建構論者，有許多其他社會學家也都

然而，當「科技政治」有可能繼續精緻其概念化內容，而技術的社會建構論也越趨結構化及脈絡化時（Klein and Kleinman, 2002; 張國暉，2011a），科技史與技術社會學的界線似乎逐漸模糊。例如，SCOT 後來即有若干新發展，像是納入技術物完成後的社會回饋，不僅只是鎖定在技術物的設計過程，而強調技術與社會之間的長期動態關係及其背後的脈絡性機制（傅大為，2012；張國暉，2011a）。[34] 因此，Hecht（2001, 2009 [1998]）或許毋須太過批判技術的社會形塑論（如 SCOT），[35] 而可試圖採用若干技術社會學的觀點再檢視法國核能科技發展，社會學及政治學等學者似也可加入繼續概念化「科技政治」，進一步拓展 STS 跨越學科領域邊界的工作（boundary-work）。

（三）科技政治與科技的內生政治價值

　　雖然 Hecht（2001, 2009 [1998]）指出技術社會學較缺乏科學、科技與政治、文化脈絡間的研究，但就較廣義的 STS 研究來看，政治與文化面向的技術研究始終是 STS 的重要學術議題。若檢視 Hecht 對科技政治的定義：「透過科技的權力展現」，那麼從科技本身所內含的政治價值似也應包括在內。例如，Landon Winner（1977, 1986）對核電廠的研究即指出，由於科技本身高度複雜且需求絕對安全運作等考量，核電廠的管理機制必須極度地層層節制，以避免出現絲毫差錯。因此，像核電廠這樣的大型技術系統所派生出來的管理機制勢必專制，而蘊含了特定的政治價值。其他像是核電廠的大型技術系統，還包括航空母艦艦隊等。除此之外，其實馬克斯、Jacques Ellul、海德格（Martin Heidegger）、馬庫瑟（Herbert

Marcuse）、傅科（Michel Foucault）、Lewis Mumford 及哈伯瑪斯
（Jürgen Habermas）等思想家，也不斷提醒科技的內在價值、政治
或論述（discourse）性質，對人類文明或生活情境的意識型態性力量
及權力控制等。因此，「透過科技的權力展現」係受到長期關懷的議
題，特別是從技術哲學的層面出發。

不過，Hecht（2001, 2009 [1998]）所指的科技政治應是鎖定在
現實政治的場域，特別是涉及公共政策、國家發展及國際地位等的現
實政治，而且科技所內嵌的政治目的是由政治行動者所賦予的。因
此，科技與政治的關係是雙向且現實的，亦即科技與政治對彼此都給
予現實上的可能性，而不只是前段舉例所指的由科技物本身所單向派
生出來的意識型態性權力。此外，Hecht 所指科技政治的政治是基於
歷史及文化脈絡所衍生，因此科技政治的權力表現在具有脈絡性質的
國族政治認同及國內外政治角力，而 Winner 所指核電廠派生的權力，
雖也在現實當中造成專制管理，但這樣的權力展現並非是基於在地文
化及歷史脈絡。就此，Hecht 的研究確做出了相當重要的學術貢獻。

然而，Hecht（2001: 284-286, 2009 [1998]: 300-304）的研究似
仍忽略了以上科技內生政治價值的作用。例如，前述當法國政府決定

對科技與政治間的關係發展學說或理論，如 Ulrich Beck 的風險社會理論等。由於本文
鎖定在科技史、科學史及 STS 領域，未評述科技政治概念與風險理論等的比較，但並
不意指風險理論較不重要，也不意指兩者沒有共通及衝突之處。

34 傅大為（2012）對張國暉（2011a）在 SCOT 的新發展上提出一些更為清楚的說明，並
提供文獻上的參考實例。SCOT 主要受批評處之一，在於其難以反應社會結構對技術
物的深刻作用（如市場機制、政治信仰、對技術的使用習慣及傳統態度、男女及階級等
差異），因此 SCOT 的新發展注意到更長期的技術物發展變遷過程，除包含相關社會
團體對穩定後之技術物還有進一步妥協外，也在強調這些妥協可能植基於市場機制（如
傅大為所舉螢光燈之例）、傳統習慣與地理環境（如傅大為所舉福特 T1 車之例）等結
構性的影響。

35 相較 Hecht（2009 [1998], 2001）較早期的研究，她（2011b: 1-12）似乎也傾向有這樣
認知，而更為肯認 STS 的貢獻。

從美國進口輕水式反應爐作為發電主力，引發 CEA 氣冷石墨反應爐核電廠員工強大的示威抗議時，對於這樣的反抗或可借用科技內生政治價值的分析。亦即，由於核電廠亟需高度分工的龐大組織，除難以建立之外，也不易降低規模，甚至是加以縮小或消除，一旦核電廠開始啟動建造，如 Hughes（1995）所說的科技驅動力（technological momentum）一旦啟動就難以減緩成長、甚至是暫停，因為大型技術系統連結了眾多社會、政治及經濟層面，使之啟動後，組織即越發加速成長。因此，大型技術系統（如核電廠）若要進行改變或移除，都相當不易，而這應是這些系統的內生政治特質之一。因此，除非有其他大規模事件（如石油危機）發生，大型技術系統的轉向或調整恐難出現。而以上的舉例，或許也能從 ANT 的觀點，提供不同的解釋，亦即在科技與社會的關係當中，非人行動者（actants）如核電廠，也具有能動性，驅動行動者與科技之間的關連。簡要來說，技術社會學及技術哲學應都能為科技史的事實描述工作之外，提供若干的可能解釋。

五、初探東亞核能的科技政治

2011 年 3 月 11 日 14 時 46 分位於日本本州島東北方的宮城縣以東近海，發生了約芮式規模 9 的強震，[36] 並引起高約 38 公尺的海嘯入侵至內陸最遠 10 公里處。[37] 地震及海嘯除直接或間接造成超過 1 萬 3 千人死亡及 1 萬 5 千人失蹤外，福島第一核電廠（共六機組）的冷卻系統更在當日遭受破壞，導致其第一至四號機組在數小時至數日內爐心熔毀及爆炸等重大事故，更嚴重的是放射性物質也因此外洩，引起大規模的輻射污染災難（Norio et al., 2011）。國際原子能總署在

福島核災發生後數週內，接連將其暫訂的災難程度，提升至與 1986 年前蘇聯車諾比（Chernobyl）核災相當的最高級（第 7 級）事故。[38] 由於福島核災聚集了地震及海嘯等的地理特質，[39] 傅大為（2011）指出這場核災不僅帶出有別於過去西方的核能發電問題（如核廢料處理），而得以標示出核能問題的東亞特性之外，更可作為東亞反核運動及建構東亞 STS 理論的契機。誠如傅大為的觀察，在福島核災後已引起了學界許多有關核能、風險及災難的 STS 研究。[40]

　　然而，本文透過評述科技政治的文獻，欲指出的是西方核能發展的問題其實還有不同於核廢料處理、核電廠除役、核原料運輸等技術性範疇的議題。雖然這些議題也是「科技與社會」關係的一環，但不應單純地視為僅具表面意義的技術性議題（胡湘玲，1995），而是更要深究核能與社會之間更深層的政治、文化及歷史脈絡關係。西方核能發電的脈絡問題如法國的科技政治，應能對東亞核能的 STS

---

36 請參考日本氣象廳 http://www.jma.go.jp/jma/press/1103/13c/201103131830.html（取得 2013/1/8）。

37 其中就海嘯高度，有若干不同資訊，另有關海嘯侵襲面積等資訊，均請參考 Norio et al.（2011）。

38 有關福島核災等級判斷，請參見國際原子能總署 http://www.iaea.org/newscenter/news/2011/fukushima120411.html（取得 2013/1/8）。有關核災分級定義，亦請參見國際原子能總署 http://www-ns.iaea.org/tech-areas/emergency/ines.asp（取得 2013/1/8）。另依前述資料及 Norio et al.（2011），大致來說，地震發生時，第一至第三機組正在運作，雖緊急停機，但它們的冷卻系統卻因受海嘯侵襲及相關連鎖反應，而失去供電並停止運作，造成燃料棒外露，並另引發產生大量氫氣，最後因氫氣累積過多爆炸，導致圍阻體破壞，接連讓放射性物質釋放到廠外。另當時第四至第六號機組雖正處停機檢修，但因第四號機組置有的使用過核燃料棒仍具衰變熱及放射性，且又發生氫氣爆炸，使得放射性物質亦外洩至廠外。不過，必須注意的是，上述機組的冷卻系統故障、氫氣爆炸及圍阻體破壞等原因及過程不一，詳請參考上述資料及東京電力公司 http: www.tepco.co.jp/en/press/corp-com/release/（取得 2013/1/10）。

39 有關福島核災的特殊地質及地理特質，可參考 Nöggerath et al.（2011）。

40 請參考 2011 年 Society for Social Studies of Science 年會議程，http://www.4sonline.org/meeting（取得 2011/11/17）。另亦可參考期刊 *East Asian Science, Technology and Society: An International Journal*, 5 (3, 4) 及 *Bulletin of the Atomic Scientists*, 67 (4, 5, 6) 相關論文。此外，也有若干網站專門討論福島核災，如 https://teach311.wordpress.com/（取得 2011/12/1）。

研究有所啟發，特別是從大型技術系統的無縫網絡及科技驅動力的角度來檢視，並且更深入地探索這些系統背後的政治文化及國際歷史脈絡。亦即，藉由科技政治概念，應可發問：近代東亞各國是如何接受與認識科學及科技？它們的認同政治與科學技術之脈絡關係？究竟二戰後不久東亞各國的核能方案是如何可能？又一旦核能方案開始啟動後，是否即歷史性地、政治性地及社會性地難以轉向或停止？東亞核能發電系統是如何嵌入社經層面，並如何創造現實政治上的利益，甚至是國際政經角力及國族認同形塑？基本上，依下文的初步分析，本文認為這些議題的重要性並不亞於核能科技的種種安全性問題，而使得核能科技系統的歷史及政治驅動力強韌，因此即便東亞國家的核能發展雖然遭逢如此接近（時間上及地理上）及巨大的福島核災，仍不難從法國科技政治的啟發來推測：目前東亞各國政府們仍不改其志的維護核電或（及）核武。

以下各小節將先評述東亞核能科技史文獻及其與科技政治觀點的異同，接著提出科技政治觀點對東亞核能發展的啟發，並再以此檢視當前東亞各國對福島核災的 STS 研究，最後提出以科技政治觀點發展東亞 STS 核能研究的若干可能方向。

（一）科技政治觀點與東亞核能科技史

誠如本文第三節指出：雖然冷戰及核能都是政治學、當代史及科技史的重要議題，但因不同學科的學術關懷重心有異，使得科技與政治相互交纏面的歷史分析及因此所發展的相關概念（如科技政治）仍有欠缺。基本上，冷戰期間東亞各國的核能史與政治史其實更反應了這樣的現象，而多偏向將核能科技及核能科技家視為外生性或工具

性的角色，分析它／他們如何為鞏固政權、穩定區域與發展經濟而服務。[41] 若更進一步來說，其實在東亞的脈絡中，單是核能科技的歷史本身都仍恐需相當程度地挖掘。DiMoia（2010）發表在科技史期刊 *Technology and Culture* 一文探索南韓 1945 至 1965 年間的核能科技史，恐是少數且重要的英文科技史文獻。

DiMoia（2010）指出二戰後韓國的電力供給多來自於北韓的水力發電，但因俄國控制北韓，使得美國主控下的南韓電力供給受制，並進一步影響南韓社經穩定。而在韓戰結束後，美國政府的核能和平運用計畫（Atoms for Peace）[42] 引起南韓政府的高度期待，希望盡早建構核電廠提供穩定電力。然而，不只在南韓，即便是在歐洲，美方都希望是以漸進的方式執行這項計畫，並且由美方主導發展的程度及方向，先以科學研究做為核心工作，使得不同行動者（包含美方科學家、南韓官方及南韓科學家等）出現一連串衝突。[43] DiMoia（2010）一文重點之一即是探討南韓科學家的角色，他們不但藉此計畫宣示自己為南韓本土的科學家（即便他們多數是接受日本高等教育訓練），也某種程度地向南韓政府及美方爭取自主權，[44] 並且將此計畫連結南韓的科學傳統，[45] 企圖彰顯他們全新及去殖民的專業及政治認同，進

---

41 例如臺灣的部分可參考註 4，日本可參考註 8。

42 有關該計畫，可參考 Krige（2006）。

43 例如南韓希望未來核電發展能保有脫離美方控制的彈性，因此也要求到其他國家接受訓練，將來有機會從其他國家（如法國）移轉核能科技（DiMoia, 2010: 602-603）。

44 DiMoia（2010: 604-608）指出南韓核能科技家（特別是核能計畫領導人）提出若干在地性的主張，例如希望核能研究與大學研究社群脫離，並且將核能廠區設置在偏遠位置，交由軍方主導，以保持其獨立及隱密性，甚至也藉此來增加南韓本土科學家的個人權力。然而，這些要求顯與美方期待差距過大，因美方希望核能發展必須仰賴在地大學科學社群的參與，無論是基於核能安全研究或是在醫療科學研究的目的，而希望將設施蓋在首爾大學附近。

45 如在南韓第一個科學研究機構「原子能研究所」（Atomic Energy Research Institute, AERI）動土典禮上，將被視為是南韓科學發展源頭之「瞻星台」影像放在典禮圖騰中

而形塑以透過發展科學及科技的方式重建韓國的政治論述。[46]

　　基本上，DiMoia（2010: 592）研究南韓核能科技史的出發觀點來自於前述第三節的科技史發展趨勢，亦即企圖同時地檢視冷戰脈絡、國際政治與核能科技三者之間的相互影響，而 DiMoia 即是將研究區域鎖定在二戰後的東亞，特別是南韓在冷戰期間受國際主義影響下的科學實作。[47] DiMoia（2010: 591）雖然也引用 Hecht（2006）有關「國家如何透過科技物及其相關系統性方法以達到不同目的」的想法，但並未直接使用科技政治的概念。然而，DiMoia 一文著重在核能科技家所扮演科學性及政治性角色（特別是國族認同及專業認同上的政治性主張）[48] 的觀點，與 Hecht 的相關研究有共通之處，但在結構上有所不同。當南韓核能科技家身處威權政體當中，而積極透過科技輸入為國族、政體及自身鞏固政治認同及權力時，法國的科技家則是主動性地透過發展核能科技提供國族及政體不同的政治可能性。因此，戰後初期兩國的核能科技家都扮演重要的政治性角色，但後者的政治能動性更強，佔有主動性地形塑政治論的位置，使得科技政治更為可能。

　　雖然科技政治概念對分析南韓戰後至 1970 年代前的核能科技史恐不盡適切，但是當南韓在 1970 年代之後因科技能力迅速提升，而有自主性地發展核能科技的可能時，其科技家恐有相當機會提供更深刻及廣泛的政治可能性，甚至轉而主導政治局勢去向特定的科技發展傾斜，使政治難以監督科技，甚至讓政治與科技彼此相互服務，並且塑造國家發展即科技發展的單向與獨斷之論述。基本上，南韓的核能科技史在結構上應與日本及臺灣具有相當程度的共通處，這三個國家均在冷戰期間接受美國的監督下發展核能科技，而三者的政權都傾向

為威權式地操控了國家的其他重要部門。不過，目前這三個國家的科技能力雖仍有差異，但已非戰後初期的粗糙，所謂科技家在被大量生產之外，也逐漸佔有國家各部門重要位置。因此，相對於科技史領域，科技政治概念或更能對近二、三十年來的東亞科技發展，特別是核能科技，提供不同觀點，並更深入的加以觀察，例如對福島核災的政治、文化及核能發展之歷史脈絡進行探討。

（二）科技政治觀點對當前東亞核能發展的啟發

從法國的科技政治來看，由於核能科技的高度複雜（無論是在技術本身或組織管理上）（Perrow, 2011, 1999），在科技政策及實作的過程中，即便是高度成熟及發展的民主國家如法國，政府對核電的處理及認知恐與極權專制國家相似，不僅領導人對核能科技的認識有限（如薩科齊對核電的了解），制訂政策的過程中也充斥著封閉（如CEA及EDF高層的政治信仰影響它們的核能科技發展，政府及公眾僅有限度的參與）、隱瞞（如CEA在法國政府和平運用核能的政策下，仍透過氣冷石墨反應爐提煉原子彈鈽原料）、甚至是欺騙的情形（如前述CEA對抗議員工的作為）（Hecht 2001: 284-286, 2009 [1998]: 300-304）。許多一般自由民主國家對威權專制國家核電管理的批評，似也不偏不倚地回擊本身。

心，而熟知的原子符號則放在圖騰的四個角落（DiMoia, 2010: 613）。

46 這樣的論述除了也受到政治人物如當時總統朴正熙的支持外（朴被認為是現代科學的真正信仰者），南韓社會多也對核能科技持正面樂觀態度。雖然南韓距離日本原爆的時間及地理距離都不遠，但南韓社會多將廣島及長崎原爆視為韓國解放的關鍵（DiMoia, 2010: 604）。有關朴正熙的科技政策，請參考 Kim and Leslie（1998）。

47 有關冷戰與國際主義，請參考 Krige（2006）。

48 有關此一概念，請參考張國暉（201lb）。

雖然本文介紹的法國科技政治係在數十年前的冷戰期間成形，但日本政府在福島核災發生當時及之後的作為，始終難以獲得坦白、公開或有效能的評價（Fujigaki and Tsukahara, 2011；池上善彥，2012）。法國及日本的情形透露了這樣的訊息：自由民主政治體制的治理功能似乎在面對大型技術系統時，遭遇相當的侷限。就此，社會又如何能清楚了解核能發展的實際過程，即便多數公眾們都被教育了「正確」又「充足」的核能知識。畢竟知識歸知識、實作歸實作，大型技術系統的細微處實在綿密，其組織又如 Perrow（2011, 1999）所觀察的龐大繁複，而支持這些系統的社經政體系（如法國及日本）[49]又過於嚴密，公眾的科學知識及民主體制仍有待加強以照亮種種實作過程（Fujigaki and Tsukahara, 2011），而難以讓這些系統變得清晰透明。或許大型技術系統的內生政治特質之一，對政府及公眾來說，即包括不可治理性（若保守一些來說，也會是極高度困難治理性）。

本文呼應傅大為（2011）透過福島核災尋找東亞特性 STS 分析及理論的呼籲，但主張補充由科技政治的觀點觀察，東亞特性的挖掘與探討可從地震及海嘯等地理特質，延伸到在地的國內外政治及文化脈絡。若能對核能的政治、經濟及社會層面進行歷史分析，或許能對核能科技系統的「轉向」或「調整」（由於大型技術系統的驅動力具有強大慣性，[50] 恐難將核電及核武「廢除」）有所貢獻。首先，東亞各國包括臺灣、中國、日本及南北韓等，雖如同歐美先進國家的理由，亦基於國家國防或經濟安全（通常兩者兼具）而移轉或發展核能，但與東西冷戰脈絡下的歐美國家所不同者，可能在於東亞各國的國防及經濟安全威脅多直接來自於彼此。例如，臺灣與中國間、北韓與南韓間、南北韓與日本間、中國及日本間的軍事衝突及競爭（涉及

核武），[51] 以及這幾個國家之間高度重疊且競爭的經濟產業發展（涉及核電）。[52] 甚且，這幾個國家之間更僅在一、二個世代前都實際地發生過殘酷戰爭，血淚記憶猶新，即便苦難傷口在數十年後逐漸癒合，目前也興起了緊張的經濟競爭，彼此都為求生存而亟欲在國際市場上取代對方，經濟攻擊及防衛的程度應不遜於軍事的。再者，歐美國家也都為自身利益而高度介入東亞各國間的軍事與經濟關係，使東亞安全局勢更多變。因此，從國際政治的角度來看，東亞各國核能發展的動機幾乎都來自於彼此活生生且幾乎零距離（均在彼此短程核彈射程內及無距離的全球貿易戰）[53] 的危機感，期待東亞各國政府及人民同意捨棄核武及核電來確保自身可能是「想像的」國防及經濟安全，恐非易事。

（三）目前東亞各國就福島核災後的回應及 STS 研究

確實，福島核災的傷害已經夠巨大了，日本也需要付出極大的代價。然而，若從東亞各國的現實政治脈絡來看，由於因彼此所造成

---

49 日本的情形可參考 Fujigaki and Tsukahara（2011），而法國情形即如本文第二節。

50 Perrow（2011）指出核能科技系統具有強勁的發展慣性（inertia），其組織及管理恐會越發難以節制，更出現難以避免的意外。Perrow 的慣性概念與 Hughes 的科技驅動力概念有相似之處。

51 中國是五個傳統核武國（其餘四國為美、俄、英、法）中唯一仍在繼續擴張核武的國家，據估計中國目前約有 240 個各式核子彈頭（陸上、海上及潛艦發射），到了 2020 年代中期，中國瞄準美國的長程核子彈頭數目（約 100 個）可能會是美國瞄準中國的兩倍（Kristensen and Norris, 2011）。另北韓在 2003 年時退出聯合國的禁止擴散核子武器條約（Treaty on the Non-Proliferation of Nuclear Weapons, NPT）。

52 除北韓外，日本（第 3）、南韓（第 5）、中國（第 9）及臺灣（第 14）都在全世界核能發電量前 15 名（其餘均是歐美國家；前 20 名中也僅增加印度一個非歐美國家），南韓、中國及臺灣還繼續增建核電反應爐（目前全世界 75% 的新建數在南韓、中國、印度及俄羅斯），中國的增建數更是世界第一（Schneider et al., 2011）。

53 射程短隱含著僅有短時間可做出反應，包括雙方緊急協商、飛彈轉向、攔截或反制攻擊等，因此無可挽回的傷害可能會極快及極有效地造成。

的傷痕還歷歷在目，而對彼此潛在的軍事及經濟威脅又如影隨形，東亞各國政府（如臺灣）積極回應福島核災的方式，恐僅止於技術性地提高核能設施的防震係數、防海嘯圍牆高度及相關安全措施（如防災演練）（Chan and Chen, 2011）。眾所周知，臺灣數個核子反應爐就在人口稠密的首都圈內，似也僅只有提高目前「被看得見」及「被認識到」的安全設計，核四仍照計畫地要在短期內商轉。再者，即使福島核災就發生在日本，且當時的日本首相菅直人宣稱若放棄核電也能達到國內電力需求，但日本政府對核電的支持仍然強勁（Takubo, 2011; Fujigaki and Tsukahara, 2011）。另外，南韓官方似乎也強調核能安全的加強及核能知識的普及，而少有進一步對核能的徹底檢討（Chang, 2011; Hong, 2011）。不僅如此，當福島核災發生時，南韓總統李明博更有迥異於其他具有核能設施國家領導人的反應，公開讚揚韓國核能科技的進步、安全及效能（Hong, 2011）。甚至，即便從南韓社會的角度來看，自 1980 年代晚期開始民主化運動，雖提出不同聲音，但南韓人民期望藉由科技進步帶來國家發展的想像，卻更支持他們政府在開發核能上的政策，他們對於國家發展失敗及依賴國外勢力的擔憂，顯更勝於核能所可能帶來的科技風險（Jasanoff and Kim, 2009; DiMoia, 2010; Hong, 2011）。

然而，福島核災可能並非只有小小地提高核能安全設計的正面意義而已，這場核災或許開始激起了東亞公民社會的自我檢討。除了反核的社會運動外，就較為深層的文化脈絡來看，東亞社會似更可藉此重新檢視十九世紀以來科學救國的意識型態，反思對科學及科技進步的迷戀，以及國家發展的意義及代價何在。因此，雖然難以廢除東亞核能科技系統的存在，但福島核災的後果或能減緩系統的自

我膨脹，也或能促使系統的轉向，亦即讓系統能更接受社會的監督，正視公眾的各種檢驗，並願面對社會出現不同於立基在核武及核電的國家發展觀。當然，這些只是轉向及調整的可能而已，它們也很可能不會出現，而所謂調整更可能是加速大型技術系統的發展，如本文前述石油危機促進法國進一步發展核電。南韓更因車諾比核災所引起的全球反核效應，藉此反而成功要求美國移轉更多關鍵技術，加速其核能科技發展，最後更在 1998 年自行研發出「韓國標準」（Korean standard）核反應爐，[54] 並於 2009 年擊敗法國、美國及日本等先進國家輸出到阿拉伯聯合大公國（Hong, 2011）。

但若再從另一面觀察，不同於車諾比核災，南韓學者 Sungook Hong（2011） 也指出因福島核災所帶來的緊迫性，已引起許多南韓民眾再思追求核能科技及擴張核能產業的必要性，並擔憂核能所帶來的種種危險及風險。相當部分的臺灣社會（包括民間、媒體、學界等）亦不斷質疑官方提出的種種核能安全及經濟等的說法，並積極組織相關活動來倡導反核的主張。至於日本對福島核災的檢討則不待言地更為深刻。然而，仍必須說明的是，部分臺灣社會的反應雖迫使政府做出現有核電廠不延役的決定，不過國民黨政府仍繼續維持興建核四的政策，並也獲得部分擁核民間團體及深信核能促進經濟成長之民眾的支持，且反核及擁核的主張又難與本土的惡性政治競爭脫出，使核能議題更加複雜，未來臺灣社會與政府間對於核能發展的議題應會出現更多及更細膩的調和或衝突（Chen, 2011）。南韓及日本的擁核政策也仍獲相當的結構性支持，國家、重工集團、電力公司、政黨及核

---

54 有關南韓核電反應爐發展，可參考 World Nuclear Association, 2012, "Nuclear Power in South Korea," http://www.world-nuclear.org/info/inf81.html (Retrieved: Nov. 22, 2012).

能科技機構等都構築了堅硬且長久的擁核傳統（Hong, 2011; Fujigaki and Tsukahara, 2011）。因此，南韓、臺灣及日本因福島核災開始重新檢討核能科技的國家價值，但是否能促使這些國家將其核能發展加以轉向及調整，則恐仍待時間觀察。[55]

（四）從科技政治觀點發展東亞 STS 核能研究的可能方向
1. 東亞作為分析單位

誠如前幾段的說明，除中國外，東亞各國 STS 學者已藉由福島核災，積極從不同角度分析核能對國家的意義及其與各國社會的相互關係，探索的議題包括：擁核的社政經歷史脈絡、逐漸興起的反核社會運動、社會要求認識核能知識及參與核能政策決策的聲音等。然而，除 DiMoia（2010）及 Jasanoff and Kim（2009）等文較觸及冷戰時期的國際脈絡之外，多數研究聚焦於東亞各國國內現實政經與核能發展的關係，使（1）國際關係架構下之國家角色的 STS 視角及（2）東亞區域跨國間的 STS 視角，可能仍有填補的空間。基本上，Jasanoff and Kim 提出了當前南韓核能發展的社會技術想像（sociotechnical imaginaries）[56] 概念，從國際關係架構的層次來看，其與科技政治概念有其相合之處，同樣強調國家的國際關係是如何影響國內社會想像他們的國家，而此觀點應值得未來臺灣及其他東亞國家的核能 STS 研究發展。

不過，就東亞跨國間的 STS 視角來看，包括科技政治（即 Hecht 以法國為核心）、社會技術想像（Jasanoff and Kim 則以南韓、美國及兩者間的比較為重點）及近年國際科技史發展趨勢，似均較無線索提供一種國際區域性的跨國觀點探索核能發展的共享、共通與差

異之比較。此點主張應與傅大為（Fu, 2007）與范發迪（Fan, 2007）就「東亞 STS 研究能走多遠」之「東亞意義為何？」的論點有相合之處，[57] 而本文建議核能或許是一個適當的題材，來論證他們的觀點。亦即，若以東亞作為範疇，將東亞各國間的政經關係及歷史文化傳承置為分析框架，那麼核能對東亞各國的深層國族意義（無論是東亞區域各國間或東亞與西方間）或可得呈現，並得檢視它所形成的影響。進一步來說，東亞核能的 STS 研究可從國內外政治及文化之區域脈絡出發，如能以主體性的姿態，對套用西方 STS 理論及問題意識保持警覺，[58] 重新認識、釐清、反省及積極地重構這些脈絡，再現

---

55 中國社會對核能發展的態度，及其與政府之間的互動應值得觀察，並與臺灣、南韓及日本的情形相互比較。由於本文重心在 STS 及科技史的脈絡上，相較前述三個東亞國家，中國的資料相當受限，所以未分析中國，但不代表中國核能發展的 STS 研究較次要或沒有特殊性。

56 有關「社會技術想像」（sociotechnical imaginaries）是 Jasanoff and Kim（2009）所提出的概念，藉此分析及比較美國及南韓之核能與社會相互形塑的現象。他們指出：對未來的想像是形成社會及政治生活的一個重要組成要素，而這樣的想像是比較不具範明確、不特定議題、沒有非常具體之目標導向等，而卻是比較像是一種集體性的規範（norms）、隱喻（metaphor）、政治論述（discourse）及文化意涵（cultural meanings）。所謂的想像，除了對未來正面發展的期待之外，同時也想像這些發展可能相伴的風險或危險。而科技會形塑這些正面及風險的未來想像，不過並不能只靠科技本身促成，而是溶入在社會當中，亦即何謂正面及風險的內容需要由社會給予，因此科技（technoscience; 有關該詞可參考 Don Ihde and Evan Selinger, 2003, *Chasing Technoscience: Matrix for Materiality*. Bloomington: Indiana University Press. 不過該詞依學者不同，而有定義上的差異）的想像也可說是社會想像，當中包含了對良善社會的集體願景。基本上，Jasanoff and Kim（2009: 120）將「社會技術想像」定義為「一種對未來社會生活及秩序之形式的集體想像，且這樣的想像是反應在國族所特別支持之科學或（及）科技計畫的設計及建構當中」。

57 傅大為認為由於東亞各國具有共同分享日本殖民及東西冷戰的歷史系絡，而這樣的系絡可以說是一種地域性的網絡。這網絡除了代表東亞各國是緊密地位處在同一地理政治（geopolitics）的權力關係當中外，許多在這些關係中的節點（nodes and locals）及它們的特質也是東亞各國彼此所共享的。不同於傅大為，范發迪則指出東亞更深遠的歷史及文化系絡，其實或許有發揮更大影響力的可能性。基本上，傅大為及范發迪均支持東亞區域的 STS 研究（包括建立東亞 STS 理論、方法及議題選擇等）有其學術正當性。而兩位就東亞作為一個 STS 研究範疇主張的異同，亦可參考張國暉（2011a）及傅大為（2012）。

58 傅大為（2012）對他（2007）的東亞 STS 研究主張，有進一步地澄清該主張與區域主義、

核能對社會及政治的有限意義，無論是追求核武及核電所帶來的低層次安全感（軍事上及經濟上），或是其所代表從十九世紀以來的膚淺之科技優越感（文化上），[59] 或是大型技術系統的難以治理而需付出極高代價（技術上），東亞一詞可能即有脈絡的力量。亦即，緊張情勢如東亞，若能在認真地解構及重構核能發展之政治及文化意義後，取得各國間的和解與合作，那麼核能的技術性議題及其因自然地理所帶來的種種問題，應更能被公開及妥適地處理。

2. 東亞各國的科技政體

除東亞區域內跨國之 STS 核能研究外，若相較於 Jasanoff and Kim（2009）的社會技術想像概念，Hecht 的科技政治觀點所提供的一個「科技」及「科技家」之政治力角度，或得進一步檢視國際政經及歷史文化結構下的東亞各國國內核能「科技」及「科技家」是可能如何地扮演政治行動者。亦即，兩者除了也會反應結構，表現特定的政治態度（不只是站在技術面〔technical〕的層次，而是更內嵌了如國族想像的政治願景）之外，更主動性地提供形塑現實政治的可能性。科技及科技家不應只被視為政治工具或僅侷限在技術面的角色（如提供所謂專業的科學知識），他們更是政治場域的行動者之一，可能能積極地參與現實政治的形塑，甚至是實現他們所意欲的特定政治願景（如前述法國 CEA 及 EDF 的高層工程師）。此外，另也值得注意的是，這些科技及科技家也可能不會僅是一個行動者，而是可能聯合不同行動者，因此出現不同的政體而彼此競爭，甚至牽涉了國際政經勢力的介入。

不過，若從現有東亞核能 STS 研究文獻的脈絡（Takubo, 2011;

Fujigaki and Tsukahara, 2011; DiMoia, 2010; Jasanoff and Kim, 2009; Hong, 2011; Chan and Chen, 2011）以及臺灣的核能史相關研究（如註 4）來看，東亞各國似未如法國般出現兩個科技政體的情形，而是呈現出單一政體的狀況，因此前述像法國 CEA 及 EDF 的競爭而建構政治可能性的現象似未出現。基本上，東亞台、日、韓各國政府夥同著科學家、工程師、外國勢力、大財團或電力公司，幾乎成為唯一核能科技政治體制的領導角色（黃德源，2001；楊翠華，2003；Fujigaki and Tsukahara, 2011: 392; Jasanoff and Kim, 2009: 131-139; DiMois, 2010; Hong, 2011）。因此，東亞各國的核能科技政治恐更為封閉及單一（如前述 DiMoia〔2010〕對南韓核能科技史的研究），雖在威權政體早期時曾出現不同聲音（如吳大猷），[60] 但恐較缺乏其他政體競爭，而其他社會團體也更不易興起並產生作用，並也在美國的監控下，這些發展應與法國的情形有所不同。就這一點來看，Jasanoff and Kim 的社會技術想像概念恐較 Hecht 的法國模式更適合用來研究當前東亞各國的核能發展，且或能解釋不同國家發展的軌跡（例如南韓企圖出口核能科技），因為這概念主要是建基在國家（state）的單位上。若從這一方面來看，東亞各國彼此之間的核能科技政體也恐有較高程度的相似性，這似使得前述研究東亞區域在文化及歷史上的跨國共通及差異現象，更有進一步探討的需要。

　　科技政治與社會技術想像的概念相去不大，特別是這兩概念都強調科技所引發的政治可能性，但前者的法國個案較強調過去榮光

　　擴散主義及「中心／邊陲」架構之間關係的說明，幫助本文此處的論點。

59　可參考 Michael Adas, 1989, *Machines as the Measure of Men: Science, Technology, and Ideologies of Western Dominance*. NY: Cornell University Press.

60　請參考吳大猷（1991）、黃德源（2001）及楊翠華（2003）。

的恢復，而後者的南韓個案則是源於對未來投射願景。不過兩者的主張並非相互排斥，而未來應用在其他國家核能發展的研究上或能相互支援，畢竟都強調科技形塑現實政治的可能性以及科技政體的作用。或許誠如喬治・歐威爾（George Orwell）在《一九八四》的名言：誰掌控了過去，誰就控制了未來；誰掌握了現在，誰就能掌控過去。其中，科技政體（們）競爭或支配了「誰」的位置，而「現在」的意義則是由科技（特別是核能）所充實。然而，由於科技政治的概念仍有特別之處，特別是對科技家創造政治可能性的著重，以及他們所延伸的社會網絡及對政治願景的建構等，藉該概念的研究或許得更為深入地探索科技及科技家本身。

六、結論

　　透過簡介「科技政治」的概念及內容，本文評述其與科技史、科學史及 STS 之間的傳承、延伸及相互詰難之處。本文也進一步利用對這概念的評述，試圖提供一個初步東亞核能發展的科技政治觀點。亦即，當福島核災引起特殊的東亞地理議題（如海嘯及地震），而需要重新檢視不同於西方核能發展的問題（如核廢料處理）時，本文主張東亞社會既有的政治及文化脈絡或許也是一個檢視福島核災的重要途徑。簡單來說，東亞各國在僅約一個多世紀以來的現代化過程中，科學及科技都不只是被視為追趕西方文明、爭取獨立自主及重現往日榮光的手段而已，更是成為當代及未來國家目的本身。[61] 此一對科學及科技的迷戀，可說已嵌入東亞各國的文化脈絡當中，也就是有關社會及經濟等公共事務，都極為信賴地透過科學及科技處理，而科學與科技更是一種具優越地位的系統性價值，使得追求科學及科技

的進步多是優先於追求其他社會價值。若要對科學及科技進行檢討及批判，不僅受到忽略，更可能遭遇壓抑，甚至是攻擊。

此外，長久以來國際現實政治的競爭及衝突，更穩固了東亞各國齊心追求科學及科技進步的文化脈絡，這些競爭及衝突不只來自於西方壓力，更出於對彼此之間的威脅。因此，當核子科學被視為當代科學的尖端，其衍生之核武或核電科技發展又可做為東亞各國間消除彼此威脅的有效途徑時，即便福島核災距離如此接近、代價如此巨大，除了技術性議題外，究竟能帶來東亞各國政府與人民多少文化上及政治上的改變，恐難抱太高期待。然而，從科技史的啟發來看，雖然大型技術系統一旦啟動就難以停止其驅動力，但對其減緩或轉向的調整卻還是具有可能性，特別是當巨大事件發生時。就此，福島核災應至少已經進一步刺激東亞各國社會反思國家發展的目的何在，那些透過核能發展持續地製造恐懼及威脅來維護國家的策略，應必須被重新檢視。再者，若能以東亞跨國性作為一種框架，進一步理解東亞各國透過追求科技進步以彰顯國家發展目的的共同脈絡，或許東亞各國社會能對本身及東亞的科技與社會關係及想像有進一步的認識。

不過，就更深層的科技史啟發來看，大型技術系統如核電恐蘊含著高度難以治理的政治性價值。無論是專制集權政體或是自由民主政體國家，不論過去或現在，均對核能科技的管理似乎都上演著同一套的劇本，裡頭難以避免無知、封閉、掩藏、欺瞞，甚至是無能與錯誤的可能性。即便多數社會大眾如同科學家具備充足及正確的核能知識，但核能科技系統的技術複雜、組織龐大、牽涉的政經利益糾結難解，實難想像能被適當的治理（如果不是不可治理的話）。從法國的

---

61 請參考 Adas（1989）；Kim and Leslie（1999）。

經驗來看，純粹將核能科技交給專業人員處理，恐怕也只是增加以上
負面情況的機會。或許科技的進步本有其侷限，但當科技演變成為巨
大型的系統時，它更會形成政治行動阻止被外力有效地控管。因此，
由科技政治觀點所延伸之「科技」及「科技家」政治力的角度，特
別是在兩者對現實政治及國族主義提供政治可能性，使它們（核能系
統）／他們（核能專業人員及機構）轉化為更堅固的社政經科技政體
時，或許亦值得為未來東亞核能發展的 STS 研究做進一步探索。

參考文獻

王奐若，1998，〈敬悼中科院創建人唐君鉑將軍〉，《傳記文學》，74 (4): 64-66。

———，2000，〈中共火箭飛彈之父錢學森感念三位哲人〉，《傳記文學》，76 (6): 60-65。

朱敬一編，2000，《核四何去何從研討會實錄》。台北：財團法人孫運璿學術基金會。

池上善彥，2011，〈在核能意外爭議中，導入戰後史的視野〉，馮啟斌、胡清雅編譯，《文化研究週報》，116。http://csat.org.tw/journal/Content.asp?Period=116&JC_ID=408（取得 2012/9/13）。

吳大猷，1991，〈我國「核能」政策史的一個補註〉，《傳記文學》，52 (5): 41-43。

胡湘玲，1995，《核工專家 vs. 反核專家》。台北：前衛。

翁寶山，2001，《臺灣核能史話》。台北：行政院原子能委員會。

張國暉，2011a，〈對技術的社會建構論（SCOT）之挑戰：建構東亞技術研究主體性的一個契機〉，《科技、醫療與社會》，13: 171-222。

———，2011b，〈追尋主體性的工程設計：轉型的威權政治及開放的臺灣高鐵土木工程設計〉，《臺灣社會研究季刊》，85: 157-200。

———，2012，〈科學、技術與自由民主政治秩序的演變：近代美國政治體制的科學意識型態與現實政治〉，《政治與社會哲學評論》，42: 153-205。

傅大為，2011，〈大海嘯、福島核災、與東亞的科技與社會〉，《科技、醫療與社會》，13: 9-14。

———，2012，〈SCOT 的新發展與何謂「區域研究」——針對第十三期張國暉文獻評述的兩點意見與澄清〉，《科技、醫療與社會》，15: 285-

290。

黃德源，2001，〈臺灣地區核能發展之政治經濟分析（1945-2001）〉。台北：
台北大學公共行政暨政策研究所碩士論文。

楊翠華，2003，〈臺灣科技政策的先導：吳大猷與科導會〉，《臺灣史研究》，
10 (2): 67-110。

Abraham, Itty, 2011, "Rare Earths: The Cold War in the Annals of Travancore." In
Gabrielle Hecht (ed.), *Entangled Geographies: Empire and Technopolitics in the
Global Cold War*. MA: The MIT Press, pp. 43-74.

——, 2006, "The Ambivalence of Nuclear Histories." In John Krige and
Kai-Henrik Barth (eds.), *Global Power Knowledge: Science, Technology, and
International Affairs, Osiris*, 21, pp. 49-65.

Albright, David, and Corey Gay, 1998, "Taiwan: Nuclear Nightmare Averted."
Bulletin of the Atomic Scientists, 54 (1): 54-60.

Alder, Ken, 2010, *Engineering the Revolution: Arms and Enlightenment in France,
1763-1815*. Chicago: The University of Chicago Press.

Armytage, W. H. G., 2007 [1965], *The Rise of the Technocrats: a Social History*. NY:
Routledge.

Callon, Michel, 2009, "Forward." In Gabrielle Hecht, *The Radiance of France:
Nuclear Power and National Identity after World War II*. MA: The MIT Press, pp.
xi-xxiii.

Carroll, Patrick, 2005, "Review: Honoring Thomas Hughes, Appealing to
Historians." *Social Studies of Science*, 35 (2): 313-321.

Chan, Chang-Chuan and Ya-mei Chen, 2011, "A Fukushima-Like Nuclear Crisis
in Taiwan or a Nonnuclear Taiwan?" *East Asian Science, Technology and Society:
An International Journal*, 5 (3): 403-407.

Chang, Soon Heung, 2011, "The Implications of Fukushima: The South Korea

Perspective." *Bulletin of the Atomic Scientists*, 67 (4): 18-22.

Chen, Dung-sheng, 2011, "Taiwan's Antinuclear Movement in the Wake of the Fukushima Disaster, Viewed from an STS Perspective." *East Asian Science, Technology and Society: An International Journal*, 5 (4): 567-572.

DiMoia, John, 2010, "Atoms for Sale? Cold War Institution-Building and the South Korean Atomic Energy Project, 1945-1965." *Technology and Culture*, 51: 589-618.

Downey, Gary L., and Juan C. Lucena, 2004, "Knowledge and Professional Identity in Engineering: Code-Switching and the Metric of Progress." *History and Technology*, 20: 393-420.

Edwards, Paul N., and Gabriel1e Hecht, 2010, "History and the Technopolitics of Identity: The Case of Apartheid South Africa." *Journal of Southern African Studies*, 36 (3): 619-639.

Fan, Fa-ti, 2007, "East Asian STS: Fox or Hedgehog?" *East Asian Science, Technology and Society: an International Journal*, 1: 243-247.

Fu, Daiwie, 2007, "How Far Can East Asian STS Go? A Position Paper." *East Asian Science, Technology and Society: an International Journal*, 1 (1): 1-14.

Fujigaki, Yuko, and Togo Tsukahara, 2011, "STS Implications of Japan's 3/11 Crisis." *East Asian Science, Technology and Society: An International Journal*, 5 (3): 381-394.

Greene, J. Megan, 2008, *The Origins of the Developmental State in Taiwan: Science Policy and the Quest for Modernization.* MA: Harvard University Press.

Guigueno, Vincent, 2008, "Building a High-Speed Society: France and the Aerotrain, 1962-1974." *Technology and Culture*, 49: 21-40.

Harrison, Carol E., and Ann Johnson, 2009, "Introduction: Science and National Identity." *Osiris*, 24: 1-14.

Hecht, Gabrielle, 2001, "Technology, Politics, and National Identity in France." In Michael Thad Allen and Gabrielle Hecht (eds.), *Technology of Power: Essays in Honor of Thomas Parke Hughes and Agatha Chipley Hughes*. MA: The MIT Press, pp. 253-294.

———, 2002, "Rupture-Talk in the Nuclear Age: Conjugating Colonial Power in Africa." *Social Studies of Science*, 32 (5/6): 691-727.

———, 2006, "Negotiating Global Nuclearities: Apartheid, Decolonization, and the Cold War in the Making of the IAEA." In John Krige and Kai-Henrik Barth (eds.), *Global Power Knowledge: Science, Technology, and 1nternational Affairs, Osiris*, 21, pp. 28-48.

———, 2009 [1998], *The Radiance of France: Nuclear Power and National Identity after World War II*. MA: The MIT Press.

———, 2011a, "On the Fallacies of Cold War Nostalgia: Capitalism, Colonialism, and South African Nuclear Geographies." In Gabrielle Hecht (ed.), *Entangled Geographies: Empire and Technopolitics in the Global Cold War*. MA: The MIT Press, pp. 75-100.

———, 2011b (ed.), *Entangled Geographies: Empire and Technopolitics in the Global Cold War*. MA: The MIT Press.

Hecht, Gabrielle, and Michael Thad Allen, 2001, "Introduction: Authority, Political Machines, and Technology's History." In Michael Thad Allen and Gabrielle Hecht (eds.), *Technology of Power: Essays in Honor of Thomas Parke Hughes and Agatha Chipley Hughes*. MA: The MIT Press, pp. 1-23.

Hecht, Gabrielle, and Paul N. Edwards, 2010, "The Technopolitics of Cold War: Toward a Transregional Perspective." In Michael Adas (ed.), *Essays on Twentieth-Century History*. Philadelphia: Temple University Press, pp. 271-314.

Heyck, Hunter, and David Kaiser, 2010, "Focus: New Perspectives on Science and the Cold War." *Isis*, 101 (2): 362-366.

Hong, Sungook, 2011, "Where Is the Nuclear Nation Going? Hopes and Fears over Nuclear Energy in South Korea after the Fukushima Disaster." *East Asian Science, Technology and Society: An International Journal*, 5 (3): 409-415.

Hughes, Thomas P., 1999, "The Evolution of Large Technological Systems." In *The Social Construction of Technological Systems: New Directions in the Sociology and History of Technology*. MA: The MIT Press, pp. 51-82.

———, 1995, "Technological Momentum." In Merritt Roe Smith and Leo Marx (eds.), *Does Technology Drive History? The Dilemma of Technological Determinism*. MA: The MIT Press, pp. 101-114.

———, 1989a, *American Genesis: A Century of Invention and Technological Enthusiasm*. NY: Viking.

———, 1989b, "Machines, Megamechines, and Systems." In Stephen H. Cutcliffe and Robert C. Post (eds.), *In Context: History and the History of Technology, Essays in Honor of Melvin Kranzberg, Research in Technology Studies, Volume 1*. Bethlehem, PA: Lehigh University Press, pp. 106-119.

———, 1983, *Networks of Power: Electrification in Western Society, 1880-1930*. MD: Johns Hopkins University Press.

Jasanoff, Shiela, and Sang-Hyun Kim, 2009, "Containing the Atom: Sociotechnical Imaginaries and Nuclear Power in the United States and South Korea." *Minerva*, 47: 119-146.

Kim, Dong-Won, and Stuart W. Leslie, 1998, "Winning Markets or Winning Nobel Prizes? KAIST and the Challenges of Late Industrialization." In *Beyond Joseph Needham: Science, Technology and Medicine in East and Southeast Asia, Osiris*, 13, pp. 154-185.

Klein, Hans K., and Daniel Lee Kleinman, 2002, "The Social Construction of

Technology: Structural Considerations." *Science, Technology, & Human Values*, 27 (1): 28-52.

Kranakis, Eda, 1989, "Social Determinants of Engineering Practice." *Social Studies of Science*, 19 (1): 5-70.

Krige, John, 2006, "Atoms for Peace, Scientific Internationalism, and Scientific Intelligence." In John Krige and Kai-Henrik Barth (eds.), *Global Power Knowledge: Science, Technology, and International Affairs, Osiris*, 21, pp. 161-181.

Krige, John, and Kai-Henrik Barth (eds.), 2006a, *Global Power Knowledge: Science, Technology, and International Affairs, Osiris*, 21.

————, 2006b, "Introduction: Science, Technology, and International Affairs: New Perspectives." In John Krige and Kai-Henrik Barth (eds.), *Global Power Knowledge: Science, Technology, and International Affairs, Osiris*, 21, pp. 1-24.

Kristensen, Hans M., and Robert S. Norris, "Chinese Nuclear Forces, 2011." *Bulletin of the Atomic Scientists*, 67 (6): 81-87.

Kuznick, Peter, 2011, "Japan's Nuclear History in Perspective: Eisenhower and Atoms for War and Peace." *Bulletin of the Atomic Scientists*, 13 April. http://www.thebulletin.org/web-edition/features/japans-nuclear-history-perspective-eisenhower-and-atoms-war-and-peace（accessed 2011/11/29）

Lampland, Martha, 2011, "The Technopolitical Lineage of State Planning in Hungry." in Gabrielle Hecht (ed.), *Entangled Geographies: Empire and Technopolitics in the Global Cold War*. MA: The MIT Press, pp. 155-184.

Mehos, Donna, and Suzanne Moon, 2011, "The Uses of Portability: Circulating Experts in the Technopolitics of Cold War and Decolonization." In Gabrielle Hecht (ed.), *Entangled Geographies: Empire and Technopolitics in the Global Cold War*. MA: The MIT Press, pp. 43-74.

Mitcham, Carl, 2009, "A Historico-ethical Perspective on Engineering Education:

臺灣風險公共性考察

From Use and Convenience to Policy Engagement." *Engineering Studies*, 1 (1): 35-53.

Mitchell, Timothy, 2002, *Rule of Experts: Egypt, Techno-politics, Modernity*. CA: University of California Press.

Moon, Suzanne, 2007, "Justice, Geography, and Steel: Technology and National Identity in Indonesian Industrialization." *Osiris*, 24: 253-277.

Nöggerath, Johannis, Robert J. Geller, and Viacheslav K. Gusiakov, 2011, "Fukushima: the Myth of Safety and the Reality of Geoscience." *Bulletin of the Atomic Scientists*, 67 (5): 37-46.

Norio, Okada, Tao Ye, Yoshio Kajitani, Peijun Shi, and Hirokazu Tatano, 2011,"The 2011 Eastern Japan Great Earthquake Disaster: Overview and Comments." *International Journal of Disaster Risk Science*, 2 (1): 34-42.

Pannabecker, John, 2005, "Technocracy and the École Polytechnique: Bruno Belhoste." *La formation d'une technocratie. Technology and Culture*, 46 (3): 618-622.

Perrow, Charles, 2011, "Fukushima and the Inevitability of Accidents." *Bulletin of the Atomic Scientists*, 67 (6): 44-52.

————, 1999, *Normal Accidents: Living with High-Risk Technologies*. NJ: Prince University Press.

Picon, Antoine, 1992, *French Architects and Engineers in the Age of the Enlightenment*. MA: Cambridge University Press.

Schmid, Sonja, 2011, "Nuclear Colonization?: Soviet Technopoltics in the Second World." In Gabrielle Hecht (ed.), *Entangled Geographies: Empire and Technopolitics in the Global Cold War*. MA: The MIT Press, pp. 125-154.

Schneider, Mycle, Antony Froggatt, and Steve Thomas, 2011, "2010-2011 World Nuclear Industry Status Report." *Bulletin of the Atomic Scientists*, 67 (4): 60-77.

Staudenmaier, John M., 1990, "Recent Trends in the History of Technology." *American Historical Review*, 95: 715-726.

Stoneman, Timothy, 2009, "A Bold New Vision: The VOA Radio Ring Plan and Global Broadcasting in the Early Cold War." *Technology and Culture*, 50: 316-344.

Takubo, Masa, 2011, "Nuclear or Not? The Complex and Uncertain Politics of Japan's Post-Fukushima Energy Policy." *Bulletin of the Atomic Scientists*, 67 (5): 19-26.

Van der Vleuten, Erik, 2008, "Toward a Transnational History of Technology: Meanings, Promises, Pitfalls." *Technology and Culture*, 49: 974-994.

Weinberger, Hans, 2011, "The Neutrality Flagpole: Swedish Neutrality Policy and Technological Alliances, 1945-1970." In Michael Thad Allen and Gabrielle Hecht (eds.), *Technology of Power: Essays in Honor of Thomas Parke Hughes and Agatha Chipley Hughes*. MA: The MIT Press, pp. 295-332.

Winner, Landon, 1977, *Autonomous Technology: Technics-out-of Controls as a Theme in Political Thought*. MA: MIT Press.

——, 1986, *The Whale and the Reactor: A Search for Limits in an Age of High Technology*. IL: The University of Chicago Press.

臺灣 4G 通訊科技潛在健康風險治理

周桂田、王瑞庚

摘要

本文引用 Stirling 不同知識狀態的風險治理概念，處理臺灣 4G 通訊之健康風險治理與社會爭議。十多年來臺灣投資在 4G 相關研發的經費超過 16.6 億美元，為臺灣創造了 299.59 億美元的 GDP，但臺灣民眾卻對發展 4G 通訊科技有諸多公民運動、抗爭。近年來國際上有關 4G 通訊的健康風險較缺乏研究，其知識狀態涉及風險、不確定性、模稜兩可性和未知的範疇，科技與風險治理需要採取不同的態度、方法與實踐。因此臺灣在科技決策時應納入多元專業評估、強化風險溝通、增進國家通訊傳播委員會審查與監督的功能，同時設立有關健康、社會、倫理等委員會來監督與審查 4G 通訊發展政策。

關鍵詞：4G 通訊科技、WiMAX、電磁場（波）、風險治理、知識不確定矩陣

一、臺灣的 4G 發展政策與決策

臺灣的電子資通訊產業在世界有重要的地位,臺灣通訊產業全球排名 10 名以內,而無線通訊產值已經達到 2010 年的全球第 6 名與 2011 年的第 5 名(經濟部工業局,2013;經濟部技術處,2013)。目前臺灣 ICT 產業 2011 年佔臺灣總出口 39.8%,佔臺灣 GDP 比例為 2011 年的 20.9%。其中通訊產業在 2010 與 2011 年分別高達 268.08 與 358.06 億美元,佔臺灣 ICT 產業的 29.3% 與 35.7%(中華民國主計處,2013)。臺灣早在 2000 年左右就致力於發展第四代行動通訊,即所謂「4G(4th - generation)」無線寬頻通訊,各期研發計畫投入 16.6 億美金,其中 4G 無線通訊採用 WiMAX 以及 LTE 雙軌發展,行動通訊產品與 4G 接取設備總產值高達 299.59 億美元。

二、臺灣的「通訊抗爭」敘事(scenario)

雖然 4G 通訊產業為臺灣帶來高利潤,但是臺灣民間許多人認為電磁波會造成健康危害,4G 通訊將遍布全島讓人無法避免的長時間暴露在電磁波之下,因此「通訊抗爭」一直是環境、社會抗爭的主題。

臺灣自 2000 年以來民間對各種電磁場(波)健康的大小抗爭不斷,各地基地台 2000 年 4 月開始第一次抗爭到 2006 年 2 月已經有 9,904 件抗爭事件,佔臺灣基地台 5.02%,並拆除 891 個基地台。2007 年整併或註銷了 1,500 張執照,而 2008 年 1,516 件、2009 年 1,445 件,每年大約都有 1,000 件左右的基地台抗爭。2011 年 14 日由全台 20 多個反電磁波自救會發起「電磁波傷害大遊行」,400 多人到衛生署陳情,並聚集於臺灣總統府前的廣場上抗議絕食。

針對 4G 通訊方面，2007 年 3 月民間以健康風險為由致函 NCC 抗議 4G-WiMAX 釋照，NCC 卻仍於 7 月份強行發照，導致民間團體採取了激烈的絕食與遊行抗爭行動。然而抗爭後政府絲毫未改變 WiMAX 發展政策，導致後來幾年仍有繼續 WiMAX 抗爭活動（吳玲瑜，2007；林怡君，2007；Wang, 2010）。

　　目前實證研究對於 4G 無線通訊健康風險評估是如何？為何一個為臺灣帶來巨大經濟利益的重點發展產業，會帶來這麼多抗爭呢？有什麼方式可以對 4G 通訊科技的健康風險進行良好的風險治理，降低民眾疑慮與社會不信任、爭議與抗爭所造成的行政無形成本？

三、射頻輻射對人類潛在健康風險

　　早期包括 Wertheimer、van Leeuwen 等、Hocking 等、 Oftedal 等、Urban 等之研究，都認為目前沒有證據支持非游離輻射存在潛在健康風險；然而 2007 年以後的新興研究（例如非熱效應健康影響）有部分提出相關潛在健康風險疑慮（WHO 2011; Wertheimer 1979; van Leeuwen et al. 1999; Hocking and Westerman 2000; Oftedal et al. 2000; Urban et al. 1998）。4G 通訊使用頻率是在射頻輻射（radiofrequency electromagnetic fields）的頻譜範圍內。總體來說，射頻輻射造成的熱效應已經有相對充分的實證研究，來界定其風險，很多國家已經參考 ICNIRP 制訂了安全規範。並沒有科學證據顯示現行的標準不足以防範熱效應的健康風險，目前主要的爭議其實是非熱效應、潛在致癌與其他健康影響的可能性。

　　2011 年 WHO 所依據的 IARC 的研究認為，經過嚴格的證據審查使用行動電話增加罹患膠質神經瘤和聽覺神經瘤風險的證據是

有限的，而在其他癌症的研究證據則是不足的，但過去其中一篇研究顯示重度使用（超過十年每天使用 30 分鐘）行動電話的人，會增加 40% 的風險罹患膠質神經瘤，因此決定將射頻輻射致癌風險由從 3 Group 的無證據歸類為致癌物（not classifiable）變成 2B 的無法排除致癌可能性（possibly carcinogenic）（WHO, 2012）。Hardell 等從 1999 年開始的研究發現長期並長時間使用行動電話提高罹患腦瘤風險達到顯著差異，但其方法論仍有爭議並且可能有回憶偏誤，部分學者認為很難有風險評估之具體貢獻。2011 年 Hardell 等研究行動電話使用是否提高罹患頭、頸部惡性黑色素瘤風險，結果則未達顯著差異（Hardell, 2011a, 2011b; Kundi, 2009）。

另外，2004-2008 年丹麥、瑞典、挪威、瑞士的 CEFALO 跨國調查研究，根據該計畫 Aydin 等的研究報告指出，7-19 歲兒童青少年長期使用手機並未增加腦部腫瘤的風險，但 Söderqvist 等認為 CEFALO 報告若採用 Feychting 的研究設計，結果應會達到顯著差異。Söderqvist 等認為癌症發生過程有許多階段和複雜機制，實驗設計必須更加精確嚴謹、更多流行病學研究（Aydin et al., 2011; Söderqvist et al., 2011; Feychting, 2006）。

在 SAR（specific absorption rate, SAR）研究方面，Keshvari 等在 2005 年比較 2.45GHz 與 1800MHz 射頻輻射在兒童與成人的 SAR 差異，2006 年比較頭部電介質（dielectric）與 SAR 的關係。其結論是對頭部組織的 SAR 而言，2.45GHz 與 1800MHz 的結果接近（Keshvari et al., 2005, 2006）。Christopoulou 等（2009）認為由於 SAR 測量的複雜性，現有的測量方式需要更精緻才能更準確。Y.-Y. Han 等（2010）認為根據研究，距離減少 10mm 就可能增加 2-4 倍暴露值，

因此在政策上即應針對成人與兒童腦部吸收率（SAR），進行預警性的立即調整。這些研究大致都認為生物體和非游離輻射的交互作用極為複雜，SAR 的測量受到生物組織特性、體積部位等有相當多參數需要考慮，需要更進一步的研究。

最近關於非熱效應健康研究方面，2010 年 International Commission for Electromagnetic Safety (ICEMS) 出版了 *Non-Thermal Effects and Mechanisms of Interaction between Electromagnetic Fields and Living Matter Monograph*，匯集了 24 篇國際上非熱效應的研究（BioInitiative, 2010）。整體來說呈現的是非熱效應對人體確實有若干影響，但並沒有科學家聲稱這些非熱效應已經有實證的健康風險。國際上目前的研究包括 Giuliani 等關於射頻輻射對氨基酸 Zhadin effect 的研究（Giuliani et al., 2009）、Salford 等研究行動電話電磁波對神經細胞影響（Salford et al., 2003），Seyhan 等、Salford 等與 Nittby 等研究 Blood-brain barrier（腦血管障壁）（Seyhan et al., 2010; Salford et al., 2010; Nittby et al., 2009），以及 Martin 等研究電磁場對生物細胞生理影響（Martin and Goodman, 2009）、Lai 等與 Phillips 等研究 DNA 複製過程的影響（Lai and Singh, 1996; Phillips et al., 2009）、Ruediger 研究電磁場對基因毒性與損害（Ruediger, 2011）、Volkow 等（2011）研究發現 837.8 MHz 行動電話天線靠近頭部時，腦部醣類代謝增加了 7%、Havas 等研究發現 2.4GHz 行動電話可能影響心律，但上述這些非效應是否造成影響健康仍未有充分的實證研究（Lai and Hardell, 2011）。

四、缺乏 4G 使用頻率之健康風險研究

WRC-07 會中通過之全球共同 IMT 4G 通訊範圍以及目前全球 4G 通訊常用的 2GHz 以上頻率，是較缺乏潛在健康風險研究，前面文獻回顧中只有 Havas 等與 Keshvari 等的研究涵蓋 4G 通信的頻率。

其他一些 4G 通信常用頻率的健康研究，包括 Bakker 等 2010 年的研究測量了 10 MHz 到 5.6 GHz 的 SAR 發現，兒童暴露於日常 2.5 GHz 射頻輻射時，其身上的 SAR 有時會高於 SAR 之暴露限制，因此他們建議 ICNIRP 的參考標準需要考慮進行微幅修訂，然而該研究也認為 SAR 所反應的能量尚未確認健康效應（Bakker et al., 2010）。另外 Sambucci（2011）與 Laudisi（2012）在 2011 年與 2012 年對於懷孕婦女暴露於 2.45GHz（頻率接近 4G 的 Wi-Fi 通訊）的研究發現，無證據支持對於胎兒發育與免疫系統會有影響。2010 年 Havas 等（2010）發表指出 40% 有聲稱自己有電磁波敏感症的人，暴露在 2.4GHz 行動電話電磁場中三分鐘後，確實影響了他們的心律，但其影響機制有待進一步研究。

透過文獻回顧發現 4G 通信健康風險有多重知識狀態。過去較多熱效應健康影響研究雖然是較能控制的已知風險，目前沒有辦法證明射頻輻射會對人體健康造成影響，但多數為 2G 射頻輻射（GSM 900、1800）。反觀 4G 頻率研究是較為缺乏、有限的，一些非熱效應研究其健康影響機制仍然不確定，而學界對於目前標準是否需要修訂，應該採取多少預警措施尚未有共識。

五、不同知識狀態的 4G 通訊健康風險治理

在 4G 通訊健康風險多種知識狀態下，研究者應該怎樣進行風險評估、風險管理者又應該如何進行風險管理、治理呢？對於研究者和決策者而言，面臨風險知識特性不同，推展到風險評估、科技決策與公共政策面對各種問題，其研究方法和決策工具的方式應該要如何進行呢？

圖 1 引用 Stirling（2010, 2012）說明不同風險知識狀態的特性與執行，很適合用在本文分析 4G 潛在健康風險特性與治理層次問題。（王瑞庚、周桂田，2012）

knowledge about possibilities

	unproblematic	problematic
unproblematic	**RISK** judging fairness identifying options balancing pros and cons defining / weighting criteria checking real-world contexts assigning levels of protection deciding relevance of probabilities	**AMBIGUITY** deliberating values / priorities framing problems / questions characterising possibilities defining benefit / harm mediating disciplines exploring meanings adjudicating power
knowledge about likelihoods		
problematic	**UNCERTAINTY** bounding pessimism / optimism judging degrees of precaution deliberating levels of proof formulating scenarios exploring sensitivities interrogating models defining 'no regrets'	**IGNORANCE** ensuring humility fostering learning evisioning pathways understanding power appraising knowledges exploring plurality / diversity deliberating reversibility / flexibility

Figure 1

From: A. Stirling, *Opening Up the Politics*, 2012.

風險（risk）

圖左上的風險是實證研究已經有一定程度的成果，透過長期研究掌握了科學機制，甚至發展出預測的模型來進行風險評估與控制。這類知識可以被客觀的進行風險評估，可以提供決策者各種選項來進行利益評估，據此經過嚴謹程序的權衡之後，放在實際的社會脈絡中制訂出合適的防護標準，然後按照相關的程序制訂進行安全管制辦法。決策者可以引用已知知識進行風險分析與管理，並管制標準初步制訂、監測與宣導。4G 行動通訊的潛在健康風險中熱效應健康影響，其知識狀態應該是屬於技術上能控制的「已知風險」，能夠「清楚辨識且能有效管理」的風險；這類的風險，在進行風險溝通時應該重視管道暢通與透明性，讓民眾能充分瞭解風險評估以增加對決策的信任。

不確定性（uncertainty）

圖左下從風險到不確定性是沿著縱軸演變的，其轉變是風險近似值，即其概率問題。在這裡，不確定性指的是目前在科學上尚未提供非常可靠的機率預測。根源於科學知識的不確定性導致未確定的風險，不同的人，或者抱持悲觀或者樂觀的態度，對於採取何種程度的預警原則也不同。需要更多證據和背景脈絡的商議，來因應科學概率本身的不確定。敏感性的差異經常要更多被考慮：兒童、孕婦等可能採取更嚴謹的保護。在風險管理上需要詢問調查並且確認風險的底限，減少低估風險機率造成的遺憾。因此在政策評估時公眾參與必須採取更開放參與的模式。更多的研究必須被考慮，盡可能擴大研究的專業與範圍。

4G 通訊健康風險除了熱效應以外尚未能夠依據實證研究給予普遍承認的滿意論證，其科學不確定性包括：（1）觀察對象具有不同的脆弱性。例如 Sambucci 與 Laudisi 的研究是以懷孕鼠為實驗對象，且國際上的研究缺乏不同種族為樣本的比較研究，這就是脆弱性的不確定性。（2）模型或樣本的選擇。例如其他採取類似 Hardell 研究方法的研究並未作出與 Hardell 一樣結果，有人認為 Hardell 等的研究可能會有回憶偏誤的問題。另外，Söderqvist 等認為 Aydin 等的 CEFALO 報告若採取 Feychting 的研究設計可能結果會有不同，這就是模型或樣本選擇造成的不確定性。（3）缺乏系統性科學知識。例如 Bakker 尚未能確認超過 SAR 標準的非長時間暴露對兒童健康是否會造成影響。其他非熱效應也尚未建立任何健康影響機制的系統性科學知識。

實際進行風險治理遇到的狀況，例如若 4G 某個通訊健康風險評估小組引用 CEFALO 研究，是該引用 Aydin 等的結論或是採納 Söderqvist 等的建議？這裡就存在研究方法與設計上的爭議，一些概率的不確定性，造成風險的寬容度與允許程度的不同，因此決策時訂出的安全規範也會不同。風險溝通上在這裡不只是管道暢通與透明性，必須注意呈現盡量廣泛的科學研究，一個風險評估必然較重視一些研究而揚棄了其他，對於有爭議的研究同樣要公開，不能只選擇對決策有利的研究，也要讓常民知識能參與討論與專業評估進行對話和交流。

模稜兩可（ambiguity）

右上圖從風險到模稜兩可（亦可作歧義與含混）是沿著橫軸演

進，代表著「是否為風險」的判斷問題。與不確定性不同的是，它不是科學上由於尚未充分研究造成的概率不確定與爭議，而是根本上有何謂危害的基本認知差異，當然就造成風險認知的差異，這部分經常是牽涉到主觀價值判斷的。例如抽煙和飲酒的風險已經相對充分被研究，但對抽煙和飲酒的風險採取的態度與行為則有很大差異。

我們需要這麼方便的 4G 通訊嗎？固網不夠方便嗎？什麼是更安全的人類生活？兒童使用行動電話利益與危害的爭議，在於行動通訊可以作為緊急聯絡工具，減少走失和意外事故的聯繫，這個部分牽涉到的更多是對於「便利」、「緊急聯絡」、「意外事故」與健康風險之間的定義與價值判斷問題。上述問題會影響到評估小組如果引用 Bakker 的研究或者 Y.-Y. Han 的文獻回顧，是否即刻採取預警原則措施對兒童和孕婦標準修改或限制他們使用？

模稜兩可涉及價值優先性和議題的形成、利益與危害，風險治理必須處理各種不同學科專業間意見背後的各種意義、價值與權力的問題的妥協與折衝。4G 行動通訊的決策的利益牽涉到價值方面的模稜兩可，對於預警原則的應用與實踐會有不同的決策，需要引進多元專業才能掌握民眾風險感知、風險溝通、民眾使用無線網路習慣、法律賠償等議題。

風險溝通在這裡扮演極為重要的角色，因為模稜兩可是價值而非科學爭議（雖然科學爭議可能造成或增強價值辯論），決策者應主動設計更多由下而上與由上而下的雙向溝通，意見的表達比實證研究的傳播扮演更重要角色，參與決策應包括學術、企業、關心此議題的民眾等全部利益關係者的參與，然後要充分溝通並進行整合，最後才能按部就班的凝聚共識進行決策（Chou, 2007, 2008）。

未知（ignorance）

圖右下角的未知在概率和可能性都有爭議。科學上無法辨識的部分，以及歷史上因為真實世界的複雜性與多元性經常無法關注而未知部分。4G 通訊和所有科技管理一樣，面對一些目前科學無法辨識的問題即是未知。過去歷史說明了未知可能是未來的風險。例如在健康影響上長期暴露在不同頻率的雞尾酒效應目前缺乏研究。例如考慮發生人為疏失，可能的假設情況包括孩童把基地台當作遊戲場所，導致長期暴露在超過熱效應標準的環境中罹癌可能（王瑞庚、周桂田，2012）。

臺灣選擇以現行安全標準發展無所不在的 4G 通訊網絡，這樣的單一發展軌跡，排擠了其他發展更普遍固網的可能，一旦證實有健康影響其傷害也難以彌補。因此其決策上不像模稜兩可期待一種透過溝通和協調能找到按部就班的凝聚共識，必須採取尊重所有利益關係者並且考慮有關一切非科學事務在當中運作的參與，保持探索多元性與多樣性、更多商議以及保持決策預留更多的轉圜餘地；這樣的預警措施是以多樣性來減少單一軌跡發展的風險。

政府需要根據 2010 年 Havas 等電磁波敏感症的研究，為這些電磁波敏感症者另外開設「無電磁波」的公共空間嗎？電磁波敏感症在目前的科學研究上仍然相當未知。甚至心理學上的敏感在病理學上如何定義都是問題，在科學研究與風險主觀感知兩方面皆有高度爭議下，只能以開放、彈性的政策與管理來處理。

另外有些未知可能發生在偶發性事件的非預期結果、人為疏失等因素造成的結果。因此在這個案例中，常民知識與在地知識在這樣的情境下可能提出他們認為兒童經常遊戲的地區非常鄰近基地台，而

造成兒童長期暴露在較高電磁波環境。研究者與決策者就必須透過兒童行為專家,評估基地台設置和隔離是否妥善並進行安全設計,透過社區安全調查等研究找到並標明基地台位置,讓民眾、家長、老師清楚知道應如何面對基地台可能的健康風險以及反映出民眾真實的想法與意見,達到雙向溝通的治理。

由於科學與價值都未確定的狀態,專家與決策者獨斷採取某種實證研究或者價值判斷非常容易造成風險治理失敗。專家、決策者的知識與常民知識其實更多是模糊、平等的,價值是多元、爭議的。因此專家與決策者和民眾的關係應該是伙伴關係。決策者需要給予更開放的公民參與平台來進行風險溝通,有利於開放彈性的決策。

實際風險治理與決策時,這四個分類當然不是清楚分界而是跨界。4G通訊有關的科技決策的知識與治理經常會同時處理到風險、不確定性、模稜兩可或者未知彼此之間互相牽動而影響,造成對於預警原則實際作法上有人會認為現有規範已經足夠,但有人認為不夠。因此必須釐清並以適合的方式來處理各種知識狀態的問題,才有可能做好4G通訊的風險治理。

六、臺灣4G通訊健康風險治理問題與轉型

風險治理爭議

目前臺灣在制度上是透過行政院科技顧問會議來制訂國家科技方向的。2000年左右行政院主導臺灣電信發展計畫,將臺灣建設為無線通訊無所不在的島嶼,然後科技研發就交給國家科學委員會。但臺灣的科技顧問會議是由生技、通信與科技管理的專家和通信產業的企業家組成進行科技決策。固然這些科技顧問都是深具專業素養代表

該領域權威人士，但前面已經提到，4G 通訊健康風險並不能只處理已知的利益與危害權衡的部分。

事實上，臺灣從 2000 年左右到 2013 年的 M-Taiwan 到 U-Taiwan 以建構全島 4G 通訊網為核心的政策，事前的政策評估與制訂並未引進公衛、醫學、社會領域專家參與，並未針對 4G 行動通訊潛在健康風險進行研究，僅能根據已知知識判斷，將行動通訊視為極低而可控制的風險，即著手執行各項重大電信政策；而後國科會進行研發的兩期「電信國家型科技計畫」，其計畫徵求（call for proposal）未包含 4G 通訊相關的健康、醫學、社會、法律研究（僅有專利研究，並未包含倫理隱私等法律議題）。另外，臺灣管理、審查、監督資通訊發展最高機構的 NCC（地位上與美國 FCC 大致相同）於 2006 年成立時，其委員會就沒有包含健康專家，意味著通信科技是安全而沒有健康風險疑慮的。

民間團體曾於 2007 年 3 月引用國內外非游離輻射健康風險科學報告，正式致函陳情 NCC 對臺灣發展 4G（當時是 WiMAX 架構）重新進行健康風險評估，NCC 僅以 ICNIRP 標準為安全回覆，未進行進一步評估。其後 6 月立法院辦理公聽會，會議結論建議暫緩發照，但 NCC 仍然於 7 月份逕行發照，導致民間團體採取了激烈的絕食與遊行抗爭行動（馬瑞璿，2010；楊曉芳，2010；王憶紅，2010）。

臺灣處理非游離輻射和 4G 通訊科學爭議方面，長期以來環保署、國民健康局、衛生署、NCC 一向只引用已知知識進行管制和教育宣導，固然從 2008 年到 2011 年 NCC 舉辦了 35 場「環境電磁波面面觀」之類的教育宣導會，沒有適當處理不同知識狀態，造成政

府只是在宣導已知知識，無法解決民眾疑慮，進而引發民眾爭議與抗爭。處理價值爭議方面，臺灣政府認為發展4G通訊的經濟利益，凌駕於潛在健康風險，忽略處理常民大眾、學術社群對於價值上的模稜兩可。可見臺灣的4G通訊決策與管理者只處理已知風險的知識狀態，但沒有處理不確定性、模稜兩可與未知的知識狀態，處理各種知識狀態也缺乏管道暢通與透明性的風險溝通，偏重以由上而下「教育正確知識」的方式來處理問題（NCC, 2007）。

風險治理轉型

若臺灣要處理上述這些問題，行政院科技顧問會議進行科技決策應該要廣納參與決策的專家領域，針對4G牽涉的健康風險爭議，必須另外委請或組成跨領域的專家諮詢會議，讓更多專家參與決策。另外在科技計畫方面，臺灣的4G通訊研發所仰賴的核心科技發展計畫：「電信國家型科技計畫」，其計畫徵求（call for proposal）必須擴大，並必須包含健康風險評估、社會、倫理議題等研究（例如包含風險溝通和常民知識的蒐集與調查）。這些多元專業才有可能處理4G通訊健康風險中科學內部爭議不確定性，探討各利益關係者間價值的模稜兩可以及未知的狀況。

風險溝通方面，臺灣對於已知的風險利益與危害權衡部分必須改善單向上而下教育模式，重視管道暢通與透明性，讓民眾能更多知道國際嚴謹的射頻輻射防護標準與臺灣的管制作法。至於臺灣忽視的4G通訊風險不確定性、模稜兩可與未知的部分，參與對象應該包括學術界、產業界、關心的民眾等更多風險利益關係者，這部分臺灣各利益關係者參與廣度與深度都不夠。臺灣可以參照美國與歐洲其他一

些國家發展具有法律效力的公聽會、共識會議、公民審議委員會強化雙向的風險溝通,發展「參與式論述」(participatory discourse),以尋求多元面向的共識並著重風險與收益的比較,以處理科學、價值爭議(Chou, 2002, 2007)。

另外臺灣應設立目前決策機制以外的多元審查與監督的制度。以臺灣現行制度來說,NCC是管理臺灣電信的獨立機構(independent agency),應該要能夠超然的審查與監督臺灣4G通訊的健康風險問題(地位上與美國FCC大致相同),但NCC在臺灣近年的4G通訊健康風險治理中並沒有發揮對於健康風險的審查與監督功能。NCC歷年的委員都缺乏健康方面專家,建議NCC應該要因應實際需要,在其下設立類似英國非政府部門公共機構(non-departmental public body, NDPB)、日本的獨立行政法人等形式,召集以無線通信與非游離輻射健康風險的專家,獨立於行政決策的行政院科技顧問會議,發揮監督與審查的功能。有關臺灣其他科技治理,也應視需要,發展實用的社會影響評估委員會、健康影響評估委員會、倫理審查委員會等,這樣才能使臺灣的科技治理轉型,能夠妥善處理不確定性、模稜兩可和未知議題。

七、結論

資通訊科技為臺灣帶來巨大GDP貢獻,其中行動通訊產品與4G接取設備總產值高達299.59億美元,研發4G–WiMAX兩期計畫投入12.5億美元。但臺灣民眾對於無線通訊健康風險存在疑慮,並且由於政府將非游離輻射健康風險視為已能充分控制、漠視風險溝通的結果,民眾近十多年來抗爭不斷。

　　考察近年電磁場（波）健康影響研究發現，各種實證研究雖尚未證實有任何健康影響和機制，但仍有許多尚待研究的潛在健康風險。對於 4G 通訊帶來的便利與保護健康的預警原則措施也有價值爭議，也衍生出一些容易被忽視的風險情境。因此 4G 通訊健康風險治理，因應不同知識狀態必須有不同的研究方法和政策工具。

　　目前臺灣政府只處理「已知風險」的部分，即「非游離輻射健康風險」顯然不足，其衍生的不確定性、模稜兩可與未知，需要擴大科學審查社群和利益關係者參與架構，並且強化臺灣相當弱的風險溝通。現有臺灣的風險治理模式不足處理 4G 通訊健康風險，需要轉型與改變。

　　本文建議在行政院科技顧問委員會進行科技決策時，應該跨學科領域研究、廣納專家進入行政院科技顧問會議的決策，並且國科會在科技計畫中的計畫徵求亦要納入健康、社會、倫理等研究項目。並且建議 NCC 應該要因應實際需要，另設立無線通信與非游離輻射健康風險的專家委員會，發揮監督與審查的功能，並且設立多元的社會影響評估委員會、健康影響評估委員會、倫理審查委員會等，為有關 4G 通信科技不同知識狀態進行適當且健全的風險溝通，這樣才能使臺灣妥善進行 4G 通訊健康風險治理，減少錯誤決策、社會衝突與資源浪費。

參考文獻

王憶紅，2010，〈WiMAX 與 LTE〉，《自由時報》，7 月 21 日。

王瑞庚、周桂田，2012，〈台灣發展 WiMAX 之潛在健康風險與風險治理探討〉，《台灣公共衛生雜誌》，31 (5): 299-411。

中華民國主計處，2013，〈中華民國國內各業生產毛額〉。台北：行政院。

林怡君，2007，〈電磁波疑慮 環團反對 WiMAX 發照〉，《中央社》，7 月 17 日。

馬瑞璿，2010，〈WiMAX 早走 何時收穫？〉，《經濟日報》，4 月 17 日。

吳玲瑜，2007，〈WiMAX 電磁波安全未確認，田秋堇籲暫緩發照〉，《台灣時報》。

楊曉芳，2010，〈冷眼集／請問馬總統，WiMax 下一步？〉，《聯合晚報》，7 月 16 日。

經濟部工業局，2013，《通訊工業年鑑》。台北：經濟部。

經濟部技術處，2013，〈我國ICT 產業世界排名IT IS 計畫〉。台北：經濟部。

Aydin, D., M. Feychting, J. Schuz, T. Tynes, T. V. Andersen, L. S. Schmidt, A. H. Poulsen, C. Johansen, M. Prochazka, B. Lannering, L. Klaeboe, T. Eggen, D. Jenni, M. Grotzer, N. Von der Weid, C. E. Kuehni, and M. Roosli, 2011,"Mobile phone use and brain tumors in children and adolescents: a multicenter case-control study." *J Natl Cancer Inst*, 103: 1264-76. doi: 10.1186/1476-069X-11-35

Bakker, J. F., M. M. Paulides, A. Christ, N. Kuster, and G. C. van Rhoon, 2010, "Assessment of induced SAR in children exposed to electromagnetic plane waves between 10 MHz and 5.6 GHz." *Phys Med Biol*, 55 (11): 3115-30. doi: 10.1088/0031-9155/55/11/009.

BioInitiative, 2010, "Ten-Year INTERPHONE Cell Phone Study Reports

Increased Risk for Brain Cancer." http://www.bioinitiative.org/freeaccess/press_release/docs/Interphone.pdf. Accessed April 1, 2012.

Chou, Kuei-tien, 2002, "The theoretical and practical gap of glocalisational risk delayed high-tech risk society." *Taiwan: A Radical Quarterly in Social Studies*, 45: 69-122.

Chou, Kuei-tien, 2007, "Biomedtech Island Project and Risk Governance-Paradigm conflicts within a hidden and delayed high-tach risk society." *Soziale Welt*, 58: 123-143.

Chou, Kuei-tien, 2008, "Glocalised dioxin – regulatory science and public trust in a double risk society." *Soziale Welt*, 59: 177-193.

Christopoulou, M., S. Koulouridis, and K. S. Nikita, 2009, "Parametric study of power absorption patterns induced in adult and child head models by small helical antennas." *Progress In Electromagnetics Research*, 94: 49-67. doi: 10.2528/PIER09031305

Feychting, M., 2006, "CEFALO-A Case-Control Study of Brain Tumors in Children and Adolescents and Mobile Phone Use." *Epidemiology*, 17: S74.

Gerold, R. and A. Liberatore, 2001, *2001 Report of the Working Group: Democratising Expertise and Establishing Scientific Reference Systems* (Group 1b) [MAY 2001 (version finale du 2/7/01)], European Commission.

Giuliani, L., E. Emilia, S. Grimaldi, A. Lisi, N. Bobkova, and M. N. Zhadin, 2009, "Investigating the Icr Effect in a Zhadin's Cell." *Int J Biomed Sci*, 5 (2): 181-186.

Hardell, L., M. Carlberg, and M. K. Hansson, 2011a, "Pooled analysis of case-control studies on malignant brain tumours and the use of mobile and cordless phones including living and deceased subjects." *International Journal of Oncology*, 38 (5): 1465-1474. doi: 10.3892/ijo.2011.947.

Hardell, L., M. Carlberg, and M. K. Hansson, 2011b, "Case-control study on the use of mobile and cordless phones and the risk for malignant melanoma in the head and neck region." *Pathophysiology*, 18 (4): 325-333. doi: 10.1016/j.pathophys. 2011.06.001

Havas, M., J. Marrongelle, B. Pollner, E. Kelley, C. R. G. Rees, and L. Tully, 2010, "Provocation study using heart rate variability shows microwave radiation from 2.4 GHz cordless phone affects autonomic nervous system." In L. Giuliani and M. Soffritti (eds.), *Non-thermal effects and mechanisms of interaction between electromagnetic fields and living matter*, for the "European Journal of Oncology" – Library Vol. 5 of the National Institute for the Study and Control of Cancer and Environmental Diseases "Bernardo Ramazzini". Bologna: Mattioli 1885.

Han, Y. Y., O. P. Ghandi, A. DeSalles, R. B. Herberman, and D. L. Davis, 2010, "Comparative assessment of models of electromagnetic absorption of the head for children and adults indicates the need for policy changes." *European Journal of Oncology*, 5: 130-19.

Hocking, B., and R. Westerman, 2000, "Neurological abnormalities associated with mobile phone use." *Occupational Medicine*, 50: 366-368.

Keshvari, J., and S. Lang, 2005, "Comparison of radio frequency energy absorption in ear and eye region of children and adults at 900, 1800 and 2450 MHz." *Physics in medicine and biology*, 21; 50 (18): 4355-4369.

Keshvari, J., R. Keshvari, and S. Lang, 2006, "The effect of increase in dielectric values on specific absorption rate (SAR) in eye and head tissues following 900, 1800 and 2450 MHz radio frequency (RF) exposure." *Physics in medicine and biology*, 51: 1463-1477. doi: 10.1088/0031-9155/51/6/007

Kundi, Michael, 2009, "The controversy about a possible relationship between mobile phone use and cancer." *Environ Health Perspect*, 3: 316-324.

van Leeuwen, G. M., J. J. W. Lagendijk, B. J .A. M. van Leersum, A. P. M. Zwamborn, S. N. Hornsleth, and A. N. T. J. Kotte, 1999, "Calculation of change in brain temperatures due to exposure to a mobile phone." *Physics in Medicine & Biology*, 44: 2367-2379. doi: 10.1088/0031-9155/44/10/301

Laudisi, F., M. Sambucci, F. Nasta, R. Pinto, R. Lodato, P. Altavista, G. A. Lovisolo, C. Marino, and C. Pioli, 2012, "Prenatal exposure to radiofrequencies: Effects of WiFi signals on thymocyte development and peripheral T cell compartment in an animal model." *Bioelectromagnetics*, 33 (8): 652-661. doi: 10.1002/bem.21733.

Lai, H., and L. Hardell, 2011, "Cell Phone Radiofrequency Radiation Exposure and Brain Glucose Metabolism." *JAMA*, 305 (8): 828-829. doi: 10.1001/jama.2011.201.

Lai, H., and N. P. Singh, 1996, "Single-and double-strand DNA breaks in rat brain cells after acute exposure to radiofrequency electromagnetic radiation." *Int J Radiat Biol*, 69 (4): 513-521. doi: 10.1080/095530096145814.

Martin, B., and R. Goodman, 2009, "Electromagnetic fields stress living cells." *Pathophysiology*, 16 (2-3): 71-78. doi: 10.1016/j.pathophys.2009.01.006.

NCC, 2007, NCC letter: Tong-Chuan-Chi-Tze # No. 09600119380.

Nittby, H., A. E. Brun, J. Eberhardt, et al., 2009, "Increased blood-brain barrier permeability in mammalian brain 7 days after exposure to the radiation from a GSM-900 mobile phone." *Pathophysiology*, 16: 103-112.

Oftedal, G., J. Wilén, M. Sandströmand, and K. H. Mild, 2000, "Symptoms experienced in connection with mobile phone use." *Occupational Medicine*, 50 (4): 237-245. doi: 10.1093/occmed/50.4.237

Phillips, J. L., N. P. Singh, and H. Lai, 2009, "Electromagnetic fields and DNA damage." *Pathophysiology*, 16 (2-3): 79-88. doi: 10.1016/j.pathophys.

2008.11.005.

Ruediger, H. W., 2009, "Genotoxic effects of radiofrequency electromagnetic fields." *Pathophysiology*, 16 (2-3): 89-102. doi: 10.1016/j.pathophys.2008.11.004.

Reeds Electronics Research, 2012, *The Yearbook of World Electronics Data*. UK: RER Ltd Press.

Robert, Elisabeth, 1993, "Birth defects and high voltage power lines: An exploratory study based on registry data." *Reprod Toxicol*, 7 (3): 283-287. doi. org/10.1016/0890-6238(93)90235-Y.

Sambucci, M., F. Laudisi, F. Nasta, R. Pinto, R. Lodato, V. Lopresto, P. Altavista, C. Marino, and C. Pioli, 2011, "Early life exposure to 2.45 GHz WiFi-like signals: Effects on development and maturation of the immune system." *Progress in Biophysics and Molecular Biology*, 107 (3): 393-398. doi: 10.1016/j.pbiomolbio.2011.08.012.

Salford, L. G., A. E. Brun, J. L. Eberhardt, et al., 2003, "Nerve cell damage in mammalian brain after exposure to microwaves from GSM mobile phones." *Environ Health Perspect*, 111 (7): 881-883

Salford, L. G., H. Nittby, A. Brun, J. Eberhardt, L. Malmgren, and B. R. R. Persson, 2010, "Effects of microwave radiation upon the mammalian blood-brain barrier." *Eu J. Oncology*, 5: 333-355.

Seyhan, N., G. Guler, A. Canseven, B. Sirav, E. Ozgur, M. Z. Tuysuz, 2010, "Investigation on blood-brain barrier permeability and collagen synthesis under radiofrequency radiation exposure and SAR simulations of adult and child head." *Eu J. Oncology*, 5: 319-332.

Söderqvist, F., M. Carlberg, K. H. Mild, and L. Hardell, 2011, "Childhood brain tumour risk and its association with wireless phones: a commentary." *Environmental Health*, 10: 106. doi: 10.1186/1476-069X-10-106.

Stirling, Andrew, 2012, "Opening Up the Politics of Knowledge and Power in Bioscience." *PLOS Biol*, 101, e1001233.

Stirling, Andrew, 2010, "Keep it complex", *Nature*, 468: 1029-1031. doi: 10.1038/4681029a

Urban, P., E. Lukas, and Z. Roth, 1998, "Does acute exposure to the electromagnetic field emitted by a mobile phone influence visual evoked potentials? A pilot study." *Central European Journal of Public Health*, 6: 288-90.

Volkow, N. D., D. Tomasi, G. J. Wang, et al., 2011, "Effects of Cell Phone Radiofrequency Signal Exposure on Brain Glucose Metabolism."*JAMA*, 305 (8): 808-813. doi: 10.1001/jama.2011.186.

Wang, Richie, 2010, *The predicament of risk communication and citisen participation in mobile phone base station installation*. Published Master Thesis, National Taiwan University.

Wertheimer, N. L. E., 1979, "Electrical wiring configurations and childhood cancer."*American Journal of Epidemiology*, 109: 273-84.

WHO, 2011, "Electromagnetic fields and public health: mobile phones.Fact sheet N°193, 2011." http://www.who.int/mediacentre/factsheets/fs193/en/index.html. Accessed April 1, 2012.

WHO, 2012, "Press release N° 208 IARC Clasifies Radiofrequency Electromagnetic Fields as Possibility Carcinogenic to Humans". Accessed: http://www.scribd.com/doc/56740123/IARC-classifies-radiofrequency-electromagnetic-fields-as-possibly-carcinogenic-to-humans. Accessed April 1, 2012.

國家圖書館出版品預行編目（CIP）資料

臺灣風險公共性考察 / 周桂田主編 . -- 初版 . --
臺北市：遠流 , 2015.05
　面；　公分
　ISBN 978-957-32-7619-7（平裝）

1. 風險管理　2. 公共行政　3. 政治社會學

572.907　　　　　　　　　　　104005326

臺灣風險公共性考察

主編——周桂田
總策劃——國立臺灣大學社會科學院
　　　　　風險社會與政策研究中心
執行編輯——張景儀
編輯協力——簡玉欣
美術設計——丘銳致

發行人——王榮文
出版發行——遠流出版事業股份有限公司
地址——台北市南昌路二段 81 號 6 樓
劃撥帳號—— 0189456-1
電話—— (02) 23926899　傳真—— (02) 23926658

著作權顧問——蕭雄淋律師
2015 年 5 月 10 日 初版一刷
售價——新台幣 380 元

Ylib 遠流博識網 http://www.ylib.com
E-mail: ylib@ylib.com